U0465277

北京围棋史话

北京棋院　编
沈尺卿　历史顾问
刘骆生　执笔

人民体育出版社

图书在版编目（CIP）数据

北京围棋史话 / 北京棋院编. -- 北京：人民体育出版社, 2024（2024.8重印）
ISBN 978-7-5009-6211-3

Ⅰ.①北… Ⅱ.①北… Ⅲ.①围棋—体育运动史—北京 Ⅳ.①G891.392

中国版本图书馆CIP数据核字(2022)第165084号

*

人民体育出版社出版发行
北京建宏印刷有限公司印刷
新 华 书 店 经 销
*
880×1230 32开本 11印张 290千字
2024年4月第1版 2024年8月第2次印刷
*
ISBN 978-7-5009-6211-3
定价：73.00元

社址：北京市东城区体育馆路8号（天坛公园东门）
电话：67151482（发行部） 邮编：100061
传真：67151483 邮购：67118491
网址：www.psphpress.com

（购买本社图书，如遇有缺损页可与邮购部联系）

当年棋社大门，挂着"北京棋艺研究社"的牌子
左一，北京棋手刘月如；左二，安徽棋手吴传穗；左三，吴传穗的妹妹

棋院院子一角，刘月如和刘骆生姐弟

棋社内部比赛，有韩念文、姜英威等

当年的棋艺研究室现已变成居民住房

棋社遥望什刹海对面的"烤肉季"

与棋社隔湖相望的"钟楼"和"鼓楼"

现在棋社大门的模样，没有变化的是门楣上"前海南沿3"的牌号

北京少年宫大礼堂是棋类比赛的理想场所

前　言

七年前，北京棋院的领导找到了我，说："围棋已经成为世界文化遗产。遗憾的是，我们提供不出关于北京围棋的任何文字史料。老刘，你是否能写本北京的围棋历史书？"他随后又说："有条件写这样书的人不多，你后来就住在北京棋艺研究社，和那些老人都认识，了解、掌握许多口口相传的围棋轶事，别的人很难有这个条件。"老谭的热情鼓励和信任让我这个围棋爱好者高兴地接受了写此书的任务。

《北京围棋史话》，严格意义上不能说是"史书"，修史是比较浩大、广泛、精细的工作。时间、地点、人物都需要认真核实落实，甚至需要到事情发生的地点走访相关的人，这些工作对业余完成此书的我来说，是不可能的。我只能就我所闻所记的事情采访许多人相互印证探讨，力求还原事物的本来面目，这方面我是认真而求真求实的。

原北京棋队领队沈尺卿、原北京棋艺研究社围棋教练韩念文、原国家少年围棋队教练吴玉林、原北京棋院副院长谭炎午、原北京围棋队运动员刘月如、原国家队副总教练罗建文、过惕生的弟子郝守维都热情接受了我的采访，并提供了许多第一手的资料。在此向他们表示我的感谢。

同时，我也感谢现在的电脑和网络时代，通过网络查到了许多民国时期历史人物的资料和考证线索，丰富了本书中所写到人物的内容。

总之，《北京围棋史话》一书是我执笔的，但是是在北京棋院有关领导、人民体育出版社有关人士、许多围棋爱好者的共同努力下才得以问世。

谢谢大家！

刘骆生

2023年11月

目 录

引言　从远古走来的围棋…………………（ 1 ）

第一章　陈毅元帅和围棋………………（ 7 ）

第二章　北京棋艺研究社成立……………（ 32 ）

第三章　一代国手过惕生…………………（ 52 ）

第四章　北京棋艺研究社管家龚安惠………（ 83 ）

第五章　群贤毕至和棋社的最后岁月………（102）

第六章　北京培养围棋少儿棋手活动的兴起…（134）

第七章　沈尺卿和北京围棋队……………（161）

第八章　三代国手聂卫平…………………（183）

第九章　北京棋社培养出的四位职业棋手…（215）

第十章　北京见证中国围棋追赶日本的历程（249）

第十一章　北京见证中日围棋擂台赛………（299）

引言　从远古走来的围棋

　　围棋是中华民族远古祖先流传下来的一项宝贵的文化遗产。这项国宝历经了春秋、战国、秦汉、魏晋南北朝、唐、宋、元、明、清、民国。几千年中，有盛有衰，有褒有贬，它经受住了时间的漫长考验，至今还闪耀着熠熠光华。

　　围棋棋子如只有黑、白两色的纽扣，棋盘只是横竖交叉的十几条直线，规则简约，三言两语即可交代清楚。比起它的同类"中国象棋"，它有独到的简洁；比起它的姊妹"琴、书、画"则更具大同性而少民族性，异族异国人接受起来障碍显然要少许多。

　　纵观围棋，之所以能历经四千余年而不衰，使学会的人穷其一生而不弃；之所以能从中国传向日本、韩国，甚至远播美洲、欧洲、亚洲诸国，除了它简约易学的优势外，更主要的还在于它所具有的深邃哲理，所包含的古老中国的各种文化底蕴，所具有的激烈斗智的胜负感，别具一格的艺术创造性……上述种种特点综合为一，就是围棋所具有的独特魅力。就在今天，围棋还被不断丰富着、发展着。

　　中国历史上的春秋战国时期是一个非常特殊的时期。

　　说它特殊，在于我国几千年来的社会伦理、制度设计、哲学、法学、思想、军事理论等，都是在春秋战国时期就已经成熟而成体系地被各个著名大家公告于世了。他们思想的深邃，探索的深刻，理论的周延，逻辑的严密，不但有效地指导了各个历史阶段中国人们的实践,直至今日还继续影响着我们的生产和生活。实在叫人叹为观止。

更让我们不可思议的是,远在三千多年以前的春秋时期,中国的生产力并不发达,那么多高深华丽深刻的、各式各样的思想和理论竟然是诞生在落后的生产方式基础之上。所形成巨大的反差暗示我们,这里面肯定还蕴含着直到今天的人们所不明白的道理和规律。

具体事例举不胜举,如春秋时期,齐景公问孔子:"怎么样才能把国家治理好?"

孔子的回答非常精炼:"君君臣臣父父子子。"

就是这么简单的一句话,成为治国方针和根本思想,即使是元朝和清朝,也秉承了孔子的思想理念作为治国的根本大法。

再如韩非子的法家思想,被商鞅在秦国贯彻落实以后,指导秦国统一了天下。

老子在三千五百年前就已经注意到了人类社会需要处理好三方面的关系——"人与自然""人与社会""人与自身"这三个关系。这三方面的关系处理好了,社会和人自身就会顺利,否则将出现挫折。由于人是这三个关系中的主体,老子又向我们指出人自身修养的重要性,他说:

"不自见,故明;

不自是,故彰;

不自伐,故有功;

不自矜,故长。

夫唯不争,故天下莫能与之争。"

这些话就是今天读起来也给人醍醐灌顶般的启发。

庄子在《庖丁解牛》里指出了游刃有余的原理,那就是尊重规律,尊重自然,人类社会的发展自然也就和谐了。

引言　从远古走来的围棋

几千年前还是冷兵器时代，是靠人背肩扛打仗的时代，孙子就写出了直到今天仍旧放射着熠熠光辉的《孙子兵法》。孙子讲："夫兵久而国利者，未之有也。故不尽知用兵之害者，则不能尽知用兵之利也。"（大意是：穷兵黩武对国家是不利的、有害的，如果不明白这点，就不能真正懂得用兵的原则和道理，也就是说用兵的目的是保卫和平，消灭不义。）这句话即使在今天，也是对世界和平和国家发展的重要启迪。

至于春秋战国时期的其他大家的贡献就不再一一介绍了。

和上述的文化、思想、哲学、伦理相对应的艺术、技艺又当如何呢？

除了孔子说过的六艺，这里着重讲讲围棋。

现在比较明确肯定的说法，围棋是中国人在春秋战国时期发明的。与上述大家伟大的思想在同一时代诞生的围棋，想必是与伟大的思想相辅相成、并驾齐驱的一门技艺和艺术，否则怎么能配得上那光辉灿烂的时代？

春秋战国时期，中华大地上数以百计的部落和诸侯小国并行于世，按现在的行政区划，几乎每个县就是那时期的一个小国。众多小国要生存和发展，首要的是扩张领土，因而引发了大大小小以扩张和反扩张为目的的战争。这一战争现象是春秋战国时期的主要社会现实。

战争是一个个小国生死攸关的大事情，不能不慎重对待，在打与不打、何时开战这类问题的决策上，古人通常用"问筮"和"占卜"的方法。但是在怎样打的具体战术问题上，古人也设计出了类似现在战争中使用的"沙盘"一类模拟器材。《墨子·公输》中有一段记载："公输盘为楚（国）造云梯之械，成，将以攻宋（国）。子墨子闻之，起（程）于鲁（国），行十日十夜而至于郢（楚国都城）。……于是见公输盘。子墨子解带为城，以牒（木头块）为械。公输盘九设攻城之机变，子墨子九距之。公输盘之攻械尽，子墨子之守圉有余，公输盘诎（通'屈'，认输）。"

这段记载形象地记叙了当年的一场对"弈"雏形。围棋在古代也名"弈"，汉朝扬雄在《方言》一书中说："围棋谓之弈。自关而东，齐鲁之间，皆谓之弈。"汉朝许慎的《说文》中解释："弈，围棋也，从廾，亦声。"

战争在任何历史阶段都毫无疑问是国家社会生活中最重要的事情，也是对各种思想、理论成功与否最严苛的检验。所以在军事实践盛行的春秋战国时期，对军事社会实践进行艺术的反映，也就必然和自然地产生了围棋。

由此可见，一个比任何文学作品更能深刻、真实地反映战争现实，且既有外在形式又有思想内容的围棋，是一项多么了不起的发明。

产生围棋的社会基础既然是人类社会活动中最重要的战争，那就自然和天然地赋予了围棋不同凡响的内涵和博大精深的文化。它所具有的深邃哲理，所包含的古老中国的各种文化底蕴，所具有的激烈斗智的胜负感，另外还有别具一格简约易学的艺术性……上述种种特点综合为一，就是围棋所具有的独特魅力。这是一种历经四千余年而不衰，使一旦学会的人穷其一生而不弃，让人一旦进入它的世界便被它牢牢抓住以至再也割舍不下的魅力。

纵向看，这项国艺历经了春秋、战国、秦汉、魏晋南北朝、唐、宋、元、明、清、民国，数千年过去而不衰。几千年的历史长河中，围棋有盛有衰，有褒有贬，但它经受住了大浪淘沙般的漫长考验，至今还放射着熠熠光彩。

横向看，当中国的文化往外辐射传播时，作为有悠久历史的"琴、棋、书、画"之一的围棋不仅走出了国门，还走出了亚洲，现在，开展围棋活动热度较高的国家和地区有日本、韩国、中国台湾。在欧洲、北美洲、南美洲、大洋洲、东南亚一带也都建起了全国性及地区国际性的围棋组织，这些机构正不遗余力地在本地区推广围棋活动。二十几年前说到和欧美人下围棋，简直就跟说和外星人下围棋差不多；如今，已有欧美血统的棋手在世界大赛中战胜一流日本棋手的战例。日本棋院中已有数位欧美血统的专业棋手在学习提高棋艺，走上了以下围棋为职业的道路。可以想见在不远的将来，围棋必将传遍全世界。

围棋从远古走来，快乐地陪伴着我们迈进了21世纪。围棋，作为集体育和艺术于一身的一项文化遗产，它的起起伏伏始终和下围棋的人相伴相生。人是万物之灵，如果没有人的参与，围棋就是冷冰冰的棋盘和棋子，但是和人的命运结合起来以后，和国家的声誉、影响结合起来以后，围棋就与人和社会融为了一体。尤其是当代，随着围棋国际交流的日益频繁，其中所演出的众多可歌可泣的悲喜剧已经是我们中华民族历史长河中的一朵浪花，一朵不应该被后人忘记和漠视的浪花，一朵散发着异彩的浪花。

北京作为中国的围棋中心，引以为傲的是在历史上，围棋就曾在北京地区留下深刻的一笔和一段辉煌时光。

1952年在北京附近的河北望都，一号东汉墓中出土了横竖十七道的石质棋盘和289枚围棋子，证明和解决了历史上关于何时才出现十九道棋盘的历史疑案。此物具有非凡的围棋历史意义。

早在宋朝时期，由于北京地区曾被划到金国，北京作为北方繁华盛城，就已经产生过围棋热。《二刻拍案惊奇》中有一个著名故事"小道人一着饶天下　女棋童两局注终身"，详细描写了在今天北京这个地方，两位著名棋手以围棋的胜负来赌终身大事的经过，传为一时之佳话。足见围棋曾经在北京的历史上有过浓彩重墨的一笔。

如果没有这朵独特的围棋浪花,历史长河依旧滚滚流去,但是,当我们的后人们在言谈话语中回想起围棋的时候,他们会说:"我们的先人为什么只给我们留下了围棋,却没有给我们留下那一段围棋历史……"

为了留下这段历史,为了减少后人的遗憾,我们知难而进,把近代发生在北京的各式各样围棋活动尽可能详细地记载和介绍,终成这本拙作——《北京围棋史话》,以飨读者。

第一章 陈毅元帅和围棋

中国自古有个说法，地上的杰出人物都不是一般人，他们是天上的星宿，武有武曲星，文有文曲星，能文能武的人在星宿里更是大星宿，一一对照着地上的著名人物。

民间的这个传说，寄托着老百姓对有特殊大贡献人物的敬仰和纪念。从新中国围棋事业的视角来看陈毅元帅的话，陈毅元帅无疑是天上最耀眼的巨星之一。

陈毅是四川人，中华人民共和国成立前他的足迹遍及了黄河以南的大半个中国，很少在北京活动。但是，上天注定陈毅所开创的围棋事业开端在上海，高潮在北京，然后再辐射影响到全中国。

陈毅，1901年8月26日生于四川乐至县复兴场张安井村。

乐至在四川成都平原上，县域内主要分布着岷山逐渐平缓的余脉，岷山自北向南将全县分为东西两部分，成为沱江、涪江的分水岭。群丘林立，沟壑纵横，蜿蜒连绵。气候温和、雨量充沛，造就了乐至的土地肥沃，物产丰富，树木茂盛，是天府之国中一块宝地。

在中国举凡文化悠久、物产富饶的地方或前或后、或早或迟总要诞生些成就开国功业的大人物。

四川历史悠久，经济发达，很早就有"天府之国"的称谓。早在公元前秦朝就有李冰父子在成都修筑了中国最早的水利工程都江堰。从那时起成都平原就成了旱涝保收的鱼米之乡。这里物华天宝，历史上四川贡献了许多文人雅士，如"唐宋八大家"之一的苏轼等，名冠中华。但在改朝换代、立国兴邦、为天地立心、为生民立命方面，四川一直在蕴藏和积蓄能量等待着爆发的那一天。

这一天终于在20世纪初到来了，四川不是只贡献了一个两个开天辟地的大人物，而是群星灿烂，他们都是新中国的开国元勋，都为新中国各项事业建立了江河行地、日月经天的丰功伟绩。如邓小平、朱德、陈毅、刘伯承等，他们都将永垂中国光辉历史的史册。

陈毅，1916年就读于四川省立第一甲种工业学校（现成都工业学院）。1919年赴法国勤工俭学。1921年10月因参加中国留法学生的爱国运动，被武装押送回国。1922年回到四川家乡，通过与蔡和森通信，加入中国社会主义青年团。1923年到北京中法大学文学院学习，并加入中国共产党。

1927年陈毅任武汉中央军事政治学校中国共产党委员会书记，同年参加南昌起义，后任国民革命军第十一军二十五师七十三团政治指导员。

1949年年初被选定为即将解放的第一任上海市市长。

陈毅元帅担任了上海市长是中国围棋的幸运，中国围棋的命运就是如此的好，恰逢一个喜欢围棋的开国元帅主政上海，从此开启了中国围棋的新航程。

陈毅担任了上海市市长之后，面临的事情千头万绪，但是，团结各个方面的代表性人物始终是陈毅元帅抓得最紧要的工作。

历史总是有许多巧合，面对百废待兴的事业，中国围棋能否由此获得勃勃生机呢？陈毅元帅文武双全，爱好广泛，对围棋却更为偏爱，情有独钟。

他对围棋的兴趣不仅是出于喜好，更是因为围棋中有战争理论，教你学会如何消灭敌人，保全自己。或许陈毅从中得到感悟，在梅岭敌强我弱的三年艰苦卓绝、九死一生的游击战中，同国民党反动派血战到底，终于胜利地迎来了国共合作结成抗日民族统一战线的那一天。

话说陈毅市长上任半年后深秋的一天，他轻车简从，信步来到了南临淮海中路，西为襄阳北路，北界新乐路的襄阳公园。

这里是上海滩高楼大厦中的一块绿地，风景优美，地处市中心，是闹中取静的乐土。公园里的树木高大，主要是梧桐、香樟、银杏，树干粗壮、绿叶成荫。香樟树下，可以闻到樟树特有的香气。公园里面的银杏叶子都变成了金黄色。绿色草坪上，铺满了梧桐树的落叶和金黄色的银杏叶。因为襄阳公园的地理位置好，又安静，上海市喜欢围棋的文人雅士逐渐发现了这个好去处，相约在这里摆上围棋对弈。从那时起，在襄阳公园里下围棋成为上海的独特一景，这个传统在文化大革命后期发展到了极致，全国各地的许多围棋爱好者都知道上海襄阳公园有个围棋角，在那碰巧了可以会到上海的围棋高手。

这天，风和日丽，公园某处安静的一角聚集了不少下棋的人。陈毅静静地看了会儿他们下棋，找机会聊了起来。

陈毅亲切地问大家："对上海军管会颁布的各项条例有什么意见，日子过得安逸不安逸？"

上海解放后，物价很快就稳定了下来，大家对此都很高兴，陈毅没有穿军装，又是一口的四川口音，有几位老先生也没什么顾虑，七嘴八舌地说道："现在生活好啊，勿有意见，生活勿来塞（上海话），侬怎么会有闲心来下棋？您这位外乡人一直看我们下棋，也会下吗？"

说到了围棋，正是陈毅来此的本意，就问他们："上海滩，哪一个围棋最了得？"

很快陈毅就了解到，在上海最厉害的几位是顾水如、刘棣

9

怀、魏海鸿这几位，再就是外乡来的过惕生和王幼宸也很结棍（上海话）。

陈毅又问他们："到哪可以见到这几位上海的围棋名手？"

这么一问，几位老先生开始打量起陈毅来，见是位五十岁出头，相貌威严端庄，举止沉稳从容，说话不紧不慢却很自信坚定的中年人，再往周围一扫视，发现稍远处有两位穿军装的年轻人正用专注警惕的眼光扫视四周。

他们明白了眼前这位中年人不是一般来找人下棋的游客，肯定是位大干部，还带着警卫员。众人细细一打量，这人怎么有点面熟，好像报纸上登过这人的照片，他们终于认了出来，原来看他们下围棋和他们聊家常的竟然是上海市市长陈毅。

很快，陈毅市长微服私访寻找上海围棋高手的事情就在上海围棋界传开了。顾水如、刘棣怀、过惕生、王幼宸等围棋高手刚开始听说这个消息还不大相信，但是不久顾水如、王幼宸就接到了上海市政府的大红聘书，聘请二位老先生担任上海市政府文史馆馆员，每月工资合后来的人民币300元，与当年的大学教授是同样待遇。

由于刘棣怀那年是56岁，而文史馆馆员资格是65岁以上，所以第一批的文史馆馆员聘书没有他。很快刘棣怀生活还无着落的消息就到了陈毅那里。陈毅高瞻远瞩，为了中国的围棋事业，指示有关部门落实安排刘棣怀的工作。

上述是广为流传的陈毅关心围棋老国手的一段佳话。

中华人民共和国成立以前，上海的这些国内一流围棋高手在社会上却屈居于下九流的位置。不要说在政府部门任职还拿着一份可观的薪水，他们大多连正经职业都没有，基本上靠着在茶舍棋馆下棋，从爱好者的手里挣些饭钱为生。

刘棣怀在棋界名扬千里，却始终挣扎在社会底层，收入少还不稳定，常常陷入捉襟见肘，家里没有隔夜米的困境。

1924年，刘棣怀娶了妻子，过了两年，他们添了个小名叫"阿兰"的女儿，养活妻女的责任重重地压在了刘棣怀的肩上。从此，刘棣怀无论酷暑还是寒冬，出入各处茶楼下彩棋，有时通宵达旦对局，熬得两眼红肿，第二天仍照常应酬往来棋客，甚至大年除夕也不敢稍事休息。

北京的棋手们也并没有因为段祺瑞喜欢下围棋，还可以从段祺瑞府上每个月能拿到一些大洋度日而沾沾自喜，相反，他们或多或少都有一段和段祺瑞棋上交往很受屈辱的往事。

段氏一生别无所好，嗜棋为命，以他当时的权势，每月总能从陆军部拨出千把大洋作为个人赏钱赏给北京一些有名的棋手。客观上，段祺瑞用公款养活了一些以棋为生的棋手，从这个角度说，无论段祺瑞的钱来路正不正，多少都为奄奄一息的中国围棋雪中送炭。

陈毅元帅论及此人时也曾说道："段祺瑞的一生干了很多坏事，但对围棋还算干了些好事。"

尽管如此，棋手们的日子并不好过。据围棋国手过惕生回忆，段祺瑞的下棋资费不是那么好拿的。他说："进了'老爷（段祺瑞）'的家，老爷那'谱'可大了去了。进门是去辅导'老爷'，可时时刻刻都要低人一头。'老爷'们通常坐在高高的太师椅上，而你得坐凳子，这坐凳子的姿势是有讲究的，早有老人事先提醒过，姿势不能太正，他可以四平八稳地对着你坐着，你可是要佝偻着点腰，侧点身子，否则会显得对他不够恭敬，腰板不能直了，要微屈，故作深思苦恼悲叹状，要把对手烘托得很强大。"确切说，段祺瑞的围棋有一定水平，不过和我们这些国内一流高手相比还是有相当的差距，但是，和段祺瑞下棋几乎就没有人赢过，大家都知道段祺瑞的脾气，赢了他，别说给赏钱，有时马上就轰你走。段祺瑞赢了棋，让他赢的人须让得巧妙，破绽露得好，那"妙手"又恰恰被他走了出来，他感觉赢得很光彩，就会像孩子一样高兴异常，赏钱也就会多些，可光靠这一项是养活不了一家人的，还得去茶馆下"彩棋"。

棋手程晓流所著《沧桑谱》上评介过"北平围棋会"发行的棋会专刊上刊登过的过惕生执黑（受三子）和段祺瑞执白的一盘棋，这盘棋1927年2月9号弈于天津。棋谱只刊登到67手，结果是段祺瑞让过惕生三子还是段祺瑞的白棋胜。这盘围棋对局谱从围棋历史角度来说弥足珍贵，它是中国民国时期围棋的活化石，那一时期的棋谱应该说流传下来的非常少。通过棋谱，后人可以知道，那一时期，日本的一些围棋定式也已经被中国棋手使用，明清时期的座子已经废除，小目的走法已经很普遍。同时，将中国棋手在棋坛上的屈辱也记录得淋漓尽致。

段祺瑞凭什么让过惕生三个子呢？1927年时的过惕生是什么水平呢？

根据有关记载：1924年，"大过老"（过惕生的哥哥过旭初）在北平八宝胡同俱乐部举行的中日围棋对抗赛中赢了日本棋手，一时名振了"四九城"。过惕生的棋艺早年和哥哥不分伯仲，后来领先哥哥。1926年，19岁的"小过老"（过惕生）到上海寻找下棋的机会，以完美的"弃子战术"赢了上海著名的围棋高手吴祥麟，应该说1927年时的过惕生已经进入中国一流棋手行列。段祺瑞让三子和过惕生下棋，根本就是以势欺人的做法。而这盘棋中过惕生处处退让，明显是哄着段祺瑞高兴的对局。体现了旧中国围棋棋手的命运。

至于旧中国的围棋水平又是如何呢？

中国的围棋水平历史上最辉煌的阶段是乾隆盛世，范西屏、施襄夏双雄并立的时候。由于当时社会政通人和、百废俱兴，范西屏、施襄夏二人大体以下棋为业,能维持不错的生活。二人潜心钻研,不仅棋艺高超,还写出了《桃花泉弈谱》和《弈理指归图》等专著,其水平也达到了前所未有的高峰,至今仍被爱好者视为经典。施襄夏在《弈理指归图》中总结出的一些话,如"两番收腹成尤小,七子沿边活也输""两处有情方可断,三方无应莫存孤"等都已经成为了围棋领域的至理名言。犹如《孙子兵法》在军界的地位和影响。

从乾隆到道光,只隔一个嘉庆,其中由盛到衰不过几十年。鸦片战争以后国家一日不堪于一日,到了清末民初,并非日本一流棋手的高部道平来到中国,听说段祺瑞门下有批棋手,就前来邀战。当时,段祺瑞举全力请来了两位北方一流国手张乐山、汪耘峰。汪耘峰是清末国手周小松的再传弟子,是当时国内公认的棋坛领袖,然而和高部道平一交手就相形见绌,根本不在一个档次,连输了十几盘后被让至二子才偶有一胜。段祺瑞则被让至五子才险胜两盘。

1919年,段祺瑞邀请日本的本因坊秀哉来华比赛,除了张乐山、顾水如、汪耘峰被让三子外,其余中国棋手均被让四子甚至更多。

之后多灾多难的中国又陷入长达十四年的抗日战争,接着又是三年的内战,国民始终挣扎在生死线上,这样的大环境下,中国的围棋也好不到哪去,也仅仅是在勉强挣扎。

由于过去中国始终没有举办过真正意义上的同水平之间激烈争夺的比赛,就是国内瞩目的一流高手,也都没有培养出一盘棋从始至终根本不出现随手棋——专业棋手必须和首要的素养。中盘作战颇有实力,布局、官子较差,常有随手棋出现,形成了不管是北方成长起来的棋手,还是江南长大的棋手们的共同点,其中的弱点,仅是国内的棋手互相下还显示不出来自己的不足,但是一和日本的棋手交手，种种不足皆暴露无遗，溃不成军。中国的围棋在中华人民共和国成立之前确实到了穷途末路的境地。

陈毅元帅就是在中国围棋如此不堪的时候，准备下大力气，扭转乾坤，振兴中国围棋。

陈毅元帅在民主革命军事斗争时期，就常常对战友和部下用围棋对弈的情况来阐释军事上的某些战理。他曾经多次在各个不同场合说："棋道之中充满了军事辩证法，由小见大……可见得益匪浅。"

1950年，陈毅到北京见到了中央人民政府副主席、国民党革命委员会主席李济深，并到其家中探望，正好围棋名手过惕生也在，他们自然而然地说起了围棋。

陈毅说："围棋是我国发明创造的，现在日本的围棋水平比我们高。我们一定要赶上和超过日本，要让经历三千年古老文明的围棋有新的面貌，要配得上'新中国'的称号。"

岁月流逝，随着新中国在各个领域都取得了突飞猛进的发展后，再回头去看陈毅元帅当年的重视围棋，提倡围棋是高瞻远瞩的一步大棋。这步大棋远不是历朝历代的历史人物对围棋的支持所能比拟的。

中华人民共和国刚刚成立时，我们国家经济上还不是很富裕，许多对围棋了解不深的人可能对陈毅元帅提倡和重视围棋的做法理解不了，会想：围棋当不了吃也当不了喝，能有什么用？

围棋到底能对世界和人类作出什么贡献？

随着科学技术和世界经济的发展，尤其是计算机在当代的广泛应用，几乎到了无所不能的程度，无人驾驶飞机、无人驾驶汽车、3D打印技术等都在向全世界宣告计算机不断地从胜利走向胜利。

要知道现在的计算机运行速度，"据中新社纽约（2015年）11月17日电（记者 阮煜琳）全球超级计算机TOP500组织11月17

日在美国正式发布了全球超级计算机500强最新排行榜,中国国防科技大学研制的'天河二号'超级计算机,以每秒33.86千万亿次的浮点运算速度,第四次摘得全球运行速度最快的超级计算机桂冠。"

由于围棋挡在计算机的前头,也就使许多计算机高手把围棋当作了自己的奋斗和攻击目标。现代计算机软件"阿尔法狗"终于战胜了世界冠军李世石。这个软件的所有者谷歌公司就因为这项成就,股票曾经大涨了一阵子,说明这个计算机及软件战胜围棋职业一流棋手引起了全世界的关注和重视,中国人数千年以前发明的围棋,成为了当代计算机的世界级难题,为计算机提供了一个努力奋斗的目标和靶标。如果说哥德巴赫猜想推动了世界数学的发展,那么,我们怎么估量围棋对人类智慧的发展就都不为过了。

现在,已经有人提出了这样的看法:"围棋是宇宙和生命的模拟场,'无和有、虚和实、精神和物质。'的辩证转化概念在围棋中得到充分的验证!围棋是能将'科学、哲学、宗教'一体化的完美参照系,它既是宇宙模型,也是宇宙法则!而宇宙法则具有简单性、唯一性,围棋正是'万法归一'的典型。"(引自《天弈博源围棋传媒》)

随着经济的发展,中国已经开展了对围棋文化的深入研究,杭州围棋文化论坛上,已经有人提出《中国梦:让围棋文化走向世界,让围棋哲学为世界和谐发展做贡献》,该论文认为:

我们把眼光放到中国的围棋上,会发现,在围棋中体现的不是你死我活、势不两立的哲学思维方式,而是你可以获得很广阔的生存空间,我也可以获得很广阔的生存空间。

围棋的本质讲的是均衡,讲的是和谐,讲的是互相留有余地。在围棋的胜负确定中就体现出了如"共存共生"的思想。围棋体现的是中国的战略思维,西方国家的国际象棋体现的是典型的西方思维。国际象棋对胜负的界定和围棋截然相反，讲的是赶尽杀绝，讲的是把对方国王杀死才是取得了最后胜利。和围棋的平和、均衡、共存是截然相反的。而围棋的胜负决定于尽可能的公平竞争，为了做到最大限度地公平，近代围棋还做出了贴目的规定。按围棋规则比赛，一方的空只要比另一方围的空多就是胜利者。

让围棋的思维理念去逐步影响西方国家的国际象棋思维理念，用围棋的胜负观去处理国际争端，那世界的和平发展就现实很多。从而把世界的发展引领到和谐共存共同发展的良性轨道上去。

从这个意义上来说：围棋对世界的贡献绝不仅仅是娱乐和竞技，还蕴含着具有其他巨大价值的东西。从更高的视野上来认识围棋的话，陈毅元帅对围棋的重视、推广、激励，其深远的意义怎么估价都不为过。

陈毅元帅1954年被调到北京做更重要的工作。人虽然离开了上海，但是影响还在，顾水如、刘棣怀等已经进入了上海文史馆，稳定的生活和待遇使得他们可以把全部精力都放在围棋上。他们一直牢记陈毅元帅的嘱托，无私地承担起了培养围棋新人的重任。

1955年9月3日的《新民报》（《新民晚报》的前身），刊登出了围棋国手顾水如让11岁的陈祖德四子之局。要知道，解放后的《新民报》不再是解放前的同仁报纸，想登什么就登什么，任何消息都是由领导把关批准才可以见报的。可见陈毅虽然离开了上海，但他支持围棋事业的战略思想没有受到影响。

《新民报》1929年9月9日创刊，当时影响巨大，在全国许多大城市都有分社。1949年5月25日，人民解放军进入上海市区，《新民报》晚刊照常出版。一版头条新闻就是全文刊登出了中国人民解放军的《三大纪律，八项注意》。很快，上海市军管会发给《新民报》"新字第五号"登记证。1949年9月20日，中共中央宣传部副部长胡乔木和中共上海市委宣传部部长夏衍出席《大公报》《文汇报》和《新民报》三社经理和职工代表联席会议。10月，上海成立中国共产党《大公报》《文汇报》《新民报》三报联合支部。

从此《新民报》就成为了党的报纸，和之前中国民间同仁办的《新民报》有了本质的不同。党办的《新民报》为了围棋，为了丰富大家的社会生活，特意邀请顾水如和当时还是少年的陈祖德进行一场指导对局，1955年9月3日的《新民报》刊登该对局的棋谱。

《新民报》出面举办围棋比赛，刊登关于围棋的消息，使国内的围棋爱好者深受鼓舞，如果没有陈毅元帅大力提倡围棋、高度重视围棋，很难设想《新民报》会报道一盘不是正式的围棋比赛对局。《新民报》关注围棋，报道围棋正说明了陈毅元帅对围棋的推广、重视已经引起了社会的广泛反映。

这盘棋弈于1955年8月25日，结果是陈祖德执黑被让四子，最后赢了五子。这局棋谱由顾水如亲笔解说。棋评开头写道：

"陈祖德，现在年纪只十一岁，棋艺上已经具备相当造就。"陈祖德八岁的时候，随父和友人周老师对局，他在旁看得很感兴趣，后来周老师便把他教会了。他一出手进步很快，只一年多，周老师便支持不住，就令他向高手顾水如学习。最近两年间，从让七子逐步升到让四子。据顾先生自称，四子已经感到不易。

一个老先生和一个孩子的对局登在上海很有销量的《新民报》上，显然是件新生事物，是全国报纸的首创。当年还没有电视机，上了发行量很大的上海《新民报》相当于现在上了中央电视台，其对围棋的宣传和鼓舞作用极其巨大。事隔大半年后，

《新民报》再度刊登了题为《乐于培养新生力量的围棋名手》的专题报道，再次在中国的围棋界掀起了不小的波澜。文章主要是记叙和赞扬了五十年如一日培养围棋后辈的围棋国手顾水如先生。文章中披露了顾水如对中国围棋的展望，他深信："在一定的时期内，围棋这项艺术的水平将会迅速提高，达到以至超过国际水平。"

当年11岁的陈祖德名字登上了在上海非常有影响的《新民报》，一夜之间就成了上海家喻户晓的"人物"，这对陈祖德学围棋有不可估量的推动和鼓舞作用。在这盘让四子棋局见诸于社会的七年后，1962年陈祖德18岁就获得了全国亚军。八年后，1963年他执黑让先战胜日本九段职业棋手杉内雅男。九年后，1964年获得了全国冠军，从此结束了老国手一统天下的局面，迎来了以陈祖德为首的新中国成长起来的棋手们争雄的新局面。

1955年的《新民报》已经是60年前的陈年往事，经过文化大革命的洗涤，恐怕就是《新民报》的后续《新民晚报》报社也难找到刊登11岁陈祖德下围棋的那张报纸了。本书今天之所以能把这段在新中国围棋历史上值得一写的往事写出来，全依赖于陈祖德在临终前将自己一生不间断收集保留的围棋剪报全部赠与中国围棋协会副主席容坚行。

最近经过整理，容坚行公开披露了陈祖德所保留的部分围棋剪报。这些剪报中年代最早的就是1955年报道陈祖德受四子战胜顾水如的那一张。这很可能是陈祖德第一次上报纸，所以这张报纸对他的意义格外重要。

通过翻阅当年关于顾水如的报道，知道了顾水如是从让陈祖德七子开始指导培养陈祖德的。教过围棋的人恐怕都知道，培养职业棋手不容易，因为对老师的水平要求相当高，老师至少也曾经是职业高手。

另外就是教初学阶段的人下围棋最难最累，因为围棋和其他任何知识都没有相关性，要培养全新的观念，需要循循善诱，需要持之以恒，需要燃烧自己以照亮学生前行的道路……但是，顾水如和刘棣怀等围棋国手不顾已经五六十岁的高龄耐心指点陈祖德逐步进入围棋那高难的殿堂。

陈祖德后来成为中国围棋第一人，也成为实现陈毅元帅要战胜日本九段愿望的第一人。1965年10月25日是陈祖德难忘的日子，也是中国围棋历史上要记录的日子。自民国初年开始，中国和日本有了围棋交往的半个多世纪里，中国人从来没有在分先的情况下战胜过日本职业棋手，更不要说九段棋手了。然而在1965年10月25日这一天，陈祖德实现了对战日本九段棋手的重大突破，他在上海分先执黑中盘胜日本围棋代表团团长岩田达明九段。

《北京晚报》当年详细报道了比赛的细节："陈祖德运用了适合自己攻击的新棋路布局，积极主动进攻，敢于搏杀，很快占了优势，在棋赛的最后阶段，岩田达明再三奋战，仍然没有挽回局势，终于输给陈祖德五个子，这盘比赛历时九个多小时。"

从1955年8月25日顾水如让陈祖德四子开始，到1965年10月25日陈祖德分先战胜日本九段棋手，都是在25号，历史有的时候就是这么巧合。距十年只差2个月零6天，陈祖德提前2个月实现了中国围棋人的热切期盼和愿望。

陈祖德此盘棋的胜利没有任何幸运，赢得十分不易：1965年10月13日，陈祖德和来访的日本九段岩田达明在北京下了第一盘，陈祖德执白，岩田达明中盘胜。这次的友谊比赛，为了锻炼和提高中国棋手的水平，特意对棋赛的制度进行了微调，就是日本的九段、八段棋手和中国同一棋手尽可能地多下几盘。第二场10月15日还是在北京，陈祖德执黑，岩田达明胜两子，也就是说，如果陈祖德不贴目的话在盘面上已经胜了岩田达明1目棋。

10月19日在北京，陈祖德第三次向岩田达明挑战，陈祖德执黑中盘负于岩田达明。10月23日，第四场移师上海，陈祖德执白负，但是已经连败四场的陈祖德却越战越勇，要求和岩田达明再下一盘。

10月25日陈祖德在家乡上海又一次和岩田达明对局，按规矩陈祖德执黑，终于在这个对许多人来说是普通日子，却是陈祖德创造历史奇迹的一天，以盘面15目的巨大优势战胜了岩田达明。

在职业高手的对局中，一般在盘面胜负极度细微，胜负在一两目之间的时候，对局者才不会中盘认输，因为怕万一点错了空就认输的话岂不输得很冤枉。但是，盘面差距15目棋，陈祖德执黑棋贴给岩田达明5目棋也仍然赢10目棋（当时换算成中国计算胜负的方法是赢5个子）。岩田达明不可能连15目的差距都点不清楚，这盘棋的胜负他早在裁判数棋之前就已经明明白白，但是，仍旧坚持到最后等裁判数完棋，这对一个老资格的九段来说只有一种解释，他实在接受不了输给一个中国年轻人这个现实。因为，这意味着是岩田达明结束了日本围棋历史上九段棋手不败的记录。

许多文章都把注意力集中到了陈祖德1963年9月27日在受先的情况下胜杉内雅男的那盘棋上。写道中国棋手陈祖德第一次战胜了日本九段棋手，当然，受先能赢日本九段在当时也很了不起，但是在业内，都知道受先所下的棋实质上还不是真正的比赛和较量。因为对手是让了你一先的，这一先就说明两个棋手还没有站在同一个平台上。

而战胜岩田达明则是真正意义上的比赛。终于，在下第五盘的时候，陈祖德获得了胜利。这个胜利标志着中国棋手和日本职业棋手之间的鸿沟已经被陈祖德跨越了过去。已经站在同一个平台上了，尽管还不能说陈祖德已经达到了日本一流棋手的水平，但是，也已经是很了不起的飞跃，因为从被顾水如让四子的初学阶段到战胜日本九段用了不到十年，这个进步速度只有用"飞跃"来形容才恰如其分。

陈祖德的飞跃不是凭空一跃，在他的成长背后一直耸立着陈毅元帅那伟岸的身影。陈祖德10岁，大约是1954年，顾如水就已经带他拜访过当时的上海市市长陈毅。全中国在10岁左右和陈毅交过手的另外一个孩子就是后来超越日本超一流棋手的聂卫平，陈、聂都是开创中国围棋时代的领军人物。

开国元勋接见两个围棋幼童，并和他们对弈，古今中外的围棋历史上都前所未有，这是荣耀、是激励，推动了中国围棋事业的发展。陈祖德、聂卫平是毫无疑问的围棋天才，但也是芸芸众生中的幸运者，他们的才气加上陈毅元帅不遗余力的支持培养，才让这两人成为中日围棋交往历史上的英雄。

当年，顾水如带陈祖德去拜会陈毅的路上，顾如水一直唠叨、叮咛弟子，"跟陈老总下棋要讲礼貌，不能杀得太凶"。

这叮咛的话今天的人们看到了可能会感觉老先生是不是太过于小心谨慎，甚至迂腐，怎么能用当年对待段祺瑞的那个态度来对陈毅元帅？但是，通过顾水如的谆谆叮嘱的话语，我们也可以感觉到他对陈祖德的拳拳之心与关爱之心。关于顾水如、刘棣怀等老一代棋手如何向陈祖德传授棋艺很难找到记载，通过这个细节我们可以想见这些老棋手在如何培养陈祖德的棋艺上做到了尽心尽力，问心无愧。

陈毅元帅当年对顾水如、刘棣怀等老国手的厚重礼遇之情深深地感动了上海的各位老国手，于是他们都倾尽全力地培养后辈、悉心传教。

在拜会陈毅元帅时，陈毅语重心长地叮嘱顾水如、陈祖德等棋手："围棋是我国发明的，现在落后于日本了，我们应当赶上去，超过他们，不这样就对不起我们的老祖宗。赶超日本就要靠陈祖德这样的下一代，你们老棋手要好好培养下一代。"

陈毅元帅在上海重视围棋，提倡围棋的举动不只对上海的围棋事业有影响，这影响自然而然地波及北京，结果北京反而比上海先成立了专门的围棋机构——北京棋艺研究社。关于这段历史在另外章节详述，不在这里展开说了。

陈毅元帅1954年奉调到北京，很快就在北京又点燃了围棋之火。到北京还不到两年的时间里，在他的努力下，棋类活动已经在国家立项，成为了正式的体育比赛项目。1956年，国家体委准备举行中国历史上第一次全国棋类比赛，包括围棋和中国象棋。无奈，报名参加围棋比赛的人数太少，12月只好举行了全国第一届象棋锦标赛，围棋只是进行了表演赛。

全国棋类比赛的象棋赛于1956年12月15日在北京拉开了战幕。围棋表演赛时间是从象棋复赛阶段开始的，12月20日到22日。参加围棋表演赛的运动员是：北京的过惕生、金亚贤，上海的刘棣怀、魏海鸿、顾水如（因病未参加表演），广州的卢作尧，共6人。

这个表演赛虽然只有5个人来比赛，但因为是在全国棋类赛上做表演，也是史无前例了。陈毅元帅只要有空就前来观战。最后过惕生在比赛中战胜了刘棣怀等所有棋手，获得了冠军。

为了宣传棋类活动，也为了便于有兴趣的群众观看欣赏，特制了3个大棋盘，布置在会场的中央，中国象棋在右，国际象棋在左，围棋在中间，面向观众，用大棋子把选好的对局一一在大棋盘上摆出来。第一届棋类比赛里没有围棋正式比赛，让陈毅元帅深感遗憾，围棋放在了三项棋的中央突出位置上，显示应该是主角，无奈由于各省市宣传挖掘不够，没有组织起一定数量的围棋运动员，也就只好是表演赛了。

在陈毅元帅的直接关怀下，很快，1957年就举办了正式的全国围棋比赛。这次进行了广泛的动员和精心的策划。考虑到当年参加围棋比赛的选手大多数不是职业棋手，很多有自己的本职工作，当年的经济不富裕，交通费也是一笔开支，于是全国分为四个赛区，分别是沈阳、西安、武汉、上海。前三个赛区安排了八个城市，上海赛区为十个城市。每个城市只有一个参赛名额。所有城市的棋手基本上可以就近参加比赛。那时的比赛不像现在安排的那么紧密，而是每天只有一盘棋，给予参加比赛的选手充分的时间。比赛分为两个阶段，10月20日至30日为第一阶段，分别在四个赛区比赛。第二阶段是11月7日至17日把每个赛区选拔出的各两名棋手集中到上海举行单循环的决赛，只取前三名。这个赛制有个缺点，没能把最高水平的棋手都调动起来，例如北京、上海好棋手多，由于名额限限，只能派出一个最好的棋手参加比赛。但是，这个比赛办法看来是在充分落实陈毅元帅让尽可能多的人来下围棋的指示，进行了全国总动员。总共有2个直辖市和24个省会城市都派出了各自最高水平的棋手，另外像开封、保定、温州、常熟可能是定点给予了名额，全国比赛，首先考虑的是具有全国意义的和其代表性。前三个赛区每个赛区选拔出2名棋手，上海选拔3名棋手进入第二阶段的决赛。他们是：黄永吉（合肥）、骆子良（天津）、刘厚（开封）、刘棣怀（上海）、刘炳文（武汉）、过惕生（北京）、张库（保定）、陈嘉谋（南京）、黄乘忱（重庆）。在决赛的9人中取前三名，冠军过惕生，亚军陈嘉谋，季军刘棣怀。

陈毅元帅在上海时，尽管威望很高，但毕竟是一方的领导，不可能主导涉及全国范围的事情。1954年担任国务院副总理以后就可以在全国范围内推广围棋了。1956年过惕生作为围棋界代表人士出席了这年的全国政协大会，受到了周总理的亲切接见，周总理除了对围棋有关的问题进行了了解，还表示要提倡宣传开展棋类活动。更为难得的是，在这次全国政协大会上，过惕生还受到了毛主席的接见，是中国棋类界唯一一个受到毛主席接见的棋手。

中国棋类项目在党和国家领导人的关怀支持下，得到了蓬勃发展，陈毅元帅为此付出了许多心血、智慧和谋略。

万事开头难，有了第一届全国围棋比赛，紧跟着1958年、1959年接连举办了两届全国围棋比赛，但是规模始终不大，如1959年的第一届全国运动会的围棋项目比赛才有20名棋手参加。中国的围棋活动只能说在全国范围内刚起步。

到了1960年10月中旬，经过了1957年、1958年、1959年三年的预演，中国的围棋迎来了第一个小高潮，首先在赛制和人数上就有了很大的突破和发展。参赛的单位是全国各省、市、自治区及中国人民解放军。有突破的地方是，1959年的个人冠亚军单位可以报6名棋手参加比赛，并可报女子、少年各1名参加表演赛。第三名到第八名的省市可以各报3名棋手及女子、少年各1名棋手，其他没有获得名次的省市则可以各报2名棋手参加比赛。从人数上看，比赛规模扩大了至少一倍，并且有了女子和少年参加围棋比赛。中国围棋欢欣鼓舞、欣欣向荣的局面终于在陈毅元帅的推动下出现了。而放眼未来，培养少年棋手一直是陈毅元帅高瞻远瞩的一个战略部署，现在也得到了落实。

而最终的比赛结果，更是让所有关心围棋的人们欣喜万分。中国围棋发生了沧海桑田的变化。

前三届围棋比赛都是年过半百的老棋手一统天下，冠亚军是60岁的刘棣怀和已年过50岁的过惕生轮流坐庄，第三名到第八名皆是两鬓成霜的老棋手雄踞。

在陈毅元帅郑重大力提倡围棋的情况下，时隔5个月进行的1960年中国围棋锦标赛，30岁出头的黄永吉获得冠军，16岁的陈祖德获第三名，20余岁的赵之华获第六名，年轻一代已经脱颖而出。让战胜日本九段的愿望压在年过半百，保持多年不衰的"南刘北过"身上，实在是有些让他们力不从心，短短的两三年，就有了年轻一代开始在正式比赛中向"南刘北过"挑战并取得胜利的局面，这该是多么巨大的变化，多么可喜的变化。战胜日本九段将指日可待。

1960年，在中国的围棋历史上还必须写到的是中国和日本的交流。中华人民共和国组织起来的这些老棋手的水平到底如何？由于和当时世界围棋水平最高的日本一直没有进行过正式比赛，这个问题就一直悬而未决，两国棋界人士都想通过交流比赛见个分晓。

这个围棋历史上悬而未决的遗憾终于在1960年5月被消除了。终结围棋历史遗憾必然是由大人物完成的，这也是人类历史上经常见到的现象。也符合历史的发展规律，大事情往往是普通人无法和没有能力、条件完成的。即使开始是小人物起的头，但终究会有大人物介入和推动。

陈毅元帅在推动中日围棋交流上又一次发挥了其独到和无人能替代的巨大作用。

1959年，为参加庆祝中华人民共和国成立10周年重大庆典，以松村谦三为首的日本自民党众议员代表团于当年10月访华。松村是对中国友好人士，他的访华没有任何政府头衔，名义上是中日民间往来，逐步推动中国和日本和平相处。

双方都想通过围棋进行进一步的了解。

松村谦三在日本是个有影响的人物，也是富有政治远见的人物，他很早就认识到中日两国友好相处是对两个国家都有利的大局，并身体力行，亲自出马做中日友好的工作。他是日本自由党和民主党合并为自由民主党后出任的顾问，他是该党三木-松村派领袖之一。中日恢复邦交前，他是日中贸易日方总联系人。1959年10月首次访问中国。

负责接待这位致力于中日友好人士的就是当时外交部长陈毅元帅。此前两人并不认识，接触以后，发现都会下围棋，马上就摈除了一切客套，有了相见恨晚想要进一步接触了解的意愿，也有了轻松聊天的话题。国家与国家友好关系终究是要落实在人与人之间的友好相处上。围棋典雅，不需要语言表白，两人的教养、思想方法、思维是否敏捷、胸怀度量等都会通过对弈让对方看明白。外交场合不是普通百姓的私人交往，话能说到什么程度，对方是否能理解自己的弦外之音，是不是一个可以深谈，托付大事的理想人选，通过下棋即使没有了解到全部，也能摸到个八九不离十。

几盘手谈下来，松村与陈毅副总理结为棋友。陈毅抓住机会，以朋友间的交情向松村说道："现在就谈中日之间邦交正常化还为时过早，但是，我们可以通过围棋、乒乓球、书法、兰花进行交流，不谈政治，只谈友好。"

松村则希望在中日两国贸易达到一定规模，需要进一步发展时，中国派一个围棋代表团访日，以围棋为突破口推动中日两国友好交往的发展。陈毅欣然同意。

1959年，在陈毅同志和日本著名参议员松村谦三先生共同发起下决定：1960年日本将组成围棋代表团进行首次正式访华。

在松村回到日本后的尽力推动下，1960年5月底到6月17日，日本第一个围棋代表团访问了中国。

这年的5月，中日进行了历史上第一次正式围棋交流比赛。中国的著名老棋手刘棣怀、过惕生、顾水如、金亚贤、王幼宸、汪振雄、崔云趾等代表中国当时最高水平悉数上场迎战日本职业棋手，结果是中国棋手27负、1和、2胜，胜的2盘可以说极为侥幸。虽然对这个结局事先有了充分估量，但是，几乎全军覆没还是没有想到。这一中日围棋交流比赛的成绩明确显示出，中国的老棋手和日本职业棋手的差距过大，根本不是一个层面上的对手。中国围棋亟待培养新人，亟待长江后浪推前浪，将一代新人涌到浪尖上。

1960年6月28日，日本围棋代表团刚走不到十天，陈毅、贺龙接见了在北京的围棋、象棋和国际象棋的部分名手。一见面，陈毅看来的人不多，感慨地说："请来的太少了。"

寒暄过后，陈毅对大家说："最近，我见到毛主席和周总理的时候，向他们介绍了中日围棋比赛和中国登山队攀登珠穆朗玛峰的情况，毛主席听了很高兴，我们还为这两件事干了杯。现在，我同贺龙副总理，也是你们的体委主任，一起和在座的诸位谈谈下棋这件事怎么办？党和政府很关心下棋，这是个高尚的文化活动，要好好开展。"

随后，陈毅元帅回头看着坐在身后的国家体委副主任黄中、运动司司长李梦华、国际司司长张联华，又对视了一下坐在对面的北京市体委负责人，很郑重严肃地说："你们该承担这项任务了，我陈毅在这里拜托各位了！过去10年，我们对棋还关心得不够。现在，要看第二个十年了。日本人下围棋所向无敌很骄傲，我国的围棋，从乾隆以后逐渐衰退，国运衰，棋运也衰了。现在，我们国运盛，棋运也该盛。"

我们的陈毅元帅，不仅每一次在公开场合宣传围棋，提倡围棋，还多次把围棋名手陈祖德、王汝南、聂卫平等人接到自己家中，询问他们的成长经历，殷殷寄语，嘱托他们要努力拼搏，要打出国门，要推广普及，注意培养新生力量。陈毅还带着这些棋手去向周恩来、李先念、邓小平等人做介绍，请他们关心中国围棋。他曾对当年的财政部长李先念副总理说："你要给围棋出钱啊！"还对邓小平说："总书记，你要多支持啊！"

国家体委主办的《体育报》在1960年7月4日发表了《提倡下棋》的社论。该社论基本上就是把陈毅元帅多次对围棋方面的讲话精神进行了集中和展开论述。正式、公开地代表党和政府表明了对棋类活动的支持和提倡，以及关怀棋类活动的态度。作为党所领导的体育专业报纸第一次也是仅有的一次向全国发出了《提倡下棋》的号召。

全文特转载如下：

"最近，陈毅、贺龙两位副总理接见了在北京的围棋、象棋和国际象棋的好手，并对如何开展棋类活动宝贵的指示。这是党和政府对体育运动、对棋艺的重视和关怀，对全国各项棋类运动员也是莫大的鼓舞。毫无疑问，我国的棋艺将进一步放出灿烂光华，更快更好地繁荣起来。

下棋，是一种高尚的文化活动，深受群众喜爱。我国的棋艺创始已久，2500年前的春秋战国时代已经很盛，并且达到了一定的水平。几千年来，棋艺活动曾吸引着广大群众，不少棋艺爱好者还著书立说，研究各种棋谱。我们在劳动、工作、学习之余，或者在假期、节日里，和同志们一起下下棋，可以使心胸舒畅，增添生活的风采。

下棋对发展智力、锻炼意志，也有很大的帮助。下棋要讲战略，也要讲战术；要掌握全局的形势，也要筹划好局部的厮杀；在整个战局发展的过程中，既要有冷静的头脑，也要有坚毅、果断的意志，以进行暴风骤雨的袭击或势均力敌的相持。一个妙着，可以制对手于死命，但稍有疏忽，一子之差，可能全线崩溃。所以下棋是一种艺术，也要讲辩证法，这对锻炼我们的思想方法是有一定的积极意义的。

正因为下棋有很大的好处并极其吸引人，所以古今中外，不论是白种人、黄种人、黑种人……，都有会下棋的，并且都有他们各自所喜好的棋艺。国际共产主义杰出的战士李卜克内西说：他和马克思下棋时，两个人的情绪都跟着棋势的发展而变化着，因为没有分胜负，下到半夜，马克思还不肯罢休。列宁被流放到西伯利亚的舒申斯克村时，写书到深夜后，还独自在那里刻棋子，准备和战友们下棋。

近年来，国际间棋艺的交往越来越多，国际间的比赛也日益频繁。通过这些棋艺活动的往来，还可以增进各国运动员和人民之间的友谊。在国际比赛中获得优胜，也会为国家增添荣誉。目前，国际象棋和围棋的国际来往和比赛日益增多而且活动愈来愈广泛，我们要努力开展这两项活动，并且要使它们很快达到世界水平，为祖国争光。中国象棋有千千万万的人参加活动，也应该加以很好的领导和组织，让更多的群众能享受到这项文化活动。除了这三项棋外，各地还有各种各样的棋艺，也要适当开展，以满足群众日益增长的要求和爱好，使我国人民的文化生活丰富多彩。

棋艺的设备很简单，棋子和棋盘都可以自己制作，并且下棋不受场地的限制，男男女女，饭后工余，在休息的地方就都可以下。公园、文化宫、俱乐部、游艺室……，都可以设下棋的地方。所以广泛开展棋艺活动，既方便，又花不了多少钱，十分符合国家勤俭办一切事业的精神。

棋艺也像其他体育运动项目一样，在我国过去是被剥削阶级掌握而又使之为他们服务的东西，今天它又被掌握在共产党领导下的广大劳动群众手里，劳动人民从棋艺活动中使身心得到好处，可以更好地用之于社会主义祖国的建设事业。总之，我们今天开展棋艺活动，是为了活跃人民的文化生活，陶冶高尚的情操，增进人民健康，促进国际文化交流，为我国的劳动人民、为社会主义建设服务，与过去士大夫阶级终日'琴棋书画，吟诗作对'有着本质的区别。因此我们要积极地把这项文化体育活动大大开展起来。要迅速地普及和提高。

社会经济的繁荣，必然带来文化体育事业的昌盛。各种棋艺特别是围棋和象棋，在我国虽然有悠久的历史，但在国民党反动派统治的几十年，内忧外患，民不聊生，棋艺就日薄西山，气息奄奄了。今天六亿人民真正当了国家的主人，在党和毛主席的英明领导下，多快好省地建设社会主义，文化体育事业蒸蒸日上，文昌武盛。棋艺适逢这样的盛世，一定也会达到前所未有的繁荣程度。希望大家积极参加有益于身心健康的棋艺活动；希望各级体育组织加强宣传，大力开展棋类活动。"

中华人民共和国刚成立10年，已经在经济发展方面取得了令世界瞩目的成绩。但是，文化体育方面对一个国家来说相当于一个人外在的装饰，俗话说"佛靠金装，人靠衣装"，一个国家的经济好坏外人是不大容易看到和相信的，除非有了能影响到世界的产值和工业品，像今天的中国一样，许多制造品，如电视机、电脑、汽车、手机等产量都是世界第一，世界上几乎所有的国家都有人在使用中国的产品，那当然会让全世界承认你的经济发展确实很了不起。文化体育则不一样，随时可以见诸新闻媒体，当天发生的事情，当天就会有广播电台播发出去，数小时以后就会有报纸把实况相片发给全世界的人看。从这个意义上说，中国的围棋如果能很快赶上日本，战胜日本棋手，就是对新中国的伟大成就的最好、最有力的宣传和证明。

陈毅元帅作为开国元勋，作为国务院副总理，他的一切言行都是从国家的最高利益出发，从树立中国的国际形象出发。这大约就是陈毅元帅多次在不同的场合，向不同的人强调提高围棋水平，战胜日本九段的本质意义。他作为国务院的副总理不仅看到了问题的重要性，讲明了问题的重要性，而且还亲自把这些重要的事情落到了实处。

1961年，日本围棋代表团再次来中国交流。

1962年，中国围棋代表团顺利回访日本。

1963年，日本棋院和关西棋院联合派团访华，并特授予陈毅围棋"名誉七段"称号，以表彰陈毅为推广围棋文化、促进中日围棋界交流所做出的贡献。

1964年，日本29位著名围棋手联合发表呼吁书，号召日本八百万围棋爱好者参加要求恢复日中邦交征集三千万人签名活动。

1972年9月29日，中日正式建交。在这一历史过程中，"围棋外交"做出了十分重要的贡献。

现在回顾中国半个多世纪以来以围棋为主的棋类活动发展历程，再重读这篇文章，对一个围棋爱好者来说，仍旧感到十分亲切，引起许多联想，在为我们今天的围棋局面和成绩倍感自豪的同时，也深情地怀念我们敬爱的陈毅元帅。正是因为有了这位老一辈的党和国家领导人的倾注的关心和心血，才有了我们国家围棋的今天。从文章的字里行间中随时都可以找到陈毅元帅对围棋活动的种种指示精神和论述下围棋的积极意义。

到了新世纪，世界围棋活动在中日围棋交流的基础上已经揭开了新的历史篇章。现在，欧洲、北美洲也都举行了每年一次的全洲围棋锦标赛。俄罗斯、以色列、乌克兰等国家都派出了年轻人到中国、韩国、日本进行职业围棋的训练。

在将来的某天，围棋的各项优点被全世界的人们发挥到了极致，在它给全社会带来了巨大好处的时候，人们一定会油然想起在历史上曾经为围棋的兴盛发展而做出过卓越贡献的人们。在这个世界上，真正永恒的东西就是对人类的提高发展起过促进作用的好主意、好办法、好的发明创造。而我们敬爱的陈毅元帅将和围棋一起被人们永远铭记在心里。

第二章　北京棋艺研究社成立

北京棋艺研究社是1951年提出申请，1952年正式成立的非完全官方，也非私人组合的，中国历史上第一个由国务院总理亲自支持、批准、拨款成立的，专门以研究围棋棋艺为主的棋艺研究机构。

这个机构刚开始成立时根本不在国家计划之内，没有人员编制，没有固定经费来源，没有确定它的上级主管机构，用老百姓的话说就是个没爹没娘的孩子。但就是这样一个不起眼的小团体，却牵动了很多国家领导人，甚至连毛泽东主席和周恩来总理都亲自过问了这个小小机构的成立。

当然，能搅动这一池春水的人肯定不是普普通通的人，首推我们敬爱的陈毅元帅，他那时虽然人还在上海，但是力推围棋的举动却直接催生了这个中国历史上第一家专业的棋类研究机构。从这个意义上说，陈毅元帅是北京棋艺研究社真正的启动者和奠基人。北京棋艺研究社传奇的诞生过程一直没有在社会上广为传播过，却深值后人研究、纪念。

中国地域辽阔，东部基本是平原，四季分明，河网密布。放眼全球，像中国这么适合发展农业的国家还是不多见的。加之中国人聪明、勤劳、团结，所以很早就形成了比较发达的农业生产体系。农业的最大好处是所生产的粮食易于保存、流通、积累。相对于畜牧业，中国有句古话，"家有万贯，长毛的不算"，极言畜牧业的风险很大。畜牧产品和粮食比起来，保存的成本高，流通不方便，财富的积累速度和厚度都远逊于农业生产。由于中国很早就有发达的农业生产，且生产效率高，社会自然就分离出一部分不参加农业生产的读书人，他们在历史上被称为"士"。士虽然不参加直接的社会财富创造，但是对国家的贡献也非常大，历数中国的琴棋书画、诗词歌赋、军事、兵法、数学、天文、地理、药学、医学等基本都是由士来创造完善的。士除了在非生产领域做出了杰出贡献，在经邦济世，安邦立国打天下中也做出了独特的贡献，如春秋战国时期的管仲、乐毅，汉朝的张良、陈平、韩信、萧何等也都属于士的范畴。

士虽然对中国围棋的发展贡献很大，但在中国历史上从未有过官方投资组织成立的围棋社团的记载。到了20世纪40年代最后一年，中华人民共和国成立，中国围棋历史也开启了新篇章。中国围棋界非常万幸的是出现了陈毅元帅这么难得的、特别推崇围棋的大人物。

他高瞻远瞩，不遗余力地推崇围棋，利用一切机会宣传下围棋的积极意义，提倡围棋，促进围棋。他在上海襄阳公园探访棋手的轶事，关心围棋国手的做法，在中国各大城市的围棋界不胫而走，一时传为美谈。顾水如、刘棣怀等被陈毅奉为上宾的事情不知不觉中刺激了在国内围棋界享有盛誉的过惕生。

过惕生1949年前后寓居上海，由于他在上海居住的时间尚短，所以还不被上海围棋界的人们接受为上海棋手，顾水如、刘棣怀等被吸收为上海市政府文史馆馆员的待遇并没有降临到他身上。眼看着昔日平起平坐的棋友一个个一步登天，让生平性情温和、处处礼让、从不过分奢求的过惕生萌生了一个大胆的想法：既然自己在上海无法施展，何不如到北京去另立门户，开辟一片围棋的新天地，成立个围棋社，自己也就不落人后了。

过惕生萌生了这个想法后,再仔细一想,这想法是不是也太大胆了些。

生性谨慎的过惕生心想还是找比我地位高、见识高的人商量商量吧。于是他怀着忐忑不安的心情去求见以前就有过交往的黄炎培老先生。

一桩将在中国围棋历史上留下重重一笔的事情就此拉开了序幕。

和后面牵扯出的大人物相比,过惕生算是社会上比较基层的人物了。但是,由于过惕生启动的是一项事关围棋的大事情,促使一桩历史上前所未有的大事情走向成功,难度可想而知;结果却出乎意料地令所有爱好围棋的人们喜出望外。总的来说,过程虽然曲折,结局却无限光明。由于事情直接捅到了毛主席和周总理那里,不成功几乎是不可能的了。那么,究竟是什么样的力量,把这件初看近乎天方夜谭的事情给办成了呢?

因为,事涉围棋。

围棋特有的魅力和其高尚典雅的内涵,就像一条红线,把许多的围棋爱好者串联了起来,众人拾柴火焰高,是所有参与者的合力,在新中国刚刚成立,百废待兴,朝鲜战场上中国和美国正炮火连天的当口,北京棋艺研究社宣告成立了。

过惕生不是政界人物,本来和黄炎培风马牛不相及,但他年轻时就已经名声鹊起,传遍大江南北,与黄炎培的爱子黄竞武早已结识。老二黄竞武是个围棋迷,他1945年随中华民国中央银行回迁上海后,结识了过惕生,拜过惕生为老师学习围棋。过惕生收的这个学生不是一般人物,是著名社会活动家、政治家、教育家、实业家黄炎培的次子。黄竞武后因革命事业壮烈牺牲。

黄炎培是中国民主建国会的发起人、创立者,也是中国著名民主党派中国民主同盟的发起人和创建者,担任过中国民主同盟的首任主席。1949年9月出席中国人民政治协商会议。中华人民共和国成立后，历任中央人民政府委员、政务院副总理兼轻工业部部长、全国人大副委员长、全国政协副主席。

黄炎培早年就与中共领导人接触，1937年12月28日在长沙会见过徐特立。1938年5月19日在汉口会见周恩来。1938年4月，在武汉第二次国共合作刚开始时，周恩来、董必武等代表共产党加入国民参政会，黄炎培等作为社会贤达也被聘为国民参政员。从那时起，黄与共产党人开始配合，力促抗日。1941年皖南事变前后，黄炎培数次见到周恩来，逐步认识了中国共产党的政策，并萌生了亲赴延安考察的愿望。

1945年夏，为恢复陷于停顿中的国共和谈，黄炎培与其他五名参政员一起飞赴延安。毛泽东率领在延安的几乎所有中共领导，赴机场迎接黄炎培一行。在延安见到了不少昔日的学生、老朋友，范文澜向黄深鞠一躬，说自己是42年前上海浦东中学第一期学生，黄亲自教过他。陈毅见到黄炎培后告诉说：当年留法出国前夕，黄炎培曾开欢送会送行。这些往事很快就让黄炎培有了回家的感觉。

黄炎培目睹延安的新气象，极为看好中国共产党的未来，他感觉自己有必要和今后将成为国家最高领导的毛泽东长谈一次，交换对未来的看法。这次谈话竟进行了长达十几个小时。黄炎培返回重庆后由夫人姚维钧整理和执笔，发表了《延安归来》一书。这本著作中最引人注目和出色的就是被世人称为"窑洞对"的黄炎培和毛泽东的两人对话。至今毛、黄两人的"窑洞对"还常常被人们提起，因为当时两人都希望今后的中国能走出一条打破历史周期率的新路。而打破历史的诅咒是每个中国人的心愿。

通过这次长谈，奠定了黄炎培作为一代有识之士大儒在毛泽东心目中的地位。黄的学识、见识深得毛泽东的重视、欣赏。他对毛泽东的领导能力、气魄、胸怀、志向十分敬仰，从内心里心悦诚服地把毛泽东看为今后中国的领袖。

细读"窑洞对"不难发现在当时新中国成立还远远没有提到日程上的时候，这两位杰出的历史人物就已经高瞻远瞩地预见到新中国的成立，并已经开始考虑新中国在拥有美好未来的同时，需要未雨绸缪可能出现的问题。

所以，有必要把"窑洞对"转录在此，它从一个侧面真实清晰地刻画出了黄炎培是什么样的杰出人物，他为什么在新中国能有那么高的地位，于此，对于北京棋艺研究社的成立的深厚背景也就可以略知一二了。

《窑洞对》（黄炎培与毛泽东关于历史周期率的对话）

黄炎培：我生六十余年，耳闻的不说，所亲眼见到的，真所谓"其兴也勃焉，其亡也忽焉"，一人，一家，一团体，一地方，乃至一国，不少单位都没有能跳出这周期率的支配力。大凡初时聚精会神，没有一事不用心，没有一人不卖力，也许那时艰难困苦，只有从万死中觅取一生。既而环境渐渐好转了，精神也就渐渐放下了……到干部人才渐见竭蹶，艰于应付的时候，环境倒越加复杂起来了，控制力不免趋于薄弱了。一部历史，"政怠宦成"的也有，"人亡政息"的也有，"求荣取辱"的也有，总之没有能跳出这周期率。

毛泽东肃然作答："我们已经找到了新路，我们能跳出这周期率。这条新路，就是民主。只有让人民起来监督政府，政府才不敢松懈。只有人人起来负责，才不会人亡政息。"

中华人民共和国成立后，周恩来总理两次来黄家动员，黄炎培终于打破了自己在蒋介石多次要他担任国民党政府要职均拒绝的规矩，接受了政务院副总理一职，分管轻工业。

面对为了新中国的解放事业献出了生命的儿子的围棋老师，

黄炎培自然是尊重热情。黄老听明白了过惕生的来意后，颇感唐突，也没有足够的思想准备。作为中国人民政治协商会议第一届会议代表的黄炎培，当时已经知道中国正在准备到朝鲜去抗击美国，大仗即将打响，这个时候到北京去要求成立什么棋艺研究社，确实不是时机。黄老心里实在难以定夺应不应该答应帮忙。但是，他也知道过惕生的为人，是个轻易不会开口求人的人，况且，成立一个围棋组织，花不了太多的钱，总的来讲，怎么也是个好事情，又是自己儿子的围棋老师，又不是办个人私事……但是，如何下手去做，黄老思虑再三，忽然想起了一个人。

黄老对过惕生说："李济深现在已经担任国家副主席，围棋的事情也在他的权力范围内，他又在北京定居，我现在在上海，还是有诸多的不方便，你找他商量商量如何……再说，陈毅市长在上海不也照样下围棋，还把许多老棋手捧为上宾，你是在为社会出力，兼顾了国内许多棋手的共同理想，我想李先生会支持你做这件好事情的。"

黄老的几句点拨鼓励，顿时让过惕生看到了成功的希望，也给自己增添了更多的勇气，原本自己只是把组建棋社的事情看成是谋个出路的小事情，所以踌躇再三，不敢理直气壮地去说成立棋社的事情，经黄老这么一分析，过惕生想，对啊！我不是为自己的私事去求李副主席，我是为天下的棋手请命，能办成，是围棋的幸事，办不成，也不是我个人的荣辱。

李济深现在身为国家副主席，有他出面，那力量显然是比黄老还大，况且，自己和李济深也有过一面之交。

想起来见黄炎培的前夜，过惕生曾经彷徨、忐忑、迟疑了一晚，现在，经过黄老点拨的过惕生已经充满了信心。

过惕生为何先找黄炎培而没有一开始就去找李济深，这也是人之常情，李济深当上国家副主席，地位很是显赫，所以过惕生当年还颇有点不敢轻易造次。现在，黄老说可以去找他，过惕生原本犹犹豫豫的心安了许多，遂决定尽快北上到北京去找李济深副主席，况且，成立围棋社也是有利于社会的好事情。

过惕生和李济深相识于1947年。没别的缘头，是围棋使这两位地位悬殊、事业、生活都没有交集的两人有了一面之缘。

李济深，广西人，当年的名气在李宗仁、白崇禧之上。

由于李济深一直从事反对蒋介石的活动，1947年第三次被蒋介石通缉捉拿。他在1911年就追随孙中山进行辛亥革命。孙中山办黄埔军校时请他担任了训练部主任，后于1926年担任了副校长，那时周恩来是黄埔军校的政治部主任。国民党北伐时李济深是铁军第四军军长，叶挺是该军独立团团长。就是这么个老资格的国民党大员，却屡屡反对蒋介石，前两次和蒋介石冰释前嫌，在内战爆发后，李济深又和何香凝（后来的国家副主席廖承志的母亲）、宋庆龄成立国民党革命委员会，使蒋介石很是不爽。蒋介石可以不把其他如段祺瑞、冯玉祥这样的过气军阀放在眼里，但对李济深黄埔军校副校长的身份，丝毫不敢懈怠。1947年蒋介石和李济深在庐山上两次面谈，不欢而散后，李济深不辞而别，留下了反对内战的万言书后潜伏到了上海，蒋介石随即又发出了通缉令。在上海，李济深恐遭毒手，一直深藏不露，但是，蛰居的日子确实枯燥难耐，在拿定主意潜逃香港后，感觉以后再回大陆可能不容易，一生的业余爱好主要就是围棋，但遗憾的是一直没有和国内的围棋高手对弈过，眼看就要离开，实在难以割舍挥之不去的棋瘾，就叫人寻到了过惕生，请他天黑以后到家里来。

当年过惕生在上海，时不时会有陌生人慕名前来请去下棋，顺便也挣得一些出场费，所以过惕生想也没想就答应了下来。由于黑天，路灯昏暗，过惕生一路上没有多想，进了李家的大门，李济深自然是很热情，两人以棋为话题，侃侃而谈，越说两人越感觉神交已久,慢慢地,过惕生才知道了对面这位就是蒋介石以"特高价"悬赏通缉的李济深,顿然失色,直到下起棋时,拿棋子的手也不由得发抖……很快,一生不和政治打交道的过惕生,由于对弈起来,心中的担忧害怕也都抛之脑后了,两人几乎下了一整夜的棋。

凌晨,李济深快走了,两人才收起棋子。李济深动情地说道:"过先生,我身负重案,是蒋介石恨得咬牙切齿,要捉拿的第一号公开通缉要犯,你不怕受连累陪我下了一夜的棋,一解我这些日子的苦闷,我非常感谢先生。"随后拿出了一笔不菲的银元递到过惕生的手中,又说道:"我马上去香港办件大事,你以后遇到了什么为难的事情,可以来找我,我能办到的事情一定不遗余力。"

时间飞快,转眼3年过去,中国也发生了"天翻地覆慨而慷"的巨变。

1950年6月,过惕生来到北京,由于有黄炎培事先做了些铺垫,过惕生没有很费力气就通过关系把求见国家副主席李济深的投名状送到了李济深手里。很快就有车来到过惕生的住处,把过惕生接到了坐落在北京建国门附近的西总布胡同李公馆——李济深家中。

过惕生见过李济深,茶过三巡,过惕生讲明了想在北京成立个围棋机构,叫什么名字还没有想好,希望李副主席能出面和有关单位申请一笔经费,并把这个机构成立起来。自然,过惕生也把来前找过黄炎培的事情说了一遍,还特意说道:"黄老认为这是好事情,也是对文化事业的发展做贡献。"

李济深听明白了来意,高兴地说:"我是军人,喜欢直来直去,这么说吧,我刚到北京后不久见到毛主席和周总理的时候,他们征求我对建国大业的看法,我曾经说过,要重视中国历史文化传统，如围棋、佛教等政府要出面保护。他们听取了我的意见。我也正想在这方面自己能推动些事情，你来得正好，成立围棋机构一事，上层的事情我出面，底下的具体事情你来张罗。要成立围棋机构，人少了不行，你再去找找你认识的会下围棋的社会名流，把他们也都拉进来，这样我们成立的机构就有了声势，这就和打仗一样，有了声势就不愁招不来人马，就不愁我们的事情办不好……"

李济深敢于向过惕生这么爽快地表态，他是有底气的。

李济深告诉过惕生，我会尽快给周总理打个报告，把我们设想好的方案送上去。我估计这么件小事情时间不会拖得太长。你就在北京多待些日子，等周总理一批下来，我们就可以马上着手成立棋社了。

谁知道，世界风云变幻，1950年朝鲜战争爆发。

这个时候的周总理显然已经顾不上李济深送上去的关于成立围棋组织的报告了。

过惕生在初夏的时候到北京，火热的天气，火热的心，受到了热情的接待和鼓励，但是，天气已然转凉，李济深那里迟迟没有消息。过惕生知道，像他那样的大人物，一诺千金，如果一直没有消息，可能就意味着是不好的消息。下围棋，成立围棋社团，和朝鲜战争能有什么关系？这些就不是只知道下棋，不闻窗外事的过惕生所能联想到一起的了。

李济深交代去联系下棋的各界名人和社会贤达，过惕生当然不会懈怠。

过惕生找的人都是和围棋有关系的上层人士，他们所从事的职业五花八门，但是都会下围棋是最一致的一点，年龄都在中年以上，那时肯定很少有从小就学围棋的人，围棋水平自然也参差不齐，或高或低，相互之间有的以前就相识，有的是通过过惕生的穿针引线，才对对方有了基本了解。

这之中引出一个人来，是位女士。虽然这位女士名不见经传，但是，在李济深和过惕生共同努力想成立围棋组织这件事情上却起到了独特而具有决定性的作用。

她就是后来北京围棋界非常知名的一位民国名媛——龚安惠。关于她对新中国北京早期围棋发展的贡献，后面要单列一章来写。因为她后来就是这个新成立的围棋组织的后勤主管。

至于过惕生如何与龚安惠交集到一起的这段经历，笔者虽然也曾努力挖掘探索，但由于当事人都已故去，实在无法从当事人那里获得第一手资料。只好根据一些已知的情况进行谨慎推测。

一个可能，龚安惠本人是旧中国的社会名流，交际广泛，她本人也会下些围棋，虽然是初学水平，但应个景，说点围棋的话题，她的水平足够了，在她交往的人里面肯定也有会下围棋的朋友，从而辗转通过朋友的介绍和过惕生认识了。

另一个可能，两人都是皖南人，过惕生老家是安徽歙县，龚安惠老家是安徽安庆，他们有大同乡之宜，过惕生在解放前就在社会交往中和龚安惠认识了。

过惕生讲得一口地道的皖南话，皖南话可以说和闽南话、广东潮汕话、浙江青田话并列为中国最难听懂的地方口音。尤其是过惕生和北方长大的人们交往的时候，他的皖南口音如果没有人从中翻译，那交流起来是太困难了。而能给过惕生当皖南口音的最好同声翻译就是龚安惠。龚安惠很有语言天赋，不仅后来学的普通话很好，英语也是专业水平。

过惕生在北京发展围棋朋友的时候，得到了各位棋友的赞扬和支持，纷纷互相留下了通讯地址。过惕生的围棋声望让北京的这些名流们很是敬佩，可以说交往以后，一说是下围棋，都一拍即合，大都有相见恨晚之感。

到了1950年11月、12月，朝鲜战争已经全面爆发。这时过惕生也多少明白了李济深给周总理的报告为什么迟迟没有消息。

朝鲜战局稳定后，周总理也终于有工夫处理些琐碎的事情。毕竟，李济深是国家副主席，他正式提出办个围棋社团组织，这个要求是好事情，况且在中华人民共和国刚成立的时候就向政府建议过要保护和支持中国的传统文化。于是让有关方面通知李济深，周总理原则上同意成立"北京棋艺研究社"群众性的社团组织。

1951年夏，过惕生自京返沪已将近一年了，忽然接到了李济深从北京发来的电报："火速来京，筹办棋社。"这是李济深副主席亲自拟定发给过惕生的电报全文。

远在上海的过惕生接到电报可以说是欣喜若狂，沉闷了快一年，终于在发展围棋事业的道路上，拨开了云雾见到了太阳。过惕生放下手头上的一切工作，接到电报后当日启程，再赴北京。

到北京，见到了李济深副主席，李济深也是十分的欣慰，告诉他说："我该办的事情都已经办好了，只是北京棋艺研究社的经费和社址还均无下落，尚须等候，我们也发动大家的力量，争取尽快落实解决。"

办棋社，首先要考虑的就是社址问题，没有办公地点和下棋的场所，其他什么事情就都是空的。到了1951年夏天，北京的空房子早已经被如雨后春笋一般冒出来的机关事业单位占光了。中华人民共和国成立了，国务院很多部委也已经纷纷成立，像外交部、国防部不仅是重要的行政机构，也是国家的门面，肯定要占房子。而北京棋艺研究社是周总理特批的项目，怎么着也不能太寒酸。围棋是个高雅的活动，下围棋的也大都是有身份、有地位的社会名流。这么一琢磨，北京棋艺研究社的社址还真是不太好找，又要在城里，又不能是闹市区，又不能是市井大杂院……

很可能是龚安惠的推荐，她请筹建棋社的几位主要积极分子去北海后门附近的前海南沿看一处房子。

这处房子就在什刹海边上，水面离大门口也就十多米，是中国传统的水景房。夏天时什刹海里的荷花盛开，晚风中荷香沁人肺腑。春天来时，什刹海岸边的垂柳依依，冬天什刹海冰面上落雪后，洁白一片，更是难得的好景。

那时什刹海南岸很少居民，人迹稀少，虽然离北京中轴线地安门大街不远，车水马龙的嘈杂声却被浓绿的树木挡住，闹中取静，安静异常，真是最适合下棋的地方。

站在南岸边上，往北，一眼就可以看见鼓楼和钟楼。鼓楼左边稍稍靠南靠西就是北京最著名的烤肉饭馆——"烤肉季"，下完棋，信步沿什刹海东岸走去，就可以到达烤肉季，吃顿烤肉很是方便。烤肉季再往西几十步就是著名的燕京八景之一的"银锭观山"，也是什刹海前海和后海的分界线，这分界线就是"银锭桥"，桥像银锭，可见不很大，但在北京的名气却不小。"银锭观山"，大意是站在银锭桥上远远可以看到北京的西山，由于从银锭桥一直往西是后海和积水潭，都是水面，没有高大房屋等建筑物居其上，只要天气好，站在银锭桥上往西远眺，北京香山在内的西山尽收眼底。

中国北方的城市大多缺水，北京虽是一座北方城市，城中水系却非比寻常。自故宫西侧由南向北依次是南海，中海，北海公园的北海，什刹海前海，过了银锭桥就是什刹海后海，再往西是积水潭。元朝是中国历史上水利建设最发达的朝代，中国历史上最著名的水利专家郭守敬就是在元朝做出了水利方面的突出贡献。他设计了引玉泉水接济运河工程、通惠河通航水道工程等，不仅解决了元大都生活用水，还使南方的粮船货船可直接北上至什刹海，使得什刹海成为了北京除故宫以外的最重要风水宝地。古代诗人写道："燕山三月风和柔，海子酒船如画楼"。描绘了什刹海周围的景致。所以在什刹海周围修筑有很多王府和著名宅院。像恭王府、醇亲王府（其中的一部分是后来的宋庆龄故居，另一部分是最早的卫生部所在地）都在什刹海周围。

龚安惠说到的这前海南岸的房子是三号院，是曾经担任过湖广总督，军机大臣张之洞旧居的后院，是张之洞发达之后在北京置办的唯一一处房产，就在地安门附近的白米斜街，几乎占据了斜街北边的一整条胡同。

张之洞（1837—1909年），清朝洋务派代表人物之一。"中学为体，西学为用"思想的倡导者。祖籍直隶南皮（今河北南皮），其父张锳任贵州兴义知府（今安龙县），张之洞1837年9月2日出生于此。少时博闻强识，富有文采，年十一，即为贵州全省学童之冠，作《半山亭记》，名噪一时。1863年考入一甲第三名进士。中法战争时，张被任命为两广总督，他慧眼识冯子材，冯子材不负期望率部击败法国军队。张之洞后调任湖广总督，施展了其洋务运动的才华，设广东水陆师学堂，创枪炮厂，开矿务局、制铁局、织布局，修铁路，形成了近代中国的早期工业基础。

1907年调京，任军机大臣，充体仁阁大学士，且兼管学部。次年清政府决定将全国铁路收归国有，张之洞受命任督办粤汉铁路大臣，随后兼督办鄂境川汉铁路大臣。光绪帝和慈禧太后死后，以顾命重臣晋太子太保。1909年（宣统元年）病故，谥号文襄。遗著辑为《张文襄公全集》。

张宅前门开在白米斜街上，坐北朝南。他宅子的后墙就是前海南沿，为了游湖和行走交际方便，在北墙上开了门。其中就有三号院这个门。张之洞的宅邸南北进深有三百米左右，东西长七八百米。算起来占地面积大约三百多亩，和北京的老王府比起来算是小的了。

龚安惠是张之洞的儿媳妇，嫁给了张之洞的儿子张燕卿。所以顺理成章住进张之洞的老宅。对这处老宅情况非常熟悉是情理之中的。

张之洞老宅在中华人民共和国成立后被分成了四处,最东边的四分之一,估计是张之洞死后,张家需要用钱就把这部分卖掉了,后来成为了周围居民的大杂院住宅。再往旁边的四分之一单独成院,后来住的是石油部一位副部长。剩下四分之二中的绝大部分是一个大院落,成了解放军上将、国防部副总参谋长张爱萍的宅邸。张爱萍后升任国防部部长,按级别可以住更好更大的宅院,但是,他坚持不搬,一直住到病逝。

这四分之二中的一小部分是现在的前海南沿三号,也成了一个单独的院落。

筹建棋社的人们到了前海南沿三号一看,不觉大吃一惊。这三号院的大门虽然说不上金碧辉煌,却也是地道的广亮大门,是大户人家的门脸,有门楼,占地十多平方米,两扇斑驳的红漆对开大门,高有丈余,每扇门有五尺宽,右边的门扇上还开着一扇高近两米,宽二尺多的小门,显然大门是不常开的。一行数人到了门前一看,大门的门缝处赫然交叉张贴着北京市军管会的封条,敲了敲小门,里面有位老者说了话:"你们找谁啊,这宅子有六七年没有人住了,你们要找的人早就不在了吧……"

门外的人说:"劳驾,麻烦您把门给我们开开,我们不是找人的,是看房子的。"

"看什么看啊,没有见门上贴着封条吗?"

随着话音落下,院里的老人趿拉着鞋,走了过来,里面的门栓是根曲尺状的铁棍,吱吱扭扭给拉开了,几位先生打开门才看到,院子里的蒿草都有一人多高,方砖铺就的院中小路只是在靠近门洞的地方还看的出是当年的方砖路,稍远些,那些方砖都已经被密密丛丛的杂草掩盖了。这里的草分成好几层,最底下的都已经腐败成了黑色，往上一层是没有及时清除如地毯一般的黄色枯草，最上面则是一人多高绿油油的当年长起来的新草。

除了门洞附近有人活动迹象，再往院里看，杂草丛生的院落显然多少年没有人进去过了，间或有飞鸟从稍远处的草丛里飞出。离门洞二十多米远，有一道下半截一米高的灰砖，上面是白色的分隔墙，把整个三号院分成里外两个院，隔墙东西长有三十多米，墙的最东头和一座二层高的起脊小楼后墙相接，小楼后墙的第一、二层上下各开有六扇双门的窗户，最西头的后墙没有开窗，估计是楼梯间，是不能开窗户的。隔墙中间有个月亮门，穿过月亮门，可以看到一排高大的平房，灰墙黑瓦。

门洞西侧有间十多平米的厢房，就是看门老者的居住处。门洞东侧还有五六间厢房。院子里除了满目的草丛，再就是一棵棵高高低低的树木。墙头，房顶上虽然没有长满杂草，但是瓦垄里，还有东一撮、西一撮的狗尾巴草，随风摇荡。

打量完这个院落，经过和老者攀谈，大家大致摸清了这三号院的情况。

看罢房子，虽然不是想象中的样子，但是，院落作为北京棋艺研究社来说，不大不小，地理位置尤佳，如果经过一番整理修缮，恢复成一所不错的院落还是没有问题的，尤其是这所房子属于无主房，一旦修葺一新之后，至少没有房产纠纷等问题，这点大家非常高兴。

但是，大门上的封条却成了挡门虎，不是随便什么人可以搬动的。

如何把三号院解冻，大家想来想去，最后，大家还是把希望寄托在了龚安惠身上。大家都知道龚安惠的祖上曾经是清政府驻英国大使，也在英国生活过多年，这样的经历和背景，使她在中国的高层社会及海外都有相当深厚的关系。

由此又牵扯出一个著名人物来，他就是章士钊。章士钊（1881—1973年）字行严，湖南善化（今长沙）人。

多年后，龚安惠曾经对笔者说，章士钊和我们家是世交。所谓世交，就是章士钊和龚安惠的父亲是好朋友。

1908年，章士钊入英国阿伯丁大学学法律、政治，兼攻逻辑学。这期间，龚的父亲担任清政府驻英国公使，当年能去英国留学的人极少，公使和在英国留学的中国人有所交往也是情理之中的事情。这应该是"世交"一说的佐证。

具体龚安惠怎么样去求的章士钊已经不可考。最后，由著名法学家张友渔亲自出面，下令将北京前海南沿三号院全部启封。

社址有了以后，李济深当年给周总理的报告也有了回音，周恩来总理亲笔批示文化部："责成文化部拨款七千万元（折合后来的人民币7000元），筹建棋社"。

地方有了，启动经费也有了，前海南沿三号院的整治清理工作很快就全面完成。

这时再到前海南沿三号院去，就可以进到里院尽情参观游览。此时再进入大家眼帘的三号院，已经恢复了当年的风采，由于多年没有人居住经营，门窗、走廊上的油漆在岁月的摧残下斑驳残破，时时可以看到木头的原色，但是，院落的气势构架则应了那句古话：虎倒雄风在。

一座木结构的二层小楼，紧贴院子的东墙，坐北朝南，是硬山顶合瓦皮条脊屋面，楼的左面有个门，进去后就是楼梯，分三层上到二楼。

上下层各有五间房，一楼正中有个小的门楼，门楼两侧是游廊。房屋进深有五余米，每个单间房宽有四余米，比北京一般的老房子要宽敞高大许多。

楼的前院种有松拍、翠竹、丁香、银杏，相宜处置有太湖石，院内四隅种有海棠、苹果等果木，优美宜人，还有太湖石构筑的假山，假山处遮掩着一座精巧的藤萝架。后院也绿树成荫，多为梨、海棠、核桃等既可观赏又可玩味的各色果树。

前院中间靠西墙建有三间平房，也是灰色山墙，铺的黑瓦，硬山顶合瓦皮条脊屋面，北墙中间开个门，朝南的那面也开了个门，是北京独特的平房结构。

后院门洞两边也是比较低矮的平房，最西一间一直是当门房用。门楼东边还有四五间平房，每间也有10平方米左右。

整个院落收拾好了以后，再看前海南沿三号，院落的大门外是波光潋滟的什刹海，岸边垂柳依依，荷花映日；远眺是燕京八景之一的"银锭观山"和颇负盛名的京城名馆"烤肉季"。幽静、典雅集于一身，宽敞、明亮会于一处。

北京棋艺研究社主要使用了小楼一层的五间房子。最西两间对外开放，群众买张门票进去可以下上一天，面积约40平米，虽说不算很大，但是老百姓终于有了一处可以自由对弈的场所；中间两间是指导员们用以研究、内部比赛的，不对外开放的房间，外来一般人员不得入内；最东一间和研究室同出一门，是里外间，是社长办公室。

前海南沿三号被解禁后，成为了北京棋艺研究社，龚安惠的家也就安在了棋社前院三间平房内。她的小姑子张厚蒙在小楼的二层也安了家。

前院西边有一溜稍低矮些的东房，约有五六间，是茶房和食堂，供烧水做饭使用。

一切就绪，国家副主席李济深亲笔书写了魏碑体"北京棋艺研究社"。字体遒劲，潇洒，写在长约三尺，宽约五寸的宣纸上，裱过以后镶在镜框里挂到了棋社办公室正堂。

第二章 北京棋艺研究社成立

棋社成立揭幕大约在1952年春夏之交的日子里。那天的盛况没有留下任何记载。

但是，棋社研究室的东墙一溜放着四五个对开门高一米余、宽近一米的文件柜。这些柜子里收藏的物品可以从侧面反映出棋社成立那天的盛况。

笔者当年在棋社学棋的时候，那些老先生一直视那些文件柜为棋社最重要的东西，那几个柜子老先生们管理得很严谨，里面到底装了些什么东西，小时候非常好奇，有一次，记不得是过惕生还是龚安惠打开柜子时，我看到里面是许多卷成一卷卷的画，听老先生们说，那些字画都是当世名家的亲笔画，依稀的印象中有徐悲鸿、齐白石、关山月、吴作人等大家的画作十几二十幅。我不懂画，但是，对那些如雷贯耳的大画家的名字还是知道的。当年的字画不很值钱，齐白石的斗方才卖二十几元。

但是，现在这些随便拿出一幅画都价值百万、千万，足见当年棋社成立的感召力有多大，这些书画界的巨匠、大师出于对围棋的热爱，把自己的精心之作作为贺礼毫不吝惜地送了来，透过这个我曾经亲眼见过的书画，这个历史的小小缩影不难想象北京棋艺研究社成立使那些围棋爱好者倍感激动，获得了社会各界围棋爱好者的高度关注。更为难得是，当年名满天下的戏剧艺术大师梅兰芳不但送来了很少示人的工笔花鸟画，棋社开幕剪彩那天，梅兰芳等还亲来祝兴。这些贺礼，这些大师的亲自光临顿使棋社蓬荜生辉，高朋满座、盛友如云，成立仪式该是多么隆重！一时成为棋界美谈。

北京棋艺研究社是中华人民共和国成立后建立的第一个专业棋艺组织，当年棋社属人民团体性质。但是，北京棋艺研究社的领导最低都是部级、副部级的领导，这样级别的群众组织可以说前无古人,后无来者。

北京棋艺研究社主任:罗任一。

四川资中球溪人。1925年加入中国共产党,历任国民党上海执行部宣传委员会委员、国民党38军政治部主任、国民政府军政部中将咨议、中国农工民主党常务委员等职,是中国农工民主党创始人之一。1950年,罗任一任西南军政委员会委员、中苏友协西南分会理事长、川西行署委员和川西土地改革委员会委员,1953年调北京任中国农工民主党中央秘书处处长、全国政协委员。

副主任:黄绍竑。

1949年4月为国民党政府和平谈判代表团代表,和谈破裂后去香港。8月13日通电脱离国民党。9月应邀出席中国人民政治协商会议。中华人民共和国成立后,历任政务院政务委员、全国人民代表大会常务委员会委员、中国国民党革命委员会中央常务委员等职。

副主任:周士观。

1949年参加民主建国会并出席中国人民政治协商会议第一届全体会议。中华人民共和国成立后,历任政务院参事、中国围棋协会北京棋院主席。1949年参加民建,历任民建全国会务推进委员会委员、常委,民建总会委员会常委,民建第一、二届中央委员会常委,第三届中央委员会副主任委员,第四届中央委员会副主席。是第二、三届全国政协委员,第四至六届全国政协常委。

棋艺研究社成立初期,主要参与者都是和围棋有关的顶尖人士。

除了棋社的领导,棋社还聘请了在京知名棋手当指导员,首位当属过惕生,其余的还有金亚贤、崔云趾、雷溥华。

棋社会计,聘请了龚安惠担任。

王平秋负责棋社常务。

回首当年,那么多的社会贤达和名流都为棋社的成立而付出了心血和努力,围棋这一古老而魅力四射的中华棋艺,把那么多热爱它的人集合到了一起,终于在历史的长河中沉寂多时后又迎来了自己的新生。

第三章 一代国手过惕生

安徽歙县，古代称之为"新安"。隋唐以后，由于经济发展，县城扩大，被升格为"州"，史称"徽州府"。歙县就是古徽州政治、经济、文化的中心。久而久之，也成为了中国三大地域文化之一——徽文化的发祥地。中国文房四宝中的徽墨、歙砚也著称于世。

其深厚的文化底蕴，除了为中国贡献文房四宝外，也贡献了许多围棋名人，清朝时安徽歙县出了个与梁魏今、施襄夏、范西屏并称"围棋四国手"的程兰如。当代则是过旭初和过惕生两兄弟。弟弟过惕生虽然出道比哥哥晚几年，却应了那句古话，长江后浪推前浪。

一

过惕生生于1907年的除夕，是个大吉的日子。其父过铭轩是知识分子，科举屡考不中，后开个小店为生，酷爱围棋。过老从懂事起和哥哥看父亲下棋，是每天的主要生活内容及娱乐活动。看的时间长了，耳熏目染也学会了围棋，也酷爱上了围棋。到了十三四岁的时候，在围棋相对发达的徽州，过旭初、过惕生两兄弟就已经打遍徽州无对手。哥哥过旭初先离开了家，到更广阔的世界以围棋为本事、为谋生手段闯天下去了。

北京著名棋手兼围棋作家程晓流所著的《沧桑谱》里收录有

过老的朋友罗世平的一首律诗：

《赠惕生先生》
楸枰早岁承家学，北过名高世所推。
两度棋坛通国冠，一时教习四方才。
艺逢盛代花开放，技落东邻奋可追。
孺子门墙叨厚爱，何年夺得锦标杯。

此诗寥寥八句，概括了过老的一生。过老是清朝围棋名棋手，过百龄之后，获得过两次全国冠军，一生重视培养后人，并培养出了数个优秀围棋人才。

遗憾的是这首律诗没有把北京棋艺研究社的成立概括进去，过老在其中的决定性作用是首倡。站在今天的时间轴上回顾北京棋艺研究社，可以说是新中国围棋第一重要平台。为什么如此来评价，回顾一下便知，大致是如下过程。

北京棋艺研究社率先成立，带动上海棋社成立，然后，在"南刘北过"成为职业棋手的基础上，上海培养出了陈祖德，过老培养出了聂卫平，在陈祖德等人的传承下，一举赶上了日本。聂卫平的崛起，使中国围棋水平一下子成为世界一流。足见，过惕生老先生围棋事业的功绩在中国的围棋历史上留下了浓墨重彩的一笔，而且将会随着时间的流逝而愈加弥足珍贵。

过老除了北京棋艺研究社成立这一在围棋界可以称为"伟大"二字的功绩外，作为一代国手，过老的许多其他成就也很值得我们纪念和使之流传下去。

二

笔者第一次近距离见过老是在20世纪60年代初，那时为北京棋艺研究社的正式学员。那一阶段只要下午放了学马上就坐13路公共汽车从白塔寺到北海后门，下了公共汽车沿着前海南边的小马路走向棋社。

那时见到的过老，中等身材，估计是一米七上下，不胖不瘦，身穿一件暗扣灰色的中式上衣，下身是灰色的裤子，黑色冲服呢浅口布鞋。过老是长脸，下巴清癯，肤色白皙，鼻子很高大，梳着背头，走路时一般都背着手，不慌不忙，从来没有见他走路着过急，总是迈着四方步，从他住的前海南沿三号大门洞西边的那间小屋里走出来，到后院的棋社办公室去。给我留下的印象是很沉稳、很有股内在的庄重和英气逼人的气势。但是，过老只要一讲话，一般情况下都是"好""好"……他见到了小朋友，总会很温和地摸着小朋友的脑袋说，"好"，"好"，"你很好"……

过老一口的皖南歙县地方话，北方人大都不很听得懂，所以，很少见到过老海阔天空地和大家聊天，说的最多的，最好懂的就那个"好"字。棋社有个学员叫刘月如，但是，到了过老嘴里就叫成了"刘惠余"，"月"发音成了"惠"，"如"的发音成了"余"，在后来的三十年间，过老就一直把刘月如叫成"刘惠余"。

过老的皖南乡音难改，虽从年少时就早早离开了歙县云游天下，但他的一口皖南话却让许多北方人头疼。棋社中除了同为安徽籍的龚安惠能和他用家乡话长谈，其余的人则只能听个大概。而过老的口头语——"好！好！好！"则较少徽音，大多数人都能懂。

过老在旧社会混了半辈子，曾挂过国民党的中校军衔，整日混迹于达官贵人之中，对答得当则兴之，对答不当则颓之，所以过老养成了什么都说"好"的习惯。这"好好好"的应答既给他带来过一生难忘的委屈，也给他带来过一生难得的幸福。

那是过老刚刚步入中国围棋天地不久发生的事情。

1926年，年方弱冠的过老，和当地许多有志向的年轻人一样，毅然决然地告别了家乡。歙县虽说是鱼米之乡，不愁吃穿，终究水浅，在皖南一带围棋上已经无敌手的过老也想到大江大河去见世面了，哥哥从上海来了信，叫弟弟到上海去找他，共同闯世界。

初到上海，找到了哥哥的住地，却没有见到哥哥，哥哥留了张字条，叫他先歇息等他回来。也难为过老，凭着他一般人很难懂的歙县口音，根据大概的地址，竟然摸到了一处茶馆，离得老远就听见了"啪、啪"围棋子落在棋盘上的声音，过老不禁惊喜，自己到上海来不就是来找人下棋的吗？现在有了落子的声音就是到了下棋的地方。这大约也是天意，从来没有去过大城市的过老，只身到了上海，语言又不通，竟没有怎么费周折就找到了下棋的地方。这不能不说过老就是和围棋有缘分，更巧的是，这处茶馆又正是当年沪上围棋界名气比较大的吴祥麟的根据地。

过老初生牛犊不怕虎，在吴祥麟把赌金翻倍的情况下，也仅是执黑先行开始了赌棋。一来，吴祥麟以前从来没有听说过过惕生的名号，见过老一口歙县土话，穿着打扮也不入时，又没有让子，难免大意。二来，吴祥麟年长过老二十多岁，这年已经年近五十，过老则正是下围棋的黄金岁月，开始，吴祥麟还能控制住局面，到了后半盘则成了过老的天下，最后大胜吴祥麟。凭此一战，过惕生的名气马上传遍了上海围棋界。

过老在胜了吴祥麟之后，已经在上海棋界站住了脚，过老却对此并不满足，他心里想的是向中国的围棋第一高手挑战。

20世纪20年代，当时民国总理段祺瑞酷爱围棋，他不但自己喜欢下，也常常在经济上资助一些围棋高手，他周围聚集了来自全中国的名手，像当年名气最大的顾水如就多年追随他。段祺瑞还资助顾水如到日本去学了数年围棋，顾学成回国后依然生活在北京，是段府的常客。无形中，中国的围棋中心自然而然地在北京形成了。

1927年初，过惕生不顾自己经济上还不富裕，在到北京的路费尚没有着落的情况下，还是决心到北京去闯荡。四处借钱，盘缠还是不够，歙县旅沪同乡会会长程霖生义气相助，给他凑足了路费，过老上了路。多少年后过老回忆起这段往事，对当年帮助过他的人都记忆犹新，充满感激之情。

来北京之前，过老已经有了些大城市生活的经验，他事先查找好了地址。到了北京后先在北京安徽会馆安顿下来，第二天穿上干净整齐的长衫前往北京宣武门内的"海丰轩"茶社。他知道顾水如一般都是在那里和棋友相会，只要不是去段府应酬，到了海丰轩就可以见到顾水如。来前过老还请在上海的顾水如的朋友写了推荐信。

过老挟战胜吴祥麟的高昂士气，充满了向国内一流高手挑战的信心和勇气，凭借着年轻人的自信和勇往无前的精神向海丰轩进发。

一路上，过老心里都在琢磨，今天该怎么和如雷贯耳的顾水如对弈。尽管第一次和吴祥麟的对阵，虽然取得胜利，但多少有偶然的成分。过老想，只要能和顾水如下上棋，就是难得的机会，即使输了，也是输给了国内的第一高手，自己只要学到了东西就好。

进了海丰轩大门，见到了顾水如，递上了推荐信，顾水如看信的时候，过老打量这早已闻名的茶社，按今天的眼光看，自然是简陋，不过倒也窗明几净。这时，过老看到屋子里还有个十岁

第三章 一代国手过惕生

出头的孩子端坐在棋盘旁,那就是后来名闻遐迩的吴清源(当年十三岁),过老只见他眉清目秀,身形瘦削,安静中还带有初见生人的羞涩,还是个没有发育完全的孩子。过老就没有多想这个孩子是谁,更没有想到再过片刻将和吴清源下一生中唯一的一盘棋。

顾水如见到了来自上海家乡的朋友,顿觉"有朋自远方来,不亦乐乎"。推荐信中写明了过惕生此行就是来向自己讨教的。想和以前没有交过手的高手进行较量,几乎是每位棋手必然的心态。但是,推荐信里介绍过惕生在上海赢的几位棋手,水平着实不低,棋局上风云变幻,随时都会有意外发生,自己从礼数上来说是应该和远道而来的过惕生下盘棋,只是,以自己目前的声望,赢了过惕生是应该的,输了的话,自己的脸往哪搁?一旦段祺瑞问起来,怎么输给了名不见经传的过某某?也实在不好交待。

正在沉吟之际,顾水如一眼看到常来下棋的吴清源。吴清源水平和顾水如已在伯仲之间,让和自己水平差不多的吴清源与远道专程而来的过惕生下盘棋,不能说是怠慢了这位过先生,如此,也可以向上海写推荐信的朋友们交代了。权衡至此,顾水如向吴清源招了招手,把他叫到了过惕生跟前,说:"这是从上海来的过先生,他来北京下棋,你先和他对弈一盘吧。"

吴清源点点头,来到了棋盘旁,把上座让给了过惕生,自己率先在下座坐下了。一对棋盒放在棋盘中央,分装黑子、白子。吴清源当时并不认识眼前客人是在江南已享有盛誉的名手过惕生,就没有忙着去拿棋盒,以往也有老先生慕名前来找老师顾水如下棋,顾水如也时不时看送上的礼银多少来决定是亲自出战还是让吴清源替他下。许多时候还都是吴清源和他们让子下。所以,当他面对不认识的过惕生时,自己也不知道是该用黑棋下,还是让对方几个子下,于是就用眼光问顾水如该怎么下?

顾水如略一沉思便询求过惕生的意见："你们初次见面，我要先看看你的水平如何，让二子下怎么样？"

对顾水如的这个提议，过惕生是无论如何也没有思想准备的，你自己不下也就罢了，让一个小孩子和我下，我是初来乍到也只能接受，但是，被让二子过惕生是一点思想准备都没有，他绝想不到顾水如会让这毛孩子让自己二子，加之顾水如的枫泾口音过老也听得不准确，按以往交际场合的习惯，随口"好、好"地答应下来。

等棋盘上摆上两黑子后他才明白自己要和吴清源下盘让子棋，还是被让二子，白皙的脸上顿时泛起了朵朵红云，但看顾水如的神情，没有半点开玩笑的意思，想想自己从歙县出山的时间还不长，顾水如的名望远在吴祥麟等人之上，自己怎么好当场发作！过老此时此刻心里充满了委屈。来海丰轩的路上，曾经满怀就要和全国第一高手决战的喜悦和热情被这盆冷水彻底浇灭了，自己前来北京不易，下了很大的决心，付出了相当的代价，哪里料到迎接自己的竟是这么个下场。满心要大战一场、大胜一场的激情和喜悦现在变成了满腔的愤怒，时时后悔不该答应让二子的情绪阵阵掠过心头，即使原本性格平和的过惕生，此时也难保持下棋时必须持有的平常心，这种种思想波澜使得过老在这盘棋中技术变形，难以把自己的水平尽情发挥。这盘棋，过惕生下得十分不理想，简直可以用整盘棋都浑浑噩噩来形容，要不是过惕生的水平并不比吴清源低和开局让二子所具有的巨大优势，过惕生差点就输掉这盘棋，最后仅以半子取胜。这盘虽胜犹败的对局让过老记了一辈子。

这个"好、好、好"的口头禅着实让过老在初出茅庐时就吃了苦头。至于，"好、好、好"给过老带来的幸福，肯定远远超过初会吴清源时的小不幸。且是后话。

三

北京棋艺研究社在过老倡导下，在大家的共同努力下，在国家领导人的大力支持下，终于成立。原本在北京各个角落以下棋勉强谋生的诸位围棋高手，总算在人生的后半程找到了归宿。

棋手聚到了一起，总要在棋艺上见个高低。何况，同为北京棋艺研究社聘请的专职指导员，过老的薪金待遇是17级，相当于正科级。而金亚贤、崔云趾、雷葆申等都按科员待遇，工资上要差着将近20元。当年的20元买猪肉可以买20多斤，是比较大的差距了。过老享受比其他棋手高几级的工资待遇，棋社社长、副社长一层没有异议，过老作为棋社的发起人之一也当享受一点特殊照顾。其他几位指导员嘴上不说什么，心里总有些不服气，他们的不服气主要还不是在工资上的差别。

由于金亚贤、崔云趾等人在临近解放的那几年和当时多在江浙一带活动发展的过惕生并未交过手，在棋上他们尚未领教过"北过"的厉害，棋社成立了，总要在棋上排个座次、分个高低，于是，从1952年的2月底3月初开始，过、金、崔、雷之间展开了各种名目的比赛，后三位之间以前没有来棋社的时候也都交过手，棋份的区别大家都心里有数，所以，现在再较量也都觉得没有多大意思，他们三人枪口一致对准过惕生。但是，"无论是大刀阔斧的金亚贤，还是小巧细腻的崔云趾"均不是过老的对手，这期间他们互相下了几十盘棋，进行过多次十番战，过老屡屡获胜，纷纷将他们降至让先先的份，至于雷葆申则更不在话下。

过老为什么会在北京棋艺研究社内部的比赛中如此厉害？金亚贤、崔云趾也不是等闲之辈，金亚贤后来曾经在全国比赛中进过前六名，是中华人民共和国首批授予的职业四段棋手，他们却都被过老打到了让长先的棋份上，说明过老和他们已经不在一个平台上了。

就此问题，笔者曾经专门问过很早就到棋社学棋的韩念文先生。他和过老等都非常熟悉。笔者当年是韩先生的学生，但是，说到这个话题，韩先生总是很谦虚的说："我们都是过老的学生，你们想想啊，当年过老是北京棋艺研究社的首席指导员，我们到棋社来学棋，不都得是过老的学生。"

北京棋艺研究社成立后很快就和东京棋院接上了关系。当时日本已经出版了正规的围棋杂志《棋道》，棋社每个月都可以收到最新出版的《棋道》。棋社的书柜里还收藏有16开大卷本的日本秀和、仗和、秀哉等的棋谱全集。还有一些围棋爱好者们给棋社捐赠的棋书，资料之丰富，恐怕在国内没有第二家。20世纪50年代初，日本的围棋水平在吴清源和木谷实提倡新布局的推动下，整体围棋理念已经有了很大的发展，这些都为过老进一步提高自己的棋艺提供了坚实基础。过老本人也非常珍惜这难得的机会，以前颠沛流离饱一顿饥一顿的日子历历在目，靠着达官贵人喜欢围棋给自己一些赏钱，那种仰人鼻息的内心伤痛，更是深入骨髓。现在有了正经工作单位，每个月都有固定收入，再也不用下一些毫无用处的应酬棋，而只须进一步提高自己的围棋水平，就是对提携自己的李济深等人最好的报答，就是自己对新中国、新政府出最大的力，做最大的贡献。

据韩先生说，他到棋社学棋是20世纪50年代末60年代初了，他最为敬佩的就是过老的用功精神，金老、崔老和后来加入的象棋大师张德魁等人有时一闲聊就是一上午。而过老往往先到棋社研究室报个到，和大家应酬几句，他的皖南话大家也不大听得懂，过老也从不多言，然后就回到自己的办公桌前开始打棋谱。一本《吴清源对局选》几乎都被过老翻烂了。过老打谱之入迷，棋社的老人都有目共睹，到了中午了，过老仍旧坐在办公桌前打谱，他老伴几次都从前院找到后院才把过老拉回家吃中午饭。过老不仅白天用功，就是50多岁以后，晚上也仍旧刻苦打谱。韩念文回忆说，我有几次在研究室下完棋都晚上九十点多钟了，从过老的门前经过，隔着玻璃窗看到过老还在那里打谱。

韩老师说，他那时向过老学棋，就是看过老打棋谱，每到精彩的地方，过老都会自言自语，"好，好，好"，再多的道理过老从来没有细说过。

韩老师说："那年月，有哪个老先生会长篇大论地讲棋啊。凡过老说好的地方，我就自己回去再使劲看、再使劲琢磨，过老为什么说好，既然过老说好，那肯定是好，怎么个好法，过老不说，我有一次问：'过老，您说这地方下的好，怎么个好法？'过老抬起头看看我，'好，好，好得很。'结果还是没有说怎么个好法。就是这么样看过老打谱，我也跟着长棋，通过如此和过老学棋，我还悟到了一个道理，围棋必须要悟，和佛的修行相似，只明白表面的东西不行，要真正探究到至深的棋理，如施襄夏所言：'不向静中参妙理，纵然醒悟也虚无。'过老打谱就是在不断地从当时最高水平的日本棋手所下的棋中去悟他们行棋的道理。过老在北京棋艺研究社成立后，棋艺水平有了一个飞跃，棋界人士公认过老对棋理最清楚，我想是和他认真打谱、非常用功有很大的关系。"

有的文章说，过老在抗日战争时期，看了大量的日本棋局，水平有了提高，在他原本以中国传统为基调的棋风中加入了日本元素，才由传统的大杀大砍变得柔软有度，为后来的崛起打下了基础。

根据考证过老的围棋经历，上述说法不大靠得住，一是，抗战时期大家的生活都非常的不安定。二是，过老到1948年前后围棋水平还没有到达国内一流的水平，虽然在国内围棋界也有响亮的名声，也是被世人公认的围棋高手，但是，论名气和水平恐怕还是位居大他十岁的国内名将刘棣怀之后。那时还没有"南刘北过"的定论。

说到"南刘北过"，也是过老一直耿耿于怀的一件事情。过老就是到了晚年，有时还念叨。

社会上有个说法，先有的"南刘北顾"，后有"南刘北过"，这是误传。

过老这么说是有相当根据的。在顾水如年事尚高之前，顾、刘二人都处在壮年时期时，虽有"南刘北顾"之美谈，但是二人之间真正交锋没有过几次。先是顾水如在北方，刘棣怀处江南，那时交通很不方便，两人没有交手的机会；后来，刘棣怀到了北方，顾水如又随段祺瑞去了上海，两人又没有正式的交手；等到上海取代北京成了中国的围棋活动中心后，顾、刘二人好不容易同在上海以棋谋生，却因二人间总有龃龉，虽说没有闹到势不两立的程度，相互间却都采取规避行为，所以二人之间总也没有像模像样地进行过较量和比赛，至今也没有见到两人正式的对局棋谱，所以"南刘北顾"只是用以称呼两人的地域和姓名，和后来经过数年争斗的"南刘北过"不能相提并论。

过惕生和刘棣怀的"华山论剑"，颇似清朝"当湖十局"一决高下的范西屏和施襄夏，也似吴清源和木谷实，双峰并立，互为对手，成为棋界的美谈。

过老开始具有了向刘棣怀进行挑战的水平和社会呼声时，已经是1948年。此前，刘棣怀的水平和声望要领先过惕生不少。

刘棣怀年长过老十岁，出道比过惕生早得多，棋艺水平在很长一段时间领先于过老也是历史的自然规律。

中国比较早的，关于棋手水平档次的资料留存下来的，大多是日本方面的有关文章。

第三章 一代国手过惕生

1926年8月，日本岩本薰（六段）、小杉丁（三段）来中国访问比赛。8月20日，岩本薰应北京富商李律阁邀请，在他家与时年12岁的中国少年吴清源对局。吴清源开始被岩本薰让三子胜了岩本薰。再次对局，改让二子后，吴清源以微小差距输了这盘棋。三天后，刘棣怀继续在李律阁家对局，被岩本薰让二子，刘棣怀胜。岩本薰让汪云峰二子对局，汪云峰负。岩本薰回日本后，发表《中国漫游记》，文章中记述了和中国棋手对局的实况，并对中国整体围棋水平作了自己的评论。

1927年冬，日本井上孝平五段再次前来北京，专门与此时已经名声大振的"神童"吴清源对局，开始井上孝平让吴清源二子，连下了两盘，井上孝平见形势不妙，先后两次主动提出打挂（暂停比赛），因此这两盘棋没有分出胜负。第三局，井上孝平提出和吴清源改为让先下，连下了三盘，吴清源一胜、一负、一局打挂（暂停比赛）无胜负。井上孝平在对局后，对吴清源的围棋水平、围棋天赋赞叹不已，发表感想说："他（吴清源）已知道日本人所弈的棋形，而且隐约看出他有改进日本棋形的迹象……"

由于岩本薰、井上孝平等日本职业棋手两年内先后访问中国，和中国的各个层面的棋手都有广泛交流，回国后又分别发表文章对中国的围棋水平进行了深入评述，引起了日本当年围棋元老濑越宪作的兴趣和高度关注。

濑越宪作先生一生致力于围棋事业的发展，有宽广的胸怀，十分关心一衣带水的中国的围棋发展情况，他在充分了解了中日围棋交流的情况，研究了中国棋手所下的棋局后，于1928年6月发表《中国棋界之现状》的文章，这篇关于中国棋手的文章不一定很准确全面，却是关于中国民国时期中国围棋历史上难得的总结和分析，也是十分珍贵的可以考证的围棋资料。那时的中国还处于军阀混战时期，围棋正处于半死不活的状态，没有中国人自己去评定棋手的水平档次也是完全可以理解的。

濑越宪作认为，如果将中国棋手按日本的围棋评定制度区分的话，那么，这些棋手的棋艺水平和棋力高低大致如下。

中国九段一人：吴清源；

八段二人：刘棣怀、王子晏；

七段五人：顾水如、汪云峰、雷溥华、丁公敏、潘朗东。另外附有一至六段二十余人，就不详细叙述了。

濑越宪作的观察很可能不很全面，许多情况他也没有充分掌握第一手材料，遗漏和评定不准确的地方在所难免，但是，主要人物围棋水平的评定应该说还是比较可信的。通过他提供的资讯，有两点可以明确，一是当年神童吴清源的棋艺和在围棋方面的天分得到了社会的公认，稳居中国第一把交椅。二是刘棣怀这一年的棋艺水平在国内已经稳居前三名，吴清源去日本之后，顾水如年龄偏大，刘棣怀已经是当年中国第一名。

刘棣怀的另外一个出色表现是1945年5月，日本棋院棋手木谷实六段、吴清源五段、安永一四段等一行来中国访问比赛。刘棣怀执黑负于吴清源，但击败了当时担任日本棋院编辑长的安永一四段。安永一曾经大力鼓吹风靡一时的吴清源、木谷实发明的"新布局"，在日本围棋棋界颇有影响。

刘棣怀抓住安永一在角部行棋时的顺序错误，一举获得了优势，并把优势维持到底，取得了最后的胜利，证明了自己的实力并不在日本的职业四段棋手之下。

而过惕生1927年的围棋水平虽然当属国内一流，取得了战胜吴祥麟的战绩就说明了这一点，只是在和吴清源交手时被授二子，有些冤枉，本来是个可以玩命拼一拼证明自己实力的大好机会，如果对吴清源在分先的情况下赢了，大约也会引起濑越先生

第三章 一代国手过惕生

的重视。时过境迁，十八年过去，过老的围棋水平也逐渐有了许多不俗的表现，可以说在20世纪40年代中后期，过惕生已经处于一人之下万人之上的地位，这一人就是刘棣怀。

1947年9月，棋坛另一怪杰胡沛泉自己出资主办了《围棋通讯》。1948年秋，《围棋通讯》邀请刘棣怀、过惕生进行一场"六番棋升降对抗赛"。这种比赛往往是要带"彩"的（现在的流行说法是"出场费"），资金自然由《围棋通讯》出，一方面满足一下众多爱好者一睹刘棣怀、过惕生龙虎相争的风采，另一方面也使《围棋通讯》有新内容可登。从某种意义上讲，这大约可算是中国最早的新闻棋战了。

此战之前，刘棣怀被棋界公认棋份要比过惕生高，刘棣怀棋风犀利，勇猛善战，常常在别人认为只有中盘认输这唯一结果时，却突发妙手奇想，挽颓局于一旦，故深孚众望。他的这种棋风犹擅长下让子棋，同一个棋手，别人让三个子，他能让四个子，故在业余棋手中名气更大呼声更高，粉丝更是远超过其他棋手。他的致命弱点是舍不得弃子，故有"一子不舍刘大将"的雅称。

这场刘、过大战于1948年10月20日在上海拉开序幕，由于此前二人没有进行过正式较量，按当时的惯例，刘棣怀和过惕生不是分先下，而是以刘棣怀高半格的棋份进行比赛。所谓高半格就是刘棣怀执两盘白棋，再用一盘黑棋。专业术语叫"先相先"，结果过惕生以3胜2败1和的微弱优势取胜。过惕生虽然取得了最终的胜利，但也仅从"先相先"的棋份上升为和刘棣怀"分先"。至于分先之后的成绩如何，恐怕当年随着淮海战役隆隆炮声的响起，即使作为国民党统治区中心的上海也难有人有心情搞什么围棋赛了。

这场比赛，棋的质量并不太高，尤其是第三局，刘棣怀大失水准，弄不清他是过于轻敌了呢，还是有什么其他原因，总之这盘棋简直是惨败到底。对过惕生而言，这场比赛胜利的意义巨大，从此开始了"南刘北过"分庭抗礼相争一世之雄的时代。后人评述认为："它（这次比赛的胜利）不仅标志着过惕生本人的水平达到了一个全新的高度，而且标志着中国围棋从此将脱离古谱中单纯重视扭杀而不问全局的狭窄轨道，标志着一种先进而合理的围棋理论开始走向棋坛。"

1949年12月至1950年2月，刘棣怀、过惕生再次举行分先10局升降棋，弈至第六局，刘胜五负一。后四局过惕生受相先，过三胜一负。

1952年初北京棋艺研究社成立之后，过了将近四年，过惕生和刘棣怀的第三次正式对抗才又拉开战幕。这次"南刘北过"的对抗"过惕生三比一大胜刘棣怀"。"十数年来，国内只有过惕生才能在棋盘上遏止住刘棣怀那排山倒海般的怒涛！"

随后，新中国开天辟地，从1957年开始有了正式围棋比赛，毫无疑义的是围棋比赛的冠亚军争夺基本是在"南刘北过"之间进行。以前刘棣怀和过惕生比试高低，带有强烈江湖论剑式的争夺，并不是严格意义上的正式比赛，社会影响也相对小些。1957年的全国第一届围棋比赛，到底冠军是"南刘"还是"北过"，引起了大家的高度关注。这次比赛除了"南刘北过"两人之间的较量，也还要看看，两人在和其他高手之间谁的比赛成绩更好，这样比出来的冠军含金量显然更高些。结果，1957年的比赛中，刘棣怀战胜了过惕生，在夺冠已经几无悬念的情况下，却接连败给了国内的其他好手，仅获得了第三名。过惕生虽然输给了刘棣怀，却击败了其他所有国内高手，算总分是冠军。这次比赛的冠军毫无疑问进一步加强了"北过"的地位。过惕生虽然是冠军，却输给了刘棣怀，还是留下了几分遗憾。

第三章 一代国手过惕生

　　1958年全国围棋比赛，刘棣怀显然是憋足了劲，冲着冠军来的，这年他已经年过六十，但是，每一盘棋都下得兢兢业业，如愿以偿获得了冠军。亚军是上海的王幼宸，过惕生是第三名，这个名次的结局和上一届正好调了个个。

　　1959年全国个人赛冠军刘棣怀，亚军过惕生。在"南刘北过"的争夺中，刘棣怀领先。

　　在1960年的全国围棋比赛里，出现了新的情况，比"南刘"小三十岁，比"北过"小二十岁的安徽棋手黄永吉夺得了冠军，亚军是王幼辰，第三名是陈祖德，过惕生、刘棣怀则分获第四、第五名，第六名赵之华也是三十岁上下。

　　年轻一代棋手已经崭露头角，"南刘北过"的冠亚军争夺，已经不比当年可以双雄并立，傲视天下。这些后起之秀不仅棋艺水平已经具备了向"南刘北过"挑战的实力，更令人生畏的是他们还具有年龄上的巨大优势。

　　刘棣怀在1959年的比赛里勇夺冠军，这年他已年过六十，可以为自己的围棋生涯画上一个圆满的句号了。他在"南刘北过"孰强孰弱的十多年的征战里也稍稍领先，可以说在围棋的征战中几无憾事。

　　对过惕生而言，1957年夺得中国的首届围棋冠军，也足够荣光，因为不管怎么说，这是前所未有的第一次全国围棋比赛，不负"北过"的名声，但是，和后来连获两届的冠军刘棣怀比，总是矮人一头。

　　1961年，全国围棋比赛的赛制进行了调整，改为每两年举行一次。这年就没有进行围棋比赛。

　　苦苦等待了一年多的过惕生，年龄又增长了一岁，这一年他已经五十五岁，对于黄永吉、陈祖德这些虎狼新锐来说，在等待比赛的一年里，又多了许多学习提高的机会，又在举办的各种交流比赛中丰富了经验，多了些历练。就学习的效率来说，过老显然比不上那些年轻的后起之秀。所以同样是等待一年，年轻棋手又获得了许多的正能量，但对年过半百的过惕生来说，能够继续维持自己的棋艺水平不退就很不错了。

1962年11月，又一届全国围棋比赛在过惕生的老家安徽合肥举行。自35年前离开安徽歙县，这次回到故乡下棋，对已经享誉"北过"声誉的过惕生来说也算是衣锦还乡，在故乡东山再起，是过老最强烈的心愿。而年轻新秀里的陈祖德在1960年的比赛中就已经露出了未来霸主的锋芒，要不是他偶然输给了本队的王幼辰，1960年就很可能问鼎全国冠军。后生可畏，在1962年的全国围棋比赛里可不是泛泛而说的戏言。历史，已经不再给过惕生更多的机会，这年如果不能如愿以偿地拿到全国冠军，再等两年之后，恐怕得冠军的阻力就更大了，这将是他以得冠军为目的的最后一次全国比赛。

多年后，笔者见到过老提及当年比赛的情景时，过老难忘1962年得全国冠军起伏跌宕的过程，多次说："冠军不是想拿就能拿到的，冠军是……"

过老的话，和吴清源讲过的话类似。吴清源在《以文会友》一书中说：擂争十盘棋，不是想赢就能赢的，要有平常心态……。两位顶尖高手对围棋的征战感受如此一致，说明在对围棋意境的理解上都达到了相同的高度。

1962年的全国比赛分为初赛和预赛两个阶段，预赛中出线，取得了决赛资格才有可能在决赛中获得冠军。如果预赛里成绩不好，那就根本没有得冠军的任何希望。而1962年的全国围棋比赛，已经是陈毅元帅倡导发展围棋活动的十年后，十年时间不短，已经有许多新手茁壮成长，除了陈祖德外还有许多新秀具备了向过老挑战的资格，是中华人民共和国成立以来老中青三代棋手真正势均力敌的一次交锋！

过老在第一阶段的预赛中出师不利，也可能是求胜之心过于急切，也可能是为了确保赢下每一局棋，过于保守，生怕有什么考虑不周的地方，围棋本来就像打仗，狭路相逢勇者胜，求稳怕输的心态容易影响水平的发挥。过老很快就输掉了两局。这时他已经被逼到了悬崖边上，再有任何一点闪失，那就将万劫不复。只要再输一局就会失去参加决赛的资格。一同去参加比赛的北京棋手都为过老捏着一把汗，担着一份心！

初赛结束，过老勉强取得了进入决赛的资格。大会休息一天，让每位棋手缓缓劲，休息休息。

经过一天的修整，过老到底是老江湖，及时调整了自己的心态，他的那句口头语"都丢了就赢了"，又加进去了新的意境和含义，都丢了，不是说把技术和拼劲都丢了，而是把一切心理负担都丢掉，把患得患失的心思丢掉，把输了棋感觉没有面子的这种小肚鸡肠的戚戚之心丢掉。

修整之后进入决赛，过老好像换了一个人，下出的棋轻灵飘逸，一改预赛阶段的凝重呆滞，而是进退有度，取舍得当，高屋建瓴，气势如虹，一路顺风扬帆，斩关夺将，连胜四局。第五局过老遇到刚18岁的青年棋手陈祖德，这也是本届比赛过老绕不过去的一道险峰。上届比赛，陈祖德第三，过老第四。由于刘棣怀年事已高，没有参加本届的比赛，"南刘"未到，仅剩"北过"还代表着昔日的辉煌来参赛，虽然距离本届围棋赛的决赛结束时间尚早，但围棋界的人们都已经把过老和陈祖德的这场比赛视为本届比赛的冠亚军决战。

比赛开始了。过老持黑以现代流派的"二连星"起手。陈祖德却别出心裁地走一个"三三"和一个"高目"来与黑方对抗。显然，陈祖德没有下出常见的开局走法，求新求变，准备以自己年轻体力好的优势一上来就给过老一个出其不意，尽量下些过老不熟悉的招法，早早就让过老进行必要的长考。

陈祖德的战略思想获得了一定的成效，到中盘的时候，局势已经对执白棋的陈祖德有利。

但是，已经有了"都丢了就赢了"的思想准备，过老此时并不惊慌，而是凭经验知道，越早取得优势的一方，越容易麻痹大意，过老在不利的形势下，一方面尽量不再让差距扩大，一方面窥测着机会，等待对方犯错误。这是过老经验丰富、为人老道的优势所在。陈祖德年轻气盛，开始可能还处处小心谨慎，棋局刚到中盘自己就已经获得了一定优势，除非定力极强的人，而这年陈祖德才18岁，还需要很多的磨练，想要尽快扩大战果，早早拿下这一局，不免轻敌冒进。过老此际，强而示之弱，又送五个子给陈祖德吃，巧妙地使用了娴熟的弃子之法，利用"收气"，在中腹形成了广阔的大模样。过老在自己一生中最重要的一盘棋里，再次展示了"都丢了就赢了"的独门绝技。他的这种以大局为重，不计一城一池得失的战略思想，非常符合以后越来越凸显的现代围棋理念，而且他自己深深悟到的围棋"绝技"被他的嫡传弟子聂卫平完全领会掌握，终成大器。

形势被过老巧妙逆转之后，不是等闲之辈的陈祖德也没有轻易放弃，而是寻找一切机会，力图再次逆转。但是，过老很好地把握住了这来之不易的胜利机会，兵来将挡，水来土掩，小心应对。这盘棋一直拼搏到晚上八点钟，陈祖德才终于认输。

1962年11月7日，历时34天之久的1962年全国围棋锦标赛落下了帷幕。55岁的过惕生在决赛中以11胜1败的优异成绩，再一次夺回了全国冠军。过惕生获得了1962年的个人冠军之后，圆满地为持续了十四五年之久的"南刘北过"之战画上了休止符。这之间除去两人的约战和新闻棋战，在已经举办过四届的全国围棋赛中，两人都各获得过两次全国冠军，一次第二，一次第三，不差分毫地平分了南北中国最高水平棋战的秋色。这以后，过惕生和刘棣怀都没有再参加全国围棋比赛，他们双雄并立也是中国围棋历史上一段承先启后的佳话。在这一年，刘棣怀、过惕生被国家体委同时授予了职业五段——当时中国围棋的最高段位。揭开了中国历史上职业棋手的大幕。此后，二人欣然以培养后人为己任，开始了围棋道路上的新的征程。

四

过老到了晚年，特别怀旧，尤其是退休以后，少了每天上班的繁忙，社会应酬也相对减少了很多。他遇到了适宜聊天的对象，会回忆许多当年往事。他除了耿耿于怀"南刘北过"一事外，对入室弟子郝守维屡屡说起的就是1961年金秋，在北京北海悦心殿败给日本女棋手伊藤友惠这盘棋。

每每说起这盘棋，一向心平气和的过老就会激动起来。这盘输棋是他一生中最难忘，也是最感耻辱的一盘棋。

1960年日本第一次派围棋代表团访华时，由于不是十分了解中国的围棋水平到底怎么样，而中国围棋古谱记载的如黄龙士、范西屏、施襄夏实战对局，许多日本围棋高手都看过，深为佩服一二百年前中国古代的围棋水平。所以派出了以日本现任本因坊、名人水平的特级棋手坂田荣男、桥本宇太郎为首的代表团。如此超一流豪华阵容和刚刚起步的中国围棋棋手对阵，相当于现代化的装甲兵团和小米加步枪的队伍作战，比赛结果可想而知。

1961年，日本围棋代表团第二次访华。由于有了前次访华的前提和背景，日本这次派出的围棋代表团，规格上并不低于第一届的代表团，尤其是派出了曾经担任过日本体育部副部长的日本棋院理事长有光次郎为代表团团长带队。但棋手的围棋水平却极大地降低了档次，平均起来也就是日本三流水平，水平最高的棋手是曲励起八段。

颇让中国人寻味的是，日本代表团的第三台竟然是位女棋手，年已51岁的伊藤友惠五段（1907—1987年），日本著名女棋手。原名清子，日本栃木县人，十岁师从女棋手喜多文子学棋，1924年入段，1940年三段，1943年四段，1959年五段。

在日本，女棋手和男棋手的比赛是分开进行的，男女棋手根本不可能在正式比赛里相遇。作为女棋手，伊藤友惠在少女时代取得过新手优胜，因此还获得了和日本名人秀哉下指导棋的殊荣。在她个人的对局记录里，她和日本几代一流棋手都有对局，像木谷实、坂田荣男、小林光一等都和她有过非正式比赛的对局。她后来于1967年获得"大仓赏"，1972年任日本业余女子围棋代表团团长访问欧洲。1982年因为对围棋事业的贡献受勋"五等宝冠章"，作为一个职业女棋手来说，伊藤友惠还是敬业和杰出的。

但是，作为接待方的中国围棋界，对于派女棋手和我们对阵，则感觉尴尬和为难，派女棋手迎战伊藤友惠肯定是最得体的选择，遗憾的是，当年举全国之力也找不出一个能够和伊藤友惠比试比试的女棋手，况且经过研究，就是中国的须眉们是否能战胜伊藤友惠，也没有把握。

中国方面，自知眼下还不具备和日本棋手争锋的实力，就把策略定在通过比赛锻炼提高棋手水平的层面上，同时兼顾在可能的情况下不要输得太惨。于是，头四轮比赛就安排了1960年的中国围棋亚军王幼宸和伊藤友惠连下数盘这样的形式。王幼宸是中国最新的亚军，那年冠军是刘棣怀自然对阵曲励起，按说中国的二台应该对日本的二台小山靖男七段。为了增加中国男棋手赢伊藤友惠的可能性，特意让王幼宸降了一格，中国二台对日本的三台。

第三章 一代国手过惕生

即使如此，比赛结果却出人预料，曲励起八段在当年明显高于中国棋手，而且也正值壮年，取得八连胜的战绩在情理之中，但已经年龄较大的伊藤友惠五段在日本已经不怎么参加比赛了，却和曲励起一样获得了八连胜，实在让中国围棋界十分难堪。她除了连胜上海名将王幼宸四盘外，又接连将崔云趾、魏海鸿斩于马下。现在的比赛多了，男棋手输给女棋手已不是什么新闻，但在当年实在是挂不住脸面的事。魏老下到后来，越来越紧张，脸憋得通红，手拿着棋子不停地抖，好半天就是放不到准确的十字交叉点上，让一旁观战的中国人目不忍睹，生怕他会栽倒在棋盘旁，后来还是找机会劝他中途认输了。

王幼宸、崔云趾、魏海鸿也都是中华大地上曾显赫一时的棋坛高手，伊藤友惠战而胜之以后，斗志越战越勇。为了遏制住她的连胜，从中国的体育部门领导，到所有参加中日围棋比赛的中国棋手，无不憋着一口气，一定要争取赢上伊藤友惠一盘，将中国当年的第一台刘棣怀在伊藤友惠六连胜以后，急忙调上阵来。

伊藤友惠面对曾经战胜过日本职业男棋手的刘棣怀毫不畏惧。擅长力战的刘大将按说对下棋习惯稳扎稳打的日本棋手来说具有相当大的冲击力，算路精确，善于中盘作战也是中国棋手的传统。谁知道这盘棋伊藤友惠发挥得极其出色，她毫不手软地将有一子不舍、擅长治孤的刘大将的一条大龙予以全歼，杀得刘棣怀双手发抖，让伊藤友惠以中盘胜结束了战斗。

中国的"南刘"也没有能制止住伊藤友惠的连胜，"北过"在这样的情形下，被委以重任上了场。

过老回忆："如果是一开始就让他和伊藤友惠下的话，思想负担和压力肯定不会像到了最后一盘，颇有些临危授命的意味，所以感觉压力特别大。本来男棋手和女棋手下棋就有一定的压力，而我上场和伊藤友惠下的时候已经是全部比赛的最后一盘，是赢也得赢,不赢也得赢,到了这份上,这棋就没法下了。你想啊,下棋相当于两个人赛跑,一个一身轻,一个身上背着个大包袱,我就是身上背着个大包袱和伊藤友惠下棋。新中国成立后,领导对我一直不薄,给我每个月那么高的工资,在国家体委集训,好吃好喝地候着我们,不就一个目的,让我们赢棋吗?让个她把中国的男棋手都赢了,不光我们没有脸面,陈老总都没有面子。所以,这盘没有办法下的棋,我下的时候,总是前怕狼后怕虎,总担心自己的棋有漏洞,总是战战兢兢,小心翼翼,所以很快空就不够了……"

棋友郝守维说:"过老输给了伊藤友惠后,觉得特别憋屈,还没有办法和别人解释。棋手在围棋上都是非常有自尊的,只要是输了棋就是输了一切,你再怎么解释最终还是输了,就再也不占理。"但是,确实,过老是个非常知恩图报的人,他觉的自己一辈子就是个下棋的,却在最需要为国赢棋的时候没有赢下来,这事他能忘了吗?

1960年6月14日,王幼宸在日本围棋访华代表团上海观摩赛中让先情况下,执黑赢了日本围棋代表团团长濑越宪作(名誉九段)一子,是中国那一年少有的赢棋。事隔一年,却连输给了伊藤友惠四盘,就两人水平来说,应该是在伯仲之间,甚至王幼宸还要稍好一点,但由于是和女棋手对阵,王幼宸的精神负担也不轻,竟至一败涂地。

当年对于输给伊藤友惠一事,许多人的文章中都提起过这件事情,都视为是中国围棋的一场"奇耻大辱"。

后来中国的围棋发展历程证明,正是伊藤友惠的八连胜,"刺激"了许多中国人的心,都在心底发出誓言,定要努力早日赶超日本围棋。过老在接下来的一年参加了1962年的全国比赛后,就把自己的主要精力放在提携年轻人、培养年轻人的身上,虽然也经历了许多曲折，但是，在培养新人上不遗余力，成绩卓著。

五

过老在20世纪60年代，先是到国家集训队担任教练，后来北京围棋队筹备成立，过老就又回到北京棋艺研究社。笔者见到过老时，北京棋艺研究社已经培养和吸收了几位年轻棋手，当时，他们的编制都在棋社，王立和翟燕生都被吸收到了国家体委的围棋集训队去了，平时在棋社看不见他们。在棋社学棋下棋的是韩念文和姜英威。

过老回到棋社后，在棋手中威望仍旧不减当年。每逢星期天，时时见到吴淞笙、罗建文、沈果孙等从崇文门外的国家体委跑到地安门的北京棋艺研究社来。那时北京交通不很方便，不像现在有地铁有出租车，来一趟也不容易。

我的记忆里，过老他们几乎从来没有休息过星期天。平时是下棋打谱说些和围棋有关的话题，到了星期日也依然如此，笔者在棋社学棋的那三年里是每个星期天都要到棋社去的，平时要上学，所以星期天是必去的学棋日子。见到过好多回，吴淞笙等有时几人一起来，有时是一两个人来，来了主要是把自己下的棋复盘给过老看，请过老给点评点评，每逢这时，棋桌旁都围满了人，到了密不透风的程度，像我这样十几岁的孩子根本挤不到里面去。我的记忆中，过老主要是用复盘讲解的方法来提高他们对围棋的理解。笔者当年是被授四子和罗建文学过一盘棋，就是过老让罗建文来指导的。

过惕生先生一生中最突出的成绩有两个。

一个是全凭自己的刻苦努力奋斗，终于在20世纪50年代到60年代初和上海的刘棣怀在全国的棋坛上确立了"南刘北过"双雄并立的地位，开创了承先启后的"刘过时代"，将中国围棋推向新的高度。往后，两人都为培养新人作出了各自的杰出贡献。

过老另外一项成就应该说远远超越他自己第一项的成绩，那就是培养出了日后担纲全面战胜日本一流棋手的聂卫平。

论及于此，不得不让人们惊叹，人世间的事情，起承转合，皆有天意。聂卫平和过老的师生关系，就是一种围棋缘分。这个缘分，增一分，过由不及；减一分，失之交臂；步步顺利，很可能昙花一现；处处危机，也可能万劫不复。

聂卫平最开始不是过老的学生，启蒙在家里，后来主要在文化宫向张福田、雷溥华等学棋。过老从国家集训队回到棋社后，见到了刚刚脱颖而出的北京青年棋手韩念文。韩念文也是个对围棋非常执迷的人，他原本是北京精密仪器制造学校的学生，为了下棋放弃了学业，一天到晚泡在棋社，过惕生见他孺子可教，便不时加以指点，并鼓励韩念文也从事教育围棋新人的工作，韩念文就被棋社聘为专职教棋的老师，他自己也算是解决了生计问题。1962年启动，到1963年夏天，在北京市少年儿童围棋赛里，韩老师教出的学生吴玉林、程晓流、金国苓等成绩非常突出，韩念文教棋工作的出色表现，引起了大家的关注。那时很少到北京棋艺研究社下棋的聂卫平开始出现在棋社大院里。聂卫平的爸爸也会下棋，亲自带着当时年仅10岁的聂卫平到棋社学棋，慢慢地聂卫平全家就和过老更加熟悉了。聂父是国家科委的高级干部，到了棋社后亲眼看到堂堂全国围棋冠军、享誉"南刘北过"盛誉的过老夫妇竟然只是窘迫地住在一间十平方米左右的门楼耳房里，不要说接待客人，就是做饭吃饭都转不开身。过老的名气大，前来拜访的人多，许多时候，来拜访的客人只好站在过老门前的院子里和过老寒暄聊天。

聂父见状，便盛情邀请过老到自己家里客居。聂卫平家是座独栋的小楼，过老在那里生活起居肯定没有问题，比在棋社的斗室里要舒畅多了。

把全国围棋冠军请到家里，聂卫平成了过老居家的入室弟子，如此学棋条件，放眼四海也难有第二个。多年后，有人向聂卫平问及学围棋怎么才能成功？聂卫平是把天分和机运相提并论的，和全国围棋冠军同住一个屋檐下，朝夕相处，耳闻目染，这样的天赐良机上哪去找？

过老输给伊藤友惠后，深深知道只靠自己拼搏，肯定难以追赶上日本棋手，自己的年龄已不饶人，就把自己的奋斗重心放在了培养新人上。聂卫平的围棋才华在10岁时就已经显露无疑，他那时和比他年长6岁的吴玉林水平不相上下，足见他对围棋的领悟能力。过老正在悄悄物色培养对象的时候，聂卫平恰巧在这一时期来到了他眼前，不正是天作之合吗！

对"都丢了，就赢了"过老一生领悟的这条围棋精华，理解最深的当属聂卫平。聂卫平在他围棋生涯最辉煌的中日围棋擂台赛的十一连胜中，好几盘采取了"都丢了，就赢了"的策略。聂卫平由于"文化大革命"而经受了挫折和磨练，也曾经多次面临人生道路的选择，从结果看，聂卫平在围棋上的造诣就他个人而言围棋无疑是最佳选择，对国家而言，聂卫平接过了过老传过的围棋接力棒之后，从1974年中国恢复围棋比赛后，聂卫平多次战胜日本九段棋手，在中日围棋擂台赛中，聂卫平三次为中国取得最后的胜利立下了丰功伟绩，用无可争议的比赛结果向全世界宣告，中国的围棋从此完全赶上了日本。聂卫平赢的是有数的几盘棋，但是，赢棋的结果中所显露出来的深刻内涵却极大地鼓舞和震撼了无数中国人的心。

当我们每一个中国人都沉浸在聂卫平赢棋胜利喜悦中的时候，最幸福、最欣慰的莫过于过老，他当年也没有想到的是，在自己的有生之年就看到了自己培养围棋新人的丰硕成果。

"文化大革命"爆发后，国家围棋队和各省市的围棋队都一律解散了。过老被分配到什刹海体校看大门。仍旧痴迷围棋的一些年轻人谭炎午、常振明、刘文龙等常去向过老求教，过老一点架子都没有，不厌其烦地从让三子、二子开始和他们对局并复盘，对他们棋艺的提高起到极大的推动作用。那个时期棋书难得一见，学棋的环境很差，但谭炎午等三人的棋艺却在那时突飞猛进。

谭炎午后来成长为职业棋手，多次在全国比赛中获得名次，并担任了北京棋院副院长——过老曾经担任过的职务。

常振明是过老亲自带进北京围棋界的又一围棋天才，那时他是北京清华大学的锅炉工，大学停办，学其他的条件都很难具备，他小时候学过围棋，有人介绍，过老就收他为弟子。在过老悉心培养下，常振明1971年入选北京围棋队，在1973—1978年期间曾进入国家围棋集训队，1979年，常振明获得首届"新体育杯"第三名，第一名是当年全盛时期的聂卫平，第二名是陈祖德，也就意味着常振明虽然学棋晚，但是，进步速度却不低，很快就跻身中国围棋的第一方阵了。随即，恢复高考，常振明选择了读大学，现在已经是大集团公司董事长了。他在和美国前国务卿基辛格谈论围棋的时候，透露出了许多他对围棋的独特理解。他也把围棋中的许多道理运用到了他的经济工作中，在担任许多要职的时候，都立下了汗马功劳，有人称他为经济界、金融界救火队队长。过老的这位学生虽然没有实现到达围棋界顶峰的目的，不能不说是围棋界的一个遗憾，但是，中国却多了一位经济界的栋梁之才，为国家的经济建设作出了突出贡献，这之中也有过老让他领悟围棋精华而促使他的思维更敏捷，处事更缜密，看事更前瞻，提高了领导能力，过老地下有知定会感到欣慰和自豪的。

20世纪80年代初的一个冬天，罗洗河由家人带着辗转找到过老家。此前过老和罗家并不认识,那天晚上过老请了好几位棋界人士,请他们看一位围棋神童。当年的罗洗河还没有过老家的桌子高,他摆棋时还须跪在椅子上。过老先摆了大猪嘴和小猪嘴,罗洗河几乎是题刚摆完,就开始答题,都是一遍就走对。随后过老摆出了八王走马、十王走马等古谱上较难的死活题,这才难住了罗洗河。答完题后由来宾中的一位棋手让罗洗河九子下了一盘。不久在棋界就传开了,湖南有个神童如何如何了得。

但是一个五岁的孩子在京无亲无故,放回湖南肯定对他长棋不利,为此过老颇费了一番脑筋。安置到自己家教棋没问题,但妻子的年龄让过老不忍心再增加她的家务负担。放在别人家寄养,不是一天两天,能担此责任的要有深厚关系才行。过老带着罗洗河来到韩念文的住处,见韩家只有一间房,而且韩念文还有个小女儿,住在一起有诸多不便。另一个人选是罗建文家,罗建文当时住处也不宽裕,幸好他的孩子是男孩,就这样为罗洗河在北京找到了落脚的地方。

对此事韩念文曾委婉地问过老:"为一个五岁的孩子何至于此。"过老讲:"自60年代输给日本的伊藤友惠以后,我就认识到中国要想打败日本非培养新人不可,靠我们这一辈肯定是不行了,中国一大帮男棋手输给一个日本女棋手,这不仅是我们个人的耻辱也是国家的耻辱。"

罗洗河果然没有辜负过老的一片苦心,后来终于拿到了世界冠军。

六

"锐气藏于胸,和气浮于面,才气见于事,义气施于人"。

用这四句话概括过老一生为人为事,贴切,准确,深刻。和过老接触多了,就会发现过老不是不善于表达,只是语言交流障碍所致，给了许多人过老不善于言谈表述的印象，以为过老只是一个执着的棋手。

其实过老非常敢作敢为，仗义行侠，感情深沉，丰富厚道。

过老外表看上去像个文文弱弱的老先生，一张嘴就是"好""好""好"，似乎一副与世无争，胆小怕事的样子，其实过老在许多关键时刻"挟持左右尽弓刀，谁识书生胆气豪。谈笑头颅拼一掷，余生早已付鸿毛"。

他知恩图报，用尽自己一生的心血，报答了党和政府对他的关心和任用。用自己毕生精力，推动围棋的发展，培育新人，来报答陈毅元帅对他的知遇之恩。前面多有所述，此节不累述。

1955年，有好心人看过老还是孤身一人，就给他介绍了肖淑清女士，见面之后，介绍人问过老对女方的印象如何？过老对肖女士并无太深印象谈不上好坏，顺嘴说："好、好、好。"介绍人不知道过老这"好"与别人说"好"有何本质不同，以为过老很高兴这门亲事。等到女方有了明确表态同意后，就前来向过老通报了女方的态度，过老才知道是介绍人误会了自己的意思，就委婉解释自己说好并不代表自己就同意了这门亲事。

坐在一旁的金亚贤金老听完过老的表态，这时发了话："我说你过老啊，别的事情你说了好不算数就不算数了，我们大家都知道你喜欢说好，但是这个事情，说了好，然后又说不是，那可不一样，人家女同志，因为你说了好，才表态同意的，现在你想悔棋，人家女人家脸皮子薄，这脸往哪儿搁……"过老此时才知道了利害关系，尤其想到女方的为难之处，过老就应了这门婚事。后事是过老歪打正着，肖淑清女士粗通文墨，知书达礼，对人特别热情，将过老照顾得十分好。过老从此有了幸福美满的家庭。

1962年时，韩念文一面上学，一面到棋社学棋。一天正在工厂实习时，突然，工厂领导把他叫了去，说上级有个政治任务来找你，接你的小轿车已经到了厂部，你赶快去换身干净衣服跟车走。韩念文也不知道是什么任务，工厂领导让去就去吧。这当年只有部长才能坐的华沙牌小汽车，一直从北京东郊开到了西城区的全国政协礼堂。等韩念文随秘书进了餐厅雅间一眼看到了经常在报纸上出头露面的陈毅元帅，都傻了，这时过老说了话："小韩，到我这来坐下，陈老总请咱们棋社的人吃顿饭，我就向陈老总建议把你也请来了。"

韩念文回忆说："现在不管是谁请我到多高级的饭店吃饭，我都是吃了就忘，但是，五十多年前，陈老总请过老吃饭，过老竟然还能想着把我也请去，我一辈子都忘不了，什么时候想起来我都很感动，我觉的这份情谊，简直是情同父子。1962年正是全国闹饥荒的时候，全国人都每天吃不饱，陈老总请客，过老对人就是这么善良，这么好。'文化大革命'开始后，我在棋社临时工的工作被辞退，没有了工资，马上生计就有了困难，连饭都吃不上，过老找了孙彦章等几个工资稍微高些的老棋友，每人每月给我凑个二三十块钱，让我熬过了最困难的那段时间。那时，过老是我的老师，我是他的学生，我这当学生的没有什么东西孝敬老师，反过来是老师济困了我这个学生，天下哪找这么好的老师啊。"

过老还收留了无去处的刘厚。但当时过老也自身难保。自己家实在藏不住刘厚时又将刘厚托到朋友处，解决了刘厚的一时之难。

"文化大革命"前，北京市规划局局长沈勃也是围棋迷，和聂卫平的爸爸都是战友，了解到了过老没有房子住，就想方设法在呼家楼给过老安排了个两居室，否则刘厚来了都没有落脚的地方。等到天大亮，商店开了门，过老先去商场给刘厚按尺寸买好外衣，当天就在过老家住了下来。

1974年，笔者上山下乡到了宁夏，这年恢复全国围棋比赛，就代表了宁夏参加。那时中国的围棋活动开展的最好的是河南郑州，就打算提前去郑州，先去交流学习。从银川到了北京，找到了过老，希望过老给河南棋界管事的刘厚打个招呼。过老马上就写好了一封信，让我到了郑州面交刘厚。当时我想，就凭过老的几句话，能行吗？

到了郑州，刘厚看了过老的信，当即派人把我们安排在了河南省委招待所，并安排我们免费和河南的围棋集训队一起吃河南省体委的运动灶，那时还是"文化大革命"时期，宁夏伙食供应很差，现在到了河南，每天早上的牛奶随便喝。刘厚还安排了国内一流的围棋高手罗建文、黄进先、陈锡明和我们下指导棋。刘厚对我们的招待热情周到，无可挑剔。

后来我了解了过老和刘厚的往事后，才明白刘厚为何这样对我们这帮来自宁夏的几个业余棋手，素昧生平，竟安顿得那么好。刘厚也是知恩图报的人呀！

过老的一生以棋为中心，先是自己下，后是培养新人，可以说除了棋，他一生别无所求。直到八十岁高龄为了看一场围棋比赛，不慎摔倒受伤，此后他的身体一天不如一天。于1989年去世，享年八十三岁。

过老，作为一代围棋宗师，人虽然已远逝，但是，他的音容笑貌、他的为人行事、他的高超棋艺将会永远地被记在中国的围棋历史上，和这个世界永存。

第四章　北京棋艺研究社管家龚安惠

凡20世纪五六十年代和北京棋艺研究社打过交道的人，都认识或知道棋社有位特殊人物龚安惠。

北京棋艺研究社没有管家这个职务，是笔者在棋社学棋和生活了几年时间后，耳闻目睹，甚至跟着龚安惠去见了某些重要人物，才逐步体会到，北京棋艺研究社的"大管家"就是龚安惠。

棋社刚成立的头几年，如果不是龚安惠料理棋社的琐碎事情，棋社还真就无法正常运转。如果把当年的棋社看成是个公司，那龚安惠就是公司经理兼会计。如果把棋社看成是一个机关单位，龚安惠就是办公厅主任兼会计。龚安惠所发挥的作用有点像《红楼梦》里的王熙凤，说起来地位不高，但是，管的事情却不少。

棋社的领导都是国家干部兼职的，棋社具体的小事情他们根本不会去过问，他们也不知道该怎么领导这个棋社。龚安惠的职务是棋社的会计，表面上看只是管着几个人的帐，一直也没有管过大笔的经费。棋社聘请的几个指导员，像过惕生他们只管下棋，也基本只会下棋，别的什么事情要么根本不入他们的心，要么问了也是白问，说不出个道道。任何单位开门七件事：柴米油盐酱醋茶，总要有人去张罗，这个张罗的重任自然而然就是龚安惠担着了。棋社是群众团体，就选定了"大管家"这个称谓来概括龚安惠在棋社所起的作用和重要性。

龚安惠不是棋社的领导,也不以棋艺水平立足于棋社,职务是棋社的会计,只是,棋社的领导可以换几任,她的职务却无人可以替代。不是她的会计业务有多精,她根本没有受过会计方面的专业训练,甚至在她来棋社之前,她一天会计工作也没有干过。

她担任会计却有一定来历。

20世纪50年代,棋社在有龚安惠参与的情况下,选择了当年在龚安惠名下的那个什刹海南岸的院落,棋社筹备成立的各项事宜基本停当后,龚安惠想想自己也不大会下棋,就流露出了去意。一天,国家副主席李济深专门和龚安惠深谈了一次,说道:"龚先生,我知道让你担任棋社的会计太委屈了你,不过,除了我能用你当会计,其他谁也不敢用你……"

就这样,棋社的会计工作就落到了龚安惠头上。后来,经过很多事情,本应在劫难逃的龚安惠,直到"文化大革命"前,始终安然无恙。

多少年后,回忆起当初和李济深的谈话,龚安惠说:"幸亏我当年听了李济深的劝……我年轻的时候很任性的,要不是李济深劝我,我怎么会来棋社当一个小会计。"

龚安惠祖上是安徽合肥大家,在合肥,当年流传着"合肥四大姓"的说法,类似于《红楼梦》里的"贾、史、王、薛"四大家族。合肥的四大家分别是"龚、张、李、段",后面的三位,除了张姓地位稍差,李姓是李鸿章,段姓是段祺瑞,都是中国近代史上响当当的人物。而"龚"姓能排在首位,并非浪得虚名。历史上,龚家一直人才辈出。

龚安惠生长在这样一个家庭,结交了许多社会名流,成为民国时期一代社会名媛。

她的这些资源在中华人民共和国成立以后，为棋社的运转发展起到了很大的积极作用，龚安惠虽然围棋水平始终在初学阶段，却并不妨碍她对围棋事业发展作出了一定的贡献，理应得到社会的肯定和赞扬。

北京棋艺研究社自从1952年成立，直到50年代中期经周恩来总理批准，棋社才归北京市文化局领导。此前的三四年中，经费主要靠棋社的创办人和其他各方人士捐助，还有一小部分来自会员们不算很多的会费。

作为棋社聘用的会计龚安惠，接手时可以说是无米之炊或等米下锅之炊。龚安惠的账目不复杂，只是进出有限的流水账，而筹款则要占去十之八九的精力。一则她交际广泛，别人要不出来的钱，只要她出面便能顺当要出来，再则她是理财好手，何处该花何处该简，既不显窘迫寒酸，又滴水不漏绝不浪费，棋社经她料理井井有条安然运转。

龚安惠通晓英语，民国时期经历的事情多，和各式各样的人物都打过交道，很是健谈，交谈的时候，天南地北、社会新闻、名人往事、域外传奇、服装美食，等等，无所不知，无所不晓。和人交谈是略带一点南方口音的北京话，悦耳动听。当时龚安惠已经五十岁上下了，穿衣打扮仍旧一丝不苟，头发虽然已经花白，但是梳理得妥妥当当，可以想见得到，她在年轻的时候肯定是个靓丽佳人。

当年，棋社云集了许多社会名流，有些是龚家的故旧，也有些是来下棋的新人，过老他们都是围棋高手，待人接物却不是强项，龚安惠就如同棋社的女主人招呼八方来客。

棋社里院中部靠近西院墙有三间平房，是这大院里很孤单突出的三间房，别的房间都是互相依靠衔接着的，这三间独立的房子基本坐北朝南。中间房子的正中开着一个一米宽的独扇小门。

左右两间各开着一个不大的窗户。房子的地基要高于院子的平地,要上三个台阶才能开门,明显这是这三间房子的后门,前门要绕过东山墙边上几大块太湖石堆积的山景,要多走几十米,好像大家都习惯走北门。白墙黑瓦,飞檐翘起,几棵松柏树就在白墙之外两三米的地方,在这不大的地方,太湖石、松柏树衬托出房子的幽静。

  房间里的陈设就是当年我这十几岁的孩子也会感受到那大户人家所独有的典雅富贵。东边房间是卧室,西边房间好像有厨具,可以做饭。

  北墙窗下摆放着一张近两米长、一米宽两头沉的大写字台,是那种黑里透着红,红里夹着黑的紫檀木做框架,从右往左均匀地镶嵌着三块灰蓝的大理石。写字台下面的脚踏上都精细雕刻着喜鹊、蝙蝠、牡丹等吉祥物。写字台后面是一个宽大的紫檀木太师椅。这就是龚安惠的办公桌。南面窗下是一长近两米的带雕花的紫檀条案。条案的左边放着一张紫檀的摇椅,人坐到上面,不用使劲,摇椅就自动前仰后合,是龚安惠常常休息的地方,也是来棋社下围棋的小朋友最喜欢上去坐一坐的地方。客厅的东北角放着一张紫檀的圆桌和四把紫檀的椅子。这些陈设家具应该都是其祖父当年的心爱之物,现在都被龚安惠安置在了棋社的这三间平房里。不说别的,这些紫檀家具都光洁如玉,映照出人的影子来,进了这外表看去很普通的房间后,一种豪华典雅高贵的气息迎面扑来,这里自然也就成了棋社接待贵客的场所。像梅兰芳这样大师级的人物都曾经到这三间房子里作过客、聊过天。许多教授、名人、银行家等也都是这里的座上客,幸亏有了这三间房子,否则接待贵客都会令主人和客人不好意思。

  来客们一般都尊称龚安惠为龚先生,小时不懂事还想他们怎么能称一位女士为先生呢?其实是笔者自己少不更事,他们称龚安惠为先生除了对她表示应有的尊敬，也含有对她的学问很佩服的意思。

《红楼梦》里有两句话：世事洞明皆学问，人情练达即文章。龚先生的学问之深，用《红楼梦》里的这两句话来形容最为贴切。

古人称赞有本事有学问的人一句常用话是——"料事如神"，意思是这个人的洞察力和预见能力像神一样。用"料事如神"来形容龚先生也恰如其分。

有两件事情，笔者耳闻目睹，前一事是龚先生亲口对我们说的，后一事是我们几个当时在场的人多少年以后验证的。

前一事是关于庄则栋的。

庄则栋的姥爷是当年上海滩上鼎鼎有名的哈同。1887年，哈同担任法租界公董局董事。1897年，担任英美租界工部局董事，成为沪西人中的显赫人物。而这期间龚先生的爷爷龚照瑗是上海专门负责和洋人打交道的清政府官员，自然少不了和哈同打交道。后来龚先生和哈同养女的丈夫，也就是庄则栋的爸爸成为了朋友。

庄则栋是江苏扬州人，父亲庄惕深20岁的时候到上海"远东首富"英籍犹太人亨哈同创办的仓颉中学当老师。一天上班途中庄父捡到了一张马票，次日居然中了奖。哈同闻听此事后认定此人将来会有大福气，乃有福之人，就准备把自己疼爱的养女罗馥贞嫁给庄惕深。哈同夫人开始还不同意，认为是嫁给个穷小子，辱没了自己的养女，哈同却不这么认为，他说："每天在上海滩来来往往那么多人，不就这个庄先生才中了奖，这是多大的福气，将来肯定差不了。"

后来庄惕深夫妇迁居北京，但一直没有儿子，为了续庄家香火，庄惕深在扬州又娶了雷仲如，雷为庄惕深生下一男一女。那男孩，就是日后叱咤风云的乒坛名将庄则栋。

1967年，"文化大革命"深入发展，不光围棋已经被作为"四旧"扫地出门，一般的机关学校都如同放了长假，大多数的人都成了逍遥派。一天，许多以前的围棋班学员和教练聚在北京棋艺研究社龚先生那儿聊天。

龚老太太历经清、民国、抗日战争、解放战争、新中国成立，交际之广、见人之多、历事之丰非常人可比。

这天聊起了看相，这时龚先生说话了，她说："看相不是封建迷信，真正会看相的人和以前大街的瞎子算命不是一回事。瞎子摸骨算命胡说八道的多，我也遇到过好多次。但是看相不一样，会看相的人肯定见多识广，接触的人多，人和人没有一模一样的，都有各自的特点，把人与人放在一起比一比，谁强谁弱，谁好谁坏，谁能干，谁不能干，谁聪明，谁愚钝一比就比出来了……"然后，龚先生又说："我也会看相。"

大家对龚先生一向都很尊重，知道她不会随意吹嘘，但是大家还是半信半疑，就问她"相"准过谁？

她说："我相过的人里，最准的是庄则栋。说起给庄则栋看相还是棋社刚成立不久的事情。庄家很殷实富裕，有次我去庄则栋家，正坐着和庄父喝茶，忽然窗户被推开了，庄则栋一按窗台蹦了进来，气得庄父不得了，说，'你看我这儿子有多淘，放着门不走偏跳窗户，功课坏得没法提'，直说得黯然伤心。我就劝他：'您儿子依我看并不像你说得那么不成材，他将来可以"名震中华。'"

龚先生在对庄则栋做预言的时候，庄则栋还不是专业乒乓球运动员，也仅是过了四五年时间，庄则栋1961年成为中国乒乓球队的主力队员之一。参加过第26、27、28、31届世界乒乓球锦标赛，3次蝉联男子单打冠军，成为中国第一个在世界乒乓球锦标赛上三连冠的人，是4届世界乒乓球锦标赛男子团体冠军中国队的主力队员之一，还是第28届世界乒乓球锦标赛男子双打冠军。在当时的国内赛场，庄则栋也是成绩显赫，他还是全国乒乓球锦标赛男单三连冠，在他当打之年（1961—1971年），他获得的冠军头衔数，超过了其他所有队友所获冠军数的总和。

庄则栋确实如龚先生所言，实实在在地达到了"名震中华"的程度。

龚老太太讲完，大家起哄，说："这不能算，庄则栋已经成名了，您讲他小时候的事，我们无法验证，您得看一个我们大家都认识，还没成名的，以后好来验证，您说说我们这里将来谁的成就最大。"龚老太太扫视了一下说："这人你们都认识，今天不在，是——聂卫平！"

我们说："他比庄则栋的成就如何？"

龚先生接着说道："他的成就比庄则栋还要厉害，将来可以名扬四海。"

我们面面相觑，不知道龚先生何出此言？根据是什么？因为这年聂卫平才15岁，还只是个普普通通的中学生。1967年时的聂卫平围棋虽然已下得不错，但还属业余水平，与陈祖德等人相比尚有不小的差距，况且，围棋正被批判为"四旧"根本不让下，当时"文化大革命"正如火如荼，往下该怎么走，谁心里都没有底，这时连大学、中小学都已经停止上课，在这种政治环境中，龚先生竟然说将来的聂卫平可以成为"名扬四海"的人物，这让我们在场的人实在难以相信。

但是，也就是十年时间，聂卫平果然在围棋上取得了前所未有的卓越成绩，让一直落后日本多少年的中国围棋终于取得了对日本一流棋手十一连胜的战绩，确实成了"名扬四海"的人物，连海外的中国留学生都发起了为聂卫平捐款塑铜像的倡议，确实验证了龚先生的看相预测。

等聂卫平在中日围棋擂台赛三次在不利的情形下力挽狂澜，使中国反超日本，连续三次获得团体比赛的胜利时，我们回忆起当年龚先生预测聂卫平将要"名扬四海"的往事的时候，无不惊叹这位老太太的神机妙算和料事如仙。龚先生在"文化大革命"全国震荡的情况下，却那么早就能预见到聂卫平前程无限并取得成功，实在是一件匪夷所思的事情。如果不是笔者亲在现场，而是听别人转述的话，肯定难以置信。

回想起这件往事，按照龚先生将人与人相比的理论来分析聂卫平，聂卫平确实具备成功的条件。聂卫平"文化大革命"前经常到棋社去下棋，龚先生围棋水平虽然不高，但是和过惕生等人非常熟识，加之她很喜欢孩子，在棋社兼管后勤和每个孩子都有接触，自然会发现聂卫平的"悟性"有超过其他孩子的地方。

过惕生作为全国围棋冠军住在聂卫平家里，聂卫平的姥爷和爸爸又都喜欢围棋，聂卫平生性聪明、悟性高，在全国冠军的熏陶下，围棋领悟得快，进步快也是很正常的事情。对此，龚先生自然是比别人有更深的认识和体会。

至于"文化大革命"的混乱和震荡必然是暂时的，是不可能持久的，以龚先生人生的历练和体会，她比一般人对时局的发展有更高深的见解和认识，这就不是常人所能企及的境界和水平了。十年一个轮回，十年一个巨变，由于龚先生对社会的接触深且广，使她的见识远远超过仅有书本知识的那些人，所以有此准确的预言。

龚先生是位女流，在中国这个男权占主导的社会里可能引不起大家对她思想深刻性的认识。上述仅是她的社会阅历卓越的点滴显示。

第四章 北京棋艺研究社管家龚安惠

龚先生在棋社的本职工作是会计，依棋社的条件能把这里的会计工作做好就很不容易了，但龚先生做的许多事情都超出了会计工作的范畴，举凡棋社的大小事情，只要她能插得上手，帮得上忙的，她都自觉自愿地努力做好，没有任何的功利色彩或企图得到什么回报，用后来很时髦的话说，龚先生是个非常有觉悟、热爱棋社及围棋事业的好干部。

那时经常有在国家集训队下棋的外省年轻棋手在周末的时候到棋社交流或向过老请教，有时赶上饭点，棋社没有招待费这项开支，龚先生就自掏腰包，买来菜蔬，请棋社的役工刘桐林做几个菜，留他们吃顿便饭。那时由于三年自然灾害，中国刚从大饥荒的状态中走出来，市场的供应还很稀缺，几乎买什么东西都凭票，肉有肉票，鱼有鱼票，鸡蛋、白糖、大米、白面等都得凭票才能购买。光有钱没有票证还是买不来东西，工资的多少还有差别，而各种票证人人都是统一定量的。按当年龚先生的情况，每个月最多也就是26斤的粮食定量，平均一天才450克，这26斤里，白面和大米仅十二三斤，其他的是玉米面或红薯，她招待客人不好意思请人家吃玉米面的窝头，不是白面就是大米，招待客人吃了主食粮食，就需要自己好多天每天都少吃一点，以把粮食的亏空补回来。可能现在的年轻读者会说，我现在一个月连10斤粮食都吃不了，那是因为现在的副食太多太多了，你现在就是去喝杯咖啡，其中所含的热量都可能超过当年的半个窝头。凭票消费饮食的时代，几乎没有任何除了粮食以外的补偿食品，糖、花生、各色水果、各种坚果，等等，都可以替代粮食，而那个年代这些东西市场上根本见不到，根本不是城市普通老百姓能品尝到的。

笔者记得，有一次，赶上月底了，龚先生的钱可能还掏得起，但是，票证都消耗光了。役工刘爷（当年棋社的所有人都对既是门房、又是厨师、又是茶房的棋社临时工刘桐林尊称为刘爷）对龚先生说："龚先生今天这饭我实在没法做，就剩三个馒头，二两肉馅，几个西红柿，您说，我怎么做？"

龚先生见状就上了棋社的二楼，二楼住着她的侄女，张之洞嫡孙女张厚蒙。一会儿，龚先生手里拿着三个鸡蛋下来了，招呼道："小骆驼（笔者小名）你到后门桥去买点粉丝来。然后把二两粉丝票和钱给了我。"

粉丝买回来以后，龚先生告诉刘爷这饭这么做：用粉丝和肉馅做个蚂蚁上树，鸡蛋打成汁，裹在馒头片上用油煎，西红柿去掉蒂，中间切个十字口，不彻底切断，然后放在盘子里蒸，十字口中间放点白糖。这顿简单的便饭很快就色、香、味俱全了。西红柿鲜红，鸡蛋煎馒头片金黄，蚂蚁上树因为有了粉丝也就不显肉少了。就这样，龚先生克勤克俭，依旧把国家集训队来的棋手招待得很好。

韩念文在回忆老棋社往事的时候说到了金亚贤。他说："那可是货真价实的名医，棋下得好就不说了，医术也非常高明，三年自然灾害，有天棋社吃元宵，我仗着年轻，也加上好几年没有那么痛快地不用数数地吃元宵，结果吃多了，半夜肚子疼的厉害，几乎一夜都没有怎么能睡着。第二天早晨，金老一见我就关切地问我怎么了？我说肚子疼的厉害，几乎一夜没睡。金老说：'那好办，你找下刘爷，看看还有没有剩的元宵，你给我拿两个过来。'我把剩的元宵交给金老，金老给串在火通条上，伸到灶火里烧成了黑的，然后让我把烧成炭状的元宵吃下去，我当时半信半疑，说：'我就是昨天吃元宵吃多了，您还叫我接着吃？'

金老说：'你吃吃看。'

结果，我吃了下去后，不到半小时，肚子马上就一点都不疼了。"

从一定意义上说，三年自然灾害能生存下来的唯一条件就是要有吃的东西。中国流传最广的一句古话：民以食为天。龚先生相对来说，经济上可能比一些人都富裕些，但也是有限的，为了帮助别人和棋社的发展，她都毫不犹豫地尽个人所能来维系这个围棋大家庭。历史不仅仅要记载那些经天纬地大人物的特殊事件，也应该记载一些普通老百姓的闪光之处，如此人类的历史才充实不苍白，历史就应该是一个个细节堆砌的，才会给后人以启发。这些当年发生在棋社的历史细节凸显了龚先生当年的为人，凸显了她的生活态度和对待围棋事业的态度。

20世纪90年代初期，笔者回到了阔别二十多年的北京，再回前海南沿三号，知道龚先生已经于前数年去世了。打听之后，得知龚安惠的侄女张厚蒙还在世，就住在棋社当年那个院子附近的米粮库，辗转找到了她。我的中心话题就是聊龚先生，想她应该知道很多关于龚先生的事情。

说起龚先生乐善好施的高尚品德，张厚蒙讲："当时许多人都以为龚安惠多有钱，以为她是瘦死的骆驼比马大，她的底我可知道，她请人吃饭、给棋社学棋的小孩子买油炸糕吃，她每月工资才三十几块，请得起吗？她还不是满世界的跑着去借钱，章士钊、周士观都让她借过不少，她一屁股债，恐怕到死都没还清，可她就要这个面子，来了客人尤其是你们这些下棋的，她总觉着不留人吃饭不是礼数。当年棋社的崔云趾、张德魁常常到了月底揭不开锅就找她借钱，有几次她手头也没钱，就上前院找门房老刘、过老借点钱，拿回来再借给崔老他们。有时我就说：'九婶，咱们有钱不借给人家是咱们不通事理，这没钱的时候就直说，那有什么丢人的。'我九婶说：'崔老、张老都是七尺高的汉子，能向我这妇道人家张次嘴，容易吗？我只要有一次说没钱，他们以后就再也不会来了，他们家人口多，困难，我不忍心呀……'"

张厚蒙的话我相信的，因为有些往事可以印证她的话。

棋社当年聘请的围棋指导员崔云趾崔先生，中华人民共和国成立前开个小茶馆兼棋社艰苦度日，先是抗日战争，后是解放战争，一个以棋为生的人在这个兵荒马乱的时代，日子怎么可能过得安逸富裕。崔老直到新中国成立以后棋社成立了，才有了稳定的收入，尽管这稳定的收入开始阶段是靠棋友们的资助，但对于他来讲月月到时就能领回钱来，是天大的好事情。每个月七十多元的工资，在20世纪50年代不算少了，只是，崔先生家实在比较困难，他老伴没有工作，有个女儿也要靠他周济，家就住在地安门附近一间不大的平房里，除了每月的吃喝，还要负担不轻的给老伴看病的医药费，这每月的工资就不算多了。那时，崔先生每天都要在棋谱纸上画圈，在出版了《围棋角上死活研究》一书以后，仍旧在笔耕不辍写些棋评什么的，是那几位老先生里最勤奋的一个。后来才知道，尽管那时的稿费很低，像在《围棋》上登篇千字稿，也就几块钱，但是，崔老就一直写个不停。所以他向龚先生借钱也是正常不过的事。"文化大革命"后期，他有次领了工资上了公共汽车，不小心，一个月的工资竟然被小偷都给偷走了，受此打击，崔老竟一病不起。

龚先生在自己工资不高的情况下，尽力帮助别人，笔者还知道这么件事情。

1964年，有两个其他体校围棋班的学生转到了北京棋艺研究社来学棋。经过棋社有关人员审查，棋社决定留下这两个学生。在研究这件事情上，龚先生想到了一个别人都忽视掉的问题，这两个学生以前体校学棋是就近，上围棋课可以走着去，现在转到棋社，离家远多了，他们不可能再走着来棋社学棋，交通问题怎么办？实质上是公共汽车月票钱谁出的问题。棋社为学生买月票，此前没有先例，龚先生见棋社因为两张每个月四块钱学生月票的开支，而在是否培养这两个人上犹豫起来，就说了话："这两个孩子每个月的学生月票钱我来出，就不涉及会计制度怎么入账的问题了。龚先生同时嘱咐大家，千万不要告诉这两个学生，月票钱是我私人出的，他们万一自尊心比较强，或者他们的家长不愿意接受私人的钱财，这问题就不好办了。你们就对这两个学生说，是棋社掏钱负责给他们买月票。"

于是，棋社就多了两个新学员。也是龚先生看好的两个学生。后来其中的一个在组建北京围棋队的时候，成为了北京围棋队的职业棋手。

当年，学生月票每个月可以多延续三天，在下个月的头三天里，只要接着买月票，原来的那张月票就有效，如果到了第三天的零点还没有续买月票的话，再坐公共汽车的时候，就要另外买票了。那两个学生家住在北京城西边的阜成门，到地安门附近的棋社，要坐七站13路公共汽车，在北海后门下车。一次单程的车票钱是七分钱。因为有这项规定，龚先生总会在每个月的2号之前把买月票的钱主动交到这两个学生手里。

买月票的事情就静悄悄地月复一月地重复着。直到一年以后的一个月，到了2号了龚先生也没有给买月票的钱。第二天，再不续买月票就过期了，学生很胆怯地去龚先生的办公室兼卧房去找龚先生，想提醒她该发月票钱了。这时是下午五六点钟。进了屋后，看到龚先生正在整理她那巨大紫檀写字台的抽屉，似乎在翻找什么东西。

当时，对一个十三四岁的孩子来说，大人的事情不会多去想和关心，也根本想不到龚先生是在翻找什么，后来多少年后，才忽然意识到，龚先生是不是希冀在抽屉里能找到些遗忘的零钱，好支付学生的月票钱。

龚先生显然是该找的东西没有找到，略有些失望。她对该学生说:"今天下完了棋先别回家,晚上陪我去看一个人。"

晚上八点钟,龚先生带着这个学生出了门,到北海后门11路无轨电车站等车,然后坐到了北京美术馆那一站下车。当时深秋季节,天早已经大黑,由于那时北京常常停电,电力供应明显不足,路灯也不甚亮。龚先生扶着这个学生,一脚深一脚浅地往周士观家住的红楼走去,深秋的风不时刮落树上的枯叶,一阵风吹过,就是一阵寒气吹过,远远看去,就像一个老奶奶在孙子的扶持下,去奔忙什么。

周士观家就住在现在华侨饭店东边的六层老式红楼里,他当时担任全国工商联副主席,这里是全国工商联的职工宿舍。按现在的眼光看,这个宿舍楼简直就是低档,但在20世纪60年代,能有独立卫生间和暖气的房子就很高、大、上了。

他们进了屋,接待他们的是一位举止优雅,精干利落五十岁上下的女士,从始至终,周士观没有到外屋的客厅来,龚先生被请进了里面的房间。

学生在一个高茶几旁的椅子上坐下来,那位女士一会儿送来一杯茶,茶叶一根根竖立在玻璃杯的茶水里,茶水呈现出淡淡的绿色,后来才知道那是和龙井齐名的旗枪。很快,随着茶水的热气蒸腾,十几平方米的小客厅里马上弥漫着沁人肺腑的清淡香气。

龚先生和周士观谈了大约半个小时,龚先生就从里屋出来了,依然是那位优雅的女士招呼着,周士观没有露面。

回到棋社,龚先生从她经常使用的布提兜里拿出钱包,找出了四块钱,递到了这个学生手里,说:"明天一早先去买月票,你现在就回家吧,天不早了。"

多年以后,当年接受龚先生馈赠月票钱的学生都已经是成年人了,才辗转从别的当事人嘴里得知当年月票钱根本不是棋社开支的，而完全是龚先生自己掏的钱，累计起来，三年时间里也有一百多块，按当时的收入水平计算是一笔不少的钱。难得的是，龚先生为了培养学生，哪怕自己临时去找人借钱，也不愿意耽误学生的事情，真是做到了竭尽全力。

大约十年后，当年的学生就月票钱一事向龚先生表示这迟了很多年的感谢时，龚先生竟然说，有这回事？我怎么一点都不记得了……后来这个学生发现已经步入老年的龚先生，生活尚能自理，由于是独居，棋社也早被"文化大革命"的浪潮淹没，失去了往日的热闹，一到晚上，空荡荡的大院子，秋风萧瑟，颇感孤寂。

当年的学生知道老年人就喜欢有人陪她说话聊天，每天晚饭后没有什么事情了就去和龚先生聊天，听龚先生天南地北地讲述以往的事情。借此来回报当年龚先生的厚爱。

到了1965年夏天，由于陈毅元帅的多年提倡推动，各地的围棋活动都开展得有声有色，全国性的少年儿童围棋比赛也已经举办了几届，北京、上海、广东、江苏、四川等地都纷纷办起了少儿围棋训练班。北京棋艺研究社自然是不甘落后其他省市，北京的首都意识也促使了棋社加大了培训少儿的力度。

暑假期间，开始搞孩子们的集训，每天白天孩子们都集中到棋社来学棋。为了给正在长身体的学棋的孩子们增加营养，每个孩子每天早晨都加一个油炸糕，棋社并无这笔开支，都是龚安惠自己掏腰包给孩子们买油炸糕吃。

龚安惠虽然棋艺不高，但阅历深、知识广，经常借古喻今，举小事蕴哲理，给孩子们讲些为人做事的规矩和道理，鼓励孩子们刻苦学棋成就事业。她讲过的一些道理，当时听起来也没觉得有什么了不起，不过是些生活中的小事情和看似不出奇的老生常谈，但今天回忆起来却觉得是对年轻人有极大激励作用的至理名言，足够一生受用。

到了1968年、1969年，当年棋社的许多学生被迫上山下乡，聂卫平、程晓流、朱镇南、刘骆生都分别去了北大荒和内蒙古，从事看不到前景的、近乎原始的体力劳动。当年从已经进入北京围棋队的老先生到年轻新秀，都分配去从事最底层的简单体力劳动，过老去体委的一个下属小单位当看门老大爷。吴玉林、刘月如两个刚进专业围棋队，正待提高棋艺水平向高段棋手水平进军的时候，一个被分配到什刹海游泳池当救护，一个到纺织厂当女工，所干的工作和围棋风马牛不相及。

北京围棋界如同秋风扫落叶一般顷刻就分崩离析。

笔者1970年春节期间回北京探亲，住在老棋社院里，又有了和龚先生朝夕相处的机会。只是这时期再去看望她和她聊天，自己的心境就有了很大的不同，灰暗了许多，和上山下乡前当逍遥派时的轻松心态相比，与其说我去安慰她，不如说我自己已经在九天之下了。

老棋社就在什刹海边上，冬天那里是北京市最有人气的滑冰场。同"文化大革命"之前就已经在北京参加工作的年轻人比，他们每个月有固定的工资，下了班以后成双成对到滑冰场游戏、恋爱，令人羡慕，同是年轻人，我们这些被打入另册的走在大街上一个个都灰头土脸，虽然说也到了该有女朋友的年龄了，但是，上山下乡知识青年的身份几乎剥夺了我们这些人恋爱成家的资格。

这年我再去看望龚老太太，她关切地问起我在内蒙古的起居生活，当我概略地向她聊起农村生活的艰苦和看不到前途的苦恼后，她听罢，随口说出一句英语：

"Every dog has his day."

她说得很快，即使说得慢些，就我当时的英语水平也听不懂这句话的根本含义。

龚先生知道我没听明白，逐词翻译出来——

"就是一条狗也有走运的那一天。"

她随即向我解释说，这是一句英国非常有名的谚语。再多的道理她没有讲。她接着问我："你知道北京火车站吗？"我说："当然知道啊，我每次去农村和从农村返回北京都从那里出来进去的。"

她说："北京火车站的设计师是我们家当年在上海收留的一位在街头流浪无家可归的孩子，我家长辈看这孩子实在可怜就把他带回了家，也让他上了学，他后来学习非常刻苦，一直到能设计北京火车站。"

她接着说："你再怎么倒霉，总比这个孤儿条件好些吧？你记住我的话，只要你别着急早早结婚成家，而是坚持努力，少了十年，多了二十年，你就一定会有出息的。"

当年说"就是一条狗也有走运的那一天"时，还是"文化大革命"时期，我不可能去找这句话的英语原文来读来记。但是龚先生给我翻译成中文的那句话我却牢牢地记住了，每当遇到什么困难时，我就会想起这句话，认定所有的困难都是暂时的，再倒霉也会有转运的那一天，从而增加了克服困难的勇气。

龚安惠一生历经晚清、民国、新中国成立，其间既有一般百姓难以想象的奢华富贵，也经历过一分钱都要算计着怎么花的窘迫。

龚先生的祖父是当年晚清重臣，主张对外开放，致力于洋务运动，和提出了"中学为体，西学为用"的张之洞有过合作，完成过张之洞交代给龚先生祖父的重要公务，两家可以说是世交。龚先生离婚后嫁给张之洞的后人张燕卿也是情理之中的事情。张燕卿后来担任了伪满洲国的外交大臣，再后来去了日本，龚先生本来可以和张燕卿一起出走，但是，龚先生选择留在了中国，也就有了北京棋艺研究社最后选定张家后花园的缘分。她的婚姻经历是一个生长在旧中国的女人所不能左右的，"文化大革命"中自然难逃一劫，但事过之后，她坦然置之，十分达观乐天，"文化大革命"对她的打击伤害仅是外在和阶段性的，时过境迁以后她依然乐观安详，每天下五子棋，读英文小说，照练丝毫也不见长进的小楷。做的饭依然力争精致细巧，虽无山珍海味，但就是一盘"蚂蚁上树"她也讲究色香味俱佳。

龚安惠的晚年过得应该说很幸福。

中日邦交之后，有人从日本给她带来一幅立轴书法，笔者去看望她的时候，她特意从柜子里找出来展示，那幅字是"一衣带水"。这四个字是形容当时中日之间关系的，是中日政府在邦交友好期间的写照。她特意展示的是这四个字的蕴意，肯定不是为了欣赏书法。当时，一向不喜怒形于色的龚先生在展示这幅字的时候，流露出了一种溢于言表的自豪和兴奋，关于字的来历她没有多说什么，笔者也不好问。但是，难得看到晚年的龚先生笑得是那样开心、纯真，仿佛一下子年轻了几十岁，让笔者隐隐感觉她在这四个字所包含的故事中，很可能也发挥过积极作用。

中日建交之后，她的处境迅速有所改观，虽然原来的住房没有归还，但在棋社前院靠北墙的一溜平房中给她腾出了两间，政府出资把已经有百年历史的平房修缮得焕然一新，并在其中一间劈出了一角，安装了抽水马桶等当年北京城平房中还不多见的卫生设备，极大方便了她晚年生活，体现了政府对她的关怀照顾。她的工资也照发了，以前一些不敢来往的亲朋故旧这时又能来往，对她的生活又略有贴补。

龚先生20世纪70年代中期无疾而终，几乎没有受什么病痛的折磨，时年具体不可考，估计总有七十多近八十岁，按中国古代说法可算是"白喜"。当年棋社的一些学棋的学生为她送了终。

回顾北京棋艺研究社的往事，龚安惠故去也有近四十年了，但当年吃过她的油炸糕的小棋手们，每当说起她总流露出一些怀念之情，忆起她当年对孩子们的关心体贴，随着岁月的流逝越觉得珍贵。聂卫平九段就不止一次向别人讲起"龚老太太"，言及她对北京的围棋活动曾起过相当大、相当好的作用。

第五章　群贤毕至和棋社的最后岁月

《三国演义》："话说天下大势，分久必合，合久必分。"

这句话用在中国的围棋大势上也是很符合的。中华人民共和国成立之前，全国下围棋的人不少，却基本上处于自生自灭的状态，虽然其中也有如段祺瑞那样的大人物喜欢围棋，利用手中的权力钱财支持了一些棋手，客观上对保持中国围棋的血脉起到了一定的好作用，但是，中国的围棋界一直就是一盘散沙，既无法形成有序、有规模的传承，也无法组织起来，让棋手们有个组织和场所一起切磋棋艺，一起把围棋发扬光大，所以民国初年，日本随便来个三四流的职业棋手就可以将中国的一流棋手们杀得片甲不留，惨不忍睹。散沙般的中国围棋分散得太久太久了，一直祈盼着能有振兴的那一天。

北京棋艺研究社成立后，终于结束了过去散沙一般的围棋局面，中国的历史上第一次成立了围棋专业组织，这个组织的成立过程是那样的曲折，同时也是那样的荣幸。

国家领导人亲自过问、批准北京棋艺研究社的成立，就充分说明了这个组织的不同凡响。

自然，北京棋艺研究社成立的消息一经宣布，分散数百年的围棋，到了该合的时候，一大批围棋界中的翘楚"云集响应，赢粮而景从"汇集于北京棋艺研究社。

他们来自五湖四海，职业上三教九流，地位上高高低低，年龄上有老有少，但是，有一个共同点，那就是对围棋都非常热爱。

这些围棋爱好者，都或多或少，或大或小，对发展围棋事业贡献了各自的力量。笔者根据自己的了解，择其要者，把所了解到的他们的业绩一一披露，挂一漏万在所难免，知其一不知其二也时有发生，不当之处还望大家海涵。

当年北京棋艺研究社刚创办的时候没有日常经费，发展了一部分会员，他们按时缴纳一定的会费，像李济深、梅兰芳等都是出资比较多的会员大户。

京剧艺术大师梅兰芳

梅兰芳（1894年10月22日—1961年8月8日），清光绪二十年（1894年）出生于北京，祖籍江苏泰州，是中国京剧表演艺术大师。梅兰芳是京剧名角，不仅在国内，就是在海外也有很大的影响。在戏剧领域对中国的文化事业做出了不可磨灭的贡献。

梅兰芳8岁学戏，1915年4月至1916年9月，新排演了《宦海潮》《牢狱鸳鸯》《思凡》等戏。后于1949年分别赴日本、美国、苏联演出，曾荣获美国波莫纳学院和南加州大学的荣誉文学博士学位。1950年，任中国京剧院院长；1951年，任中国戏曲研究院院长；1953年，任中国戏剧家协会副主席。在50余年的舞台生活中，梅兰芳发展和提高了京剧旦角的演唱表演艺术水平，形成了自己独特的风格，世称"梅派"。他在京剧界的名气，可以说到了无人不晓的程度，但是他和围棋的关系，社会上一般人了解不多。

梅兰芳在京剧领域成名以后，难以割舍对围棋的喜爱，他在围棋方面也有一定的造诣,一度到了非常迷恋的程度,后来朋友们怕痴迷围棋而影响唱戏,再三劝他且不可因为下棋而荒废了京戏,他经过了认真考虑,最后还是决定放下围棋,专心于京剧事业。但是,这也并没有妨碍他对围棋界的鼎力支持,主要是出资维持北京棋艺研究社的正常运转,对此贡献,知道的人就更少了,如果历史不把他的这一贡献记载下来,就湮没于世了。

梅兰芳很早就和比他小二十岁的吴清源成了忘年交。

吴清源,1914年6月12日出生于福建福州。其父后来在北京的北洋政府谋了差事,全家连同吴清源一起迁入北京。吴清源很早就在围棋上表现出了极高天分。11岁时就成了可以进出北洋政府总理段祺瑞家的棋客。

20世纪20年代中期,北京富豪李律阁李先生是某家银行大老板,是一位痴迷的围棋爱好者,在北京大方家胡同私宅设有棋会,不时接待中日围棋高手前来对局,成为当时北方棋手交流的场所之一。吴清源12岁那年,在北京大方家胡同李先生家曾经和梅兰芳不期而遇。那年的一天梅兰芳也去李先生家拜访,在李先生家里,梅兰芳见到一个小孩与一位老者下棋,引起梅兰芳注意的是老先生想半天才落下一子,而小孩却毫不犹豫,拿起棋子就下。老者在思考时,小孩便在果盘里取糖果、花生米吃,一副胸有成竹、志在必得的样子。当时梅兰芳有些纳闷:一个小孩子围棋怎么如此厉害,在当时人们的印象里,越是老先生围棋越好啊!可是这位老先生和这个小孩子下棋竟如此吃力?

李先生看出了梅兰芳的不解,就对他说:"从目前棋局看,这盘棋老先生输定了。你可别小看这个孩子,他出手不凡,将来必定成为围棋高手。"当时,围棋水平比一般人好的梅兰芳才知道这个孩子就是北京围棋界传说了很久的吴清源。现在听李先生这么一说,敢情那个小孩子就是后来如日中天的吴清源。吴清源显然也知道梅兰芳是何许人,两人就这样互相认识了。此后不久吴清源就去了日本,二人就再也没有见过面,但是,英雄惺惺相惜的情怀一直使他们没有互相忘记。

吴清源14岁东渡日本,1933年,19岁的吴清源运用和木谷实共同研究的"新布局"下法,在对阵当年的本因坊秀哉名人时用了出来,这局棋成了名垂围棋史册的"新布局"代表作,在日本掀开了围棋史上崭新的一页。

随后几年,吴清源更是在十番棋擂台比赛中击败了当时日本所有冠军,被日本的报纸称为"昭和棋圣",成为日本唯一的"天下第一"无冕之王。从1939年对木谷十番棋;1941年对雁金准一十番棋;1946年、1950年对桥本宇太郎两次十番棋;1943年、1951年、1952年对藤泽库之助三次十番棋;1953年对坂田荣男十番棋;1955年对高川格十番棋。在以上十番棋中,将除雁金准一以外的对手全部降至先相先或定先的棋份上。以此卓越的战绩拉开了和日本其他所有高手的距离,用无可争辩的事实告诉世人,吴清源是世界围棋第一人。

就在吴清源的名气如日中天的时候,1956年夏季,应朝日新闻社等团体的邀请,梅兰芳率中国访日京剧代表团到日本访问演出。1956年5月29日下午,日本各界名流160余人在东京会馆,举办欢迎中国访日京剧代表团的鸡尾酒会。吴清源作为重要嘉宾出席了这次酒会。

两人在酒会上相遇,分外惊喜,一是万里他乡遇故知,二是现在两人都在各自的领域取得了非凡的成就。吴清源倾慕梅兰芳的艺术魅力,梅兰芳敬佩吴清源卓越的围棋才华,虽然二人交往不多,但是由于二人都喜欢围棋,成为了令世人仰慕的忘年交。两人从1926年相会,直到整整30年后,才再次相见。吴清源当即约梅兰芳到他家去做客。由于梅兰芳的行动日程已被安排得很满，虽然未及深谈，还是相约等梅兰芳到日本其他城市巡回演出结束后，再回东京相聚。

梅兰芳先后去了名古屋、京都、大阪、福冈、八幡等地演出，等再转回东京已到了7月。因为仰慕梅兰芳的人太多，实在抽不出时间到吴清源府上做客，梅兰芳便请吴清源到自己所住的日本东京帝国饭店见面。

7月11日下午，梅兰芳推掉了所有活动，专门等候与吴清源会面。日本《读卖新闻》围棋栏目的主编以及梅兰芳的朋友许姬传，都是围棋爱好者，听说吴清源要来，谁也不愿错过与大师相见的机会。

下午两点，吴清源准时来到帝国饭店。梅兰芳亲自站在房间外面迎候。此次相见堪称围棋大师和京剧大师的历史性相会，两人的话题以围棋为中心，相谈甚欢，吴清源向梅兰芳推心置腹，提出了关于祖国如何发展围棋事业，尽快赶上日本的种种建议。梅兰芳回国后很快就将这次会面和吴清源的建议向有关方面做了汇报。为了围棋，梅兰芳先生也是多方留意，处处留心。

交谈时，梅兰芳特意告诉吴清源，当年也学过一段时间围棋，但后来朋友建议自己将精力集中在戏剧方面，不能分散，所以后来就没有往这方面钻研了。

吴清源告诉梅兰芳："您朋友的话是对的。围棋要下得好，必须专业化。如果业余消遣，当然另作别论。围棋的招法并不难懂，一说便能明白，但要精通此道，就非要有名师指点不可。围棋还需天分，如果单靠学力，到了一定程度，就难以进展了。"

梅兰芳虽然是北京棋艺研究社的后援赞助人，关于他和棋社的交往，留存下来的资料却不多，但是，仅了解了他和围棋界吴清源的交往情况，我们也可以感觉得到梅兰芳对围棋的感情之深。

语言学大师俞敏

北京棋艺研究社成立，相当于在围棋界悠然冒出一棵参天梧桐树，加之围棋的特殊魅力，自然引来了各路大师级凤凰。棋社的会员中，要论学术造诣最深的可能非北京师范大学俞敏教授莫属。

俞敏，"1916年11月生于天津。1936年入北京大学国文系，受到罗常培的赏识。抗战爆发后，转入辅仁大学国文系，1940年毕业。后从日寇占领下的北平南奔，在山东滕县教中学。1946年追随魏建功先生赴台湾从事国语推行工作，先任台湾省国语推行委员会方言调查研究组组长，后兼任编辑审查组组长。他做实地调查，在台湾《新生报》的《国语周刊》上发表了不少文章。1947年秋回大陆后，先后在燕京大学和北京大学任教。1953年起任北京师范大学中文系教授。曾任北京市语言学会副会长，顾问、中国语言学会常务理事、中国音韵学会顾问、国际交流学会理事、国务院学位委员会第二届学科评议组（中国语言文学分组）成员、《中国大百科全书 语言文字》编委、《汉语大词典》顾问、北京师范大学学位委员会委员、农工民主党北京师范大学支部主委等职。曾著有《名词、动词、形容词》等。1995年7月2日逝世，享年79岁。"

笔者第一次见到俞敏教授大约在1964年早春期间一个星期天的上午，他到棋社来，在龚先生住房前的一棵柿子树下和龚先生聊天，看两人聊得热火朝天，因为是在院子里，就想走近一些，听听他们聊什么。因为棋社院子里的人经常聊些围棋方面的轶事和掌故，我们这些孩子听他们聊就像听故事。等走近了一听，原来两人用的是英语，都极其流利，还间或打个手势什么的。一看这架势就不由得让人肃然起敬。因为龚先生的身世和英语水平我已经了解，这人能够和龚先生用英语对答如流，可见不是一般人。

龚先生见我过来了，就招呼我过去，给我介绍说："这位是北师大非常有名的俞教授，我的好朋友，我刚刚正说到你，说你是新到棋社来学棋的一个聪明孩子。"

这时俞教授也叫我走近一些，和气地问我叫什么名字，几岁了，喜欢不喜欢下围棋什么的，我都规规矩矩一一作了回答。

这天俞教授穿着一件黄绿色的长风衣，有腰带的那种，有点像电影里美国兵穿的。头上戴着一顶礼帽，中等身材，很魁梧，国字形的脸，脑袋特别大，举止很像电影里的欧美人。

此前我就听说过，棋社刚成立那会儿有个棋迷教授叫俞敏，说是英国牛津大学留学回来的名教授。大家可能都以为他那流利的英语是在英国学的，到棋社来下棋的大学老师、中学老师还是有几位的，但是，能用英语和龚先生随意聊天就这么一位，很长时间大家都对他是在英国牛津大学留学的说法深信不疑。直到最近写此书，考证俞敏教授的历史，才知道他没有出国留过学。但是，他极其具有语言天赋，不仅精通英语，还对日语、德语等有相当造诣和研究，他是中国语言和音韵学方面的顶级权威。

棋社的书柜里有好几本名为《围棋》的大32开本，近两厘米厚，浅灰黄色的封皮，右上角印着两个黑色的字"围棋"的书。

这本书的主要作者就是俞敏教授，也有其他老先生参与了本书的写作，大约是解放后出版的第一本普及围棋知识的专著。书中，从初学到中级、高级技术都包括了进去，还有日本棋界的较新棋艺动态和介绍。文字洗练、选材精当，是本难得的好书，就是以今天的眼光来看，也是很利于推广普及围棋的精品著作。《围棋》一书如今已难找寻，但是一旦提起来，恐怕20世纪50年代末60年代初学过围棋的人大都会有印象，此书对推动围棋在民间普及，起到了相当大的作用。但由于此书出版时，俞敏老先生被打成了"极右分子"，书上不能出现这位主要执笔者的名字，即使如此，俞敏也毫不在意，仍同意出版此书，足见其对围棋的热忱。

现在来到了我早就听说过的教授面前，内心的诚惶诚恐是可想而知的。出乎我的预想，那么有名望的大教授，就是研究室里的过老、金老、崔老也都对他很客气。他也是早期捐助会费的会员，更主要都知道他是赫赫有名北师大的教授，所以都对他很尊敬。

俞敏教授竟然对我很客气，他说："同学，我也爱下围棋，今天到我家去吧，咱们认识认识，下盘棋好吗？"

我根本不可能拒绝，想也没有想就点了点头。

他招呼一个一直在棋社太湖石上爬来爬去的孩子，这个孩子比我小两岁，叫俞宁，他说："俞宁，今天有客人到咱们家去，不玩了，我们现在就回家……"

俞教授家住在后海，北京十三中附近，可能是北师大的教授楼。我们沿着什刹海的前海东沿，过了银锭桥，顺着后海的南岸往西走，这是我第一次来到后海，印象里，柳树已经长出了树叶，随风飘荡，湖面上春风和煦，我从小到大，第一次被别人，还是个北京师范大学的名教授邀请到家里去做客，所以此事一直牢牢记得。

到了俞教授家已经临近中午，准备吃饭了，具体吃的是什么菜肴已经没有了印象，反正比我自己家吃的丰盛多了，饭桌上一个盘子里有糖油饼，以前只吃过没有加糖的油饼，就觉得好吃得不得了，当时，刚刚从三年大饥荒过来，对于吃的东西还是特别留心。今天，吃到了糖油饼，心中那个高兴至今还有深刻印象。我对糖油饼的喜欢，俞教授看在了眼里，随后一年的光景里，我多次去他家学棋，每次去只要赶上吃饭，都给我准备了糖油饼。

俞教授家条件在北京来说是很不错了,大概是个三居室的单元房,在他家我第一次见识了什么是抽水马桶,那个年代,有独立卫生间和抽水马桶的人家在北京真的是很少见的,当时,我心里想,俞教授该是多么有名的教授啊!他们家最主要的特点就是书多,客厅里好像到处摆的都是书。

吃完饭,俞教授就安排我和俞宁下棋,棋的内容早就忘记了,但是,我的印象中,俞宁好像对围棋不怎么感兴趣,下完了棋,俞教授就给我们复盘,对于他讲了些什么印象也不深了。我要回家的时候,俞教授从他的书堆里挑出了一本崭新的围棋书《大斜百变》给了我,这是本狭窄本32开的小册子,是日语原版书,看书后的印刷时间,也就是两个月前才在日本东京出版的。我当时心里有点吃惊,心说到底是大教授啊,家里的书都是日本最新印刷。

俞教授说:"这本书上有一百个定式,你拿回家自己看看能背下来多少。"

我虽然不懂日语,但是由于有围棋图谱,所以至少能看懂个百分之五六十。我高兴地拿着《大斜百变》回了家。当天就背了好几个"哈密手"(日语音译:骗招),再去棋社和金国苓、程晓流下棋时就给用上了,效果还不错。

就这样,我时不时地到俞教授家去,吃糖油饼,和俞宁下棋,然后听俞教授给我们讲棋。

他每次都给我们复盘,主要是他在复,然后拆开了、揉碎了给我和俞宁不厌其烦地细细讲解。我很奇怪的是,他就在旁边看,也会把我们的棋都记下来。这种苦心,我虽然年龄小,但也明白,他希望我们的围棋水平尽快提高。确切说,他请我去他家是给他儿子找个一起学下棋的伴,但是,我是第一次从他那里知道下围棋是可以为国争光的。他大约知道自己是不可能成为第一流的围棋高手了,他把希望寄托在下一代身上,这样的超级棋迷,也真是很难得。我还从他那里听说了不少日本的围棋轶事和中国古代的围棋掌故。

和俞敏教授的儿子时不时一起学棋的日子到了1965年年初戛然而止。

我最后一次见到俞敏教授是这年冬日的一天,这天,他给我们复盘结束以后,从书柜深处拿出了一本装订得整整齐齐的16开本,自己订了封面的一个册子,很郑重地交到我手里,说:"这是我最近几年的心血,你拿回去好好看看。"我翻开来一看,不是正式出版的书籍,手写的书名是《弈理指归凡遇要处总诀白话文翻译和图解》。

里面的图谱是拓蓝纸拓出的横竖19条蓝色的线,棋的手数是圆珠笔手写上去的,黑子画上蓝圈,白子画上红圈,虽然不如印出来的那么整齐划一,但是,完全可以把棋谱看清楚、看明白。完完全全把有关的棋局棋谱抄写到自己制作的棋谱纸上,可见要下多大的功夫。《弈理指归凡遇要处总诀》中的一些格言,他在给我和俞宁讲棋时,背诵给我们听过,然后结合我们所下的棋,把这些格言的本义解释给我们听,如"两番收腹成犹小,七子沿边活也输",就是第一次从他那里听来的。我从名字上看,就知道这书可能就是古人说的"天书"和"秘籍"吧!小时候,总认为围棋来自古代,应该有秘不传人的"绝招"之类的东西,"弈理"就是下围棋的道理,"指归"就是指导你如何达到胜利的终点的意思吧!"要处总诀"自然是紧要处的独门绝技。古谱里的《弈理指归凡遇要处总诀》只有语言,没有对应的围棋棋谱,而现在,俞敏教授从高手的对局中把一一能对应上的棋局图谱给配上了，对围棋界来说显然是件功德无量的大好事。他又是古汉语方面的大专家，况且他本人也是一位围棋高手，由他把清朝文言文的《弈理指归凡遇要处总诀》翻译成白话文毫无疑问是最权威的了，足见这本手抄本《弈理指归凡遇要处总诀白话文翻译和图解》该是何等的珍贵。

在家中看了几天，有天去棋社的时候，我把这本"秘籍"带去了，想有空了，那又有现成的棋盘棋子，摆起来看也方便，当然，当年也有在各位老师面前显摆显摆的意思。我刚看了没有一会儿，记不得是过老还是哪位老先生，从我手中要了过去翻看起来，这一看就再也没有回到我的手里，再后来就是"文化大革命"了，这本珍贵的秘籍就再也没有露过面。

十分蹊跷的是，自从俞敏教授给了我这本秘籍后，他再也没有来过棋社，也再没有叫我去过他家。从此，我们就再也没见过面。即使他后来在语言学界地位更高、声名更显赫，也没有和他遇到过。

《弈理指归凡遇要处总诀白话文翻译和图解》一书直到围棋事业如火如荼的今天，也没有见到有正式的书籍出版。俞敏的手抄本要经历"文化大革命"，能留存于世的可能性微乎其微。现在，社会上围棋好的人成千上万，但是，古文底子能赶上俞敏教授的则不多，古文好，围棋也好的人凤毛麟角，而真的要想把清朝围棋国手施襄夏用骈体文写成的精心之作——《弈理指归凡遇要处总诀》翻译、解释得准确、明白，所选用的棋谱贴切、适当，确实不是一件容易的事情。

俞敏教授的这本围棋书没有面世，不仅仅是他个人的一件憾事，也是围棋图书界的一件憾事，今天把这段经历写下来，对他付出了心血的著作表达美好的回忆和纪念。

施襄夏的原文如下：

《弈理指归凡遇要处总诀》
（清）施襄夏

起手据边隅，逸己攻人原在是。
入腹争正面，制孤克敌验于斯。
镇头大而含笼制虚，宽攻为妙。
尖路小以阻渡避坚，紧处方宜。
　关胜长而路宽，须防挖断。
　飞愈挺而头畅，且避连扳。
　形方必觑，跳托递胜虎接。
　头软须扳，退虎任易长关。
　逼孤占地，拆三利敌角犹虚。
　阻渡生根，托二宜其边已固。
　夺路压扳长胜退，顶断须防。
　争根点立渡输尖，立扳预占。
　互关兼镇必关，任择飞尖与托。
　两打同情不打，推敲扳虎兼长。
　隔二隔三，局定飞边行乃紧。
　拆三拆四，分势关腹补为良。
　象眼尖穿忌两行，飞柔制劲。
　马步镇逼常单跨，软扳硬冲。
　并二腹中堪拆二，须防关扭。
　双单形见定敲单，乃令粘重。
阴虎扁输阳虎畅，小飞窄逊大飞宽。
拆三利敌虚高一，隔二攻孤慎落单。
立二拆三三拆四，攻虚宜紧紧宜宽。
两番收腹成犹小，七子沿边活也输。

113

两处有情方可断，三方无应莫存孤。
精华已竭多堪弃，劳逸攸关少亦图。
滚打包收俱谨避，反敲盘渡并宜防。
静能制动劳输逸，实本攻虚柔克刚。
台象生根点胜托，矩形护断虎输飞。
觑敲有变宜从紧，刺引无根可待几。
凡义当争一看净，诸般莫待两番清。
逸劳互易忙须夺，彼此均先路必争。
二网张边侵共逼，两花争角逸兼攻。
后先有变机从紧，左右无孤势即空。
局定飞边根欲足，势分入腹路皆公。
休贪假利除他病，莫恋呆棋受敌制。
取重舍轻方得胜，东敲西击定成功。
当枰默会诸般诀，万法先几一顾中。

俞敏当年大学毕业不久就取得了相当的学术地位，先生在古汉语音韵、汉藏语比较、汉语语法等方面著作甚丰。

"音韵方面的论文主要有《古汉语里面的连音变读现象》（1948年）、《论古韵合怗屑没曷五部之通转》（1948年）"。

除了这些奠定了他学术地位的论文，在四十岁左右的时候就已经出版了很多高水平的学术著作，这些著作出手就不凡，如：

"《现代汉语语法》（上册），俞敏、陆宗达合著，群众书店1954年7月出版。

《语法和作文》，中国青年出版社1955年9月出版。

《语言学概论讲义》，俞敏、黄智显编，北京师范大学1956年出版。

《名词、动词、形容词》，上海新知识出版社1957年6月

第五章　群贤毕至和棋社的最后岁月

初版。"

改革开放以后,俞敏的学术成就更是得到了国家的肯定,20世纪80年代就获得"首届国家社科基金项目优秀成果论文一等奖"。

在他所研究的学术领域,可以说专心于什么,什么就会有成果。他对汉藏语言关系研究造诣甚深,曾全力编著出一本《汉藏同源字谱》。

北京大学著名学者金克木先生是这样评价这本书的,有了这本字谱,"姜子牙和松赞干布可以直接对话竟不需要翻译"。

俞敏教授的学术地位在北师大和美学大师黄药眠、民俗学大师钟敬文、"创造社"干将穆木天、文学史家李长之等并列。

俞敏教授对围棋的痴迷,除了表现在对笔者和他儿子的苦心栽培之上,还有一段他的一个学生和他在"文化大革命"时期,仍旧以下围棋为快的往事:

"有天看押的人都不在,俞敏教授就问我,你会下围棋吗?我点了点头说:'会下一点点,也只是瞎玩罢了。'

我知道他是围棋高手,不过,我之自况也很合实际。

'来,我们下一盘。'

正好桌上摆有棋盘、棋子,大有'何以解忧,唯有围棋'的意思,教授又似乎觉察出我的担心,有点诡谲地一笑道:'不要紧,我们起码有两小时。'

于是,我执黑,他执白,首盘他让四子,结果是须臾间,我便溃不成军。他既已了然于我的实力,次盘,便毫不推辞地让我八子,黑子抢先筑起'铜墙铁壁',死守硬抗,然而,未几,仍然土崩瓦解。

无论何时何地,天下高手的悲哀就在于此——面对一个如此低能的对手,哪里还会有什么胜利的愉悦呢?终于,我看出他的兴致索然，便提议他以'手谈'教我几招，他问我知道多少定式，一边摆上棋子，讲解起来。恰在此时，房门被撞开了，进来一位同寝室的人，我与俞敏都本能地一怔，对方则颇善意地解释说忘记带笔记本了，探身到床头取本即匆匆离去。"

俞敏教授对围棋真是痴迷啊！

即使身陷囹圄，还和一个根本不是对手的人对弈，可见对围棋的喜爱至深。

解放军大将黄克诚

北京棋艺研究社成立以后，曾经到访过的最高国家领导人是陈毅元帅，在棋社老人的印象里，陈毅仅来过一两次，他到了以后，被大家迎进了研究室里，他和过老、金老、崔老等寒暄后就告辞了。

1964年前后，经常到棋社来的还有解放军高级将领黄克诚大将。他多次到棋社来，也是从来不进棋社的研究室，只是在棋社的群众活动室里看别人下棋，也没有见到他和谁下过，看棋都如此上瘾的人，全棋社就他这么一个。

他来棋社，开始并不起眼，穿着一身旧的、褪了色的毛料解放军军服，戴着一副高度近视眼镜，眼镜的一个腿断了，是用黄细铜丝缠着的，身材瘦削，六十岁左右的样子。他不怎么和别人打交道，棋社的对外开放群众活动室人员庞杂，也没有登记制度，谁来了，谁走了，大都没有留下什么痕迹。除了个别几乎天天不落，比较活跃的几位，其他大部分来下棋的人都不引人注意。但是，这位老穿着一身旧军装的老先生穿戴虽然朴素，抽的烟却不得了，是当时市场上很少见到印着烫金华表图案的"中华烟"。

善于观察的，笔者的老师韩念文觉得这人来历不凡，说：

"别看他那眼睛腿上缠着漆包线,但是,抽'中华烟'的全棋社有几位?"这话被有的棋友听去了,也开始留心这位老先生,大家一留心,就有了新发现。

有棋友说亲眼看见这位老先生,坐的是一辆黑色的吉姆车,那车不往棋社所在的小马路开,就停在北海后门的大马路上,他下了车,走到棋社来。

当时,北京的小汽车估计全城也就几百辆,吉姆车是给部级以上领导配的高级轿车,全北京也就数得过来的那么些辆,于是大家都知道了这位老先生可是个有身份地位的人。

韩老师听说是坐吉姆车来的,当然是个大领导,一次见他进了棋社院子,什么也不说,和谁也不打招呼,就直奔群众活动室,于是走上前去,客客气气地和他说:"您是领导,我们虽然不认识您,但是,应该请您到研究室里去看棋或下棋。"

这位老先生笑了笑说:"你们棋社有规定,只有棋社的工作人员和学棋的学生可以到研究室下棋,我还是不进去了,别坏了你们的规定。"

老先生既然这么说了,韩老师也就不好再勉强。

一天,韩老师忽然接到了一个电话,棋社唯一的一部电话就在研究室大门口外的一个玻璃墙的门洞里。老先生们一般腿脚慢,接电话的大都是年轻人,韩老师只听电话里那头的人口气很不客气,上来就问:"你们这是什么单位?"

韩答:"北京棋艺研究社,怎么了?"

那边说:"你们这是不是来了一位穿身旧军装,戴着一副近视镜,眼镜腿上缠着黄铜丝的人?"

韩老师说:"是有这么一位,但是,今天来了没有我不知道,要去给你们找找吗?"

那边说:"不用去找,但是,他如果来到你们这,你们要负责他的安全。"

韩老师一点也没有客气,说:"我们这是下棋的地方,只管下棋的事,安全的事我们管不了。"说罢,也没有等对方再说什么就把电话给挂了。

这事情自然要汇报给棋社新近来的领导段清汉,他是上级机关新派来的社长兼党支部书记。但是,段清汉也不知道该如何负责这位老先生的安全问题。就在棋社的人为安全问题踌躇着不知道该怎么办才好的时候,一天下午,陈毅元帅忽然来到了棋社,进了里院,他一眼看到了那位穿着旧军装的老先生,紧走两步上前,大声道:"哈,哈,黄大将军,今天是什么风把您给吹到这来了?"说着两人的手紧紧握到了一起。两人握着手,寒暄着进了研究室……

如此,棋社的人知道了,这位穿着旧军装的老先生原来是著名的解放军参谋长黄克诚。

棋社的人都认为黄克诚大将来棋社看棋是棋社的光荣,说明棋社在社会上名声还是不小的。

古籍专家涂雨公

北京棋艺研究社除发展了一批社会贤达担任会员,还聚集了一大批围棋爱好者。有的爱好者痴迷围棋到了以棋社为家的程度,每天开门就来,中午到外边吃个饭,下午接着到棋社来,就跟每天在棋社上班一样。

这样的痴迷爱好者中有一位大家都非常喜欢的先生,叫涂雨公。我们大家都亲切地管他叫涂公。涂公身材不高,胖胖的,面色比较黑,冬天脖子上系着一个围巾,就是北京当年最常见的那种一米左右长,叠成两层,围成一个圈往脖子上一套,像是五四时代的年轻人那样打扮,看上去有五十多岁,身高一米六多点,头发浓密,脑袋很大,他讲着一口地道的北京话,平时说个什么事,都会夹杂着北京土话。平时老是笑眯眯的,无论老幼对谁都是那么客气,彬彬有礼,特别会讲故事,而且谈古论今,有根有据。谁如果遇到了文史方面的疑难问题,广征不得结果时,大家都会说,这事你得去问涂公。

涂公说话幽默、诙谐、有趣,他一到棋社,身边马上会聚集上好几个人,听他白活各种社会趣闻。在笔者印象中,他虽说几乎天天都到棋社,但他的围棋对手似乎就一个人——杨树寿。

杨树寿是个中年汉子,年龄略小于涂公,有一米七五以上的个子,身材比较适中偏瘦,和涂公正好相反,性格比较内向,不大爱说话,脾气好,怎么和他开玩笑,都从来没有见他急过。大家大都不叫他的名字,而是管他叫"羊上树",来源于有次他因为棋的形势判断和涂公不一样,涂公认为自己的形势比杨树寿的好,平日里从不争辩的杨树寿这次却是急了,脸红脖子粗地说:"涂公,你……你,你这棋要是说形势比我的棋好……好,那羊都能上树……"他的名字本来就有"杨"有"树",这下大家就给他起了外号叫"羊上树"。

涂公和他下棋,有时会边下棋边说唱:"你说他怎么那么臭,下的棋太臭,要问为什么?他就是唐朝有名的大将史大奈,你说是哪个史,就是棋太屎,逆风三十里,就是那么臭……"涂公边下棋边和老杨开玩笑,常常引得大家哄堂大笑,在那段棋社的岁月里就像让大家听单口相声一样,得到了许多的欢乐。就是在研究室里学棋的学生,一听见隔壁的涂公自编自唱起来,大家就会跑到群众活动室去看他们下棋,听他们诙谐戏谑。

涂雨公特别迷围棋,当年涂雨公家住北长街,南长街律师公会院内有一个围棋会馆,那里清洁安静,经常聚集些棋手来下棋，涂公学会了围棋以后，一看围棋会馆离家近，因此每天必去。自己曾经还赋诗道："每日再忙须一至，不可一日无此君。"此君说的就是围棋，一天再忙，也要摸摸围棋。北京棋艺研究社成立以后，每天须一至的地方就换到了什刹海前海南沿三号院。

涂公的学问很深，是研究古代典籍的，喜欢考据。棋社当年的学员，后来的中国国家少年围棋队总教练吴玉林在棋社学棋研究古谱时，产生了个疑问，为什么古谱里的黑棋先走，一、三、五、七……印成了黑子的样子，但是，古代的让子棋是白棋先走，一、三、五、七……还是印成了黑子的样子？按理说，应该白棋是白子的印法，黑棋是黑子的印法。

这个问题，吴玉林问了好几位老师，都说不上来，后来吴玉林请教了涂公，涂公给出了答案：古代的书籍是木头上刻字的活字印刷，木头上刻字不容易，就制作了一套棋子体系，这在印刷上可以方便不少，不用单独再刻一套棋子体系了。吴玉林认为涂公的说法非常有道理。

涂公，祖籍四川云阳县，生于北京。幼年体弱多病，没有在外面上小学，在家读古书，打下了深厚的古文底子。1928年，开始上中学。上的第一个中学是创建于1907年年初的顺天中学堂；1912年更名为京师公立第四中学校；1928年，改名为北平市市立第四中学；涂公先上的这个是现在都赫赫有名的北京四中，再后来又上了建于1923年的志成中学，革命先驱李大钊烈士曾任学校董事会董事，后来改名为北京三十五中，也是北京比较有名的中学。因病辍学了两年，请假过多，考试很难及格，因此没毕业。涂公性格倔强，坚决不肯留级，1933年考入北平朝阳大学高中部。朝阳大学是民国时期著名的法科大学，创办于1912年，享有盛誉，世称"南有东吴（大学），北有朝阳"，是我国法学摇篮之一。涂公在这里的学习成绩突出，1936年毕业后就考入了朝阳大学经济系。1937年，卢沟桥事变，朝阳大学停办。在辅仁大学借读两年，又转中国大学借读一年，该学校初名国民大学，国民政府拨款84500两白银为开办费，租得前门内西城根愿学堂为校址（后为中国大学附属中学校址，现已改建为全国人大机关办公楼），1913年4月正式开学。1936年10月，曾任北平市首任市长的何其巩任校长，直至1946年10月。即使在日本人占领北平期间，也坚持中国人办中国大学，拒绝日伪经费援助，自筹经费，延聘爱国学者执教。北平沦陷期间，许多失学的河北、东北三省的学生都插入中国大学学习，在校生最多时达3000多人。李大钊、李达、杨秀峰等一批"红色教授"曾经在该校传播马克思主义，学校培养出了以段君毅、任仲夷等为代表的一大批民族英雄和国家栋梁。涂公就是在日本人占领北京时期上了中国大学并毕业于此。大学毕业后，亲戚介绍他到某银行当秘书，涂公觉得胜任不了，就没有去。此后就迷上了围棋，每天四处到下棋的地方向高手请教。

1948年夏，全家为避免平津战祸，迁徙到了四川云阳老家附近的万县投奔堂兄。1951年夏，全家又返京。1952年北京棋艺研究社成立，自棋社开办之时起，涂公就每天必去，晚上九十点才走。我们棋社的这些青少年学员都喜欢和涂公结交，成了难得的忘年交。1966年8月"文化大革命"中，棋社不再对外开放，自那时起就再也没有见到过涂公。再后来围棋又开始在民间自发下了起来，据说这一时期，涂公虽然没有在棋社露面，却在朝阳门外一家小学任围棋辅导员。

涂公每天都到棋社来，那么他的工作是什么？当年笔者只听说他在商务印书馆工作。后来了解到，商务印书馆把《战国策》这本书的校点工作交给了涂公，这是一项极其需要细心才能做好的工作，涂公可能嫌白天嘈杂，所以就来棋社下棋聊天，等夜深人静了再去校点《战国策》，所以他才有条件天天来棋社"上班"。

涂公还为商务印书馆校点过一些清代文史书籍，为上海中华书局校过几种以宋、明版为底本的书。

涂公还花费了巨大精力校点南宋著名诗人陆游的《剑南诗稿》。一般人能通读一遍《剑南诗稿》就已经难得，说明得有相当深的学问才有兴趣和能力把陆游的诗歌全看一遍。而涂公是校点一遍，把古代印刷的《剑南诗稿》里的错误一一挑出来，把正确的诗句给填补上去，涂公细细品赏，校了好几个月才校完。在校点过程中，看了很多不同版本的明朝印刷的《剑南诗稿》，多方比较，还要根据陆游的诗歌特点找出错误，这不但需要很深的宋文修养，还需要巨大的毅力。涂公之所以如此看重《剑南诗稿》，除了有能力、有兴趣外，可能还缘于这是一部体现汉民族精神的诗集。陆游诗词全集《剑南诗稿》，共八十五卷，收录诗词九千三百四十四首，他生于金兵入侵之时，中年到过南郑前线，抗金与收复失地是他诗歌中的主旋律。他的诗抒发政治抱负，反映人民疾苦，风格雄浑豪放，成为古代诗人性格比较突出的一位，涂公的内心深处很可能和陆游相通，所以才不遗余力，接下了这项浩繁的工作。

1964年，涂公得到校勘《梁启超全集》的工作。因为梁启超是当代著名人物，他的著作版本多，还由于梁启超的特殊地位，他所著之书的原稿也都有留存，所以校点他的书，工作量就更大了。梁的手稿存于北京图书馆善本室，每每遇到疑难，涂公就要专程到北京图书馆善本室去查找。涂公非常得意的是在梁启超的手稿中发现一处错误——把《尧典》误写为《舜典》。

涂雨公在围棋界是出名的热心肠及诲人不倦的人。后来的国家职业七段国手沈果孙还曾经对新闻媒体回忆起涂雨公对他的指教和帮助。

沈果孙说:"我在山西没有可以对局的棋手,学围棋长棋的阶段离开了有一定水平的实战是很难提高的。那年在山西省体委的推荐下,我一个人到了北京棋艺研究社。这是一家当时在国内非常知名的围棋专业团体,成立于1952年。里面聚集了一大批北京的围棋元老,学棋是不收费的,但吃住要自己解决。我主要跟崔云趾、过惕生、金亚贤三位老师学习。当年我在山西就是一流棋手了,有许多次机会代表山西队到上海等地参加比赛。那时北京、上海是中国围棋水平最高的地方。1961年,国家围棋集训队正式成立,我也被选报了进去,这里的高手就更多了,像北京棋艺研究社的过惕生也在国家围棋集训队,我也就不用再到北京棋艺研究社去学棋了。前后3年左右的时间,我一直在棋社学棋。在北京棋艺研究社除了向那些专业的指导员请教,我也跟社会上的高手约棋,努力提高自己的水平。记得有一个人叫涂雨公,他特别痴迷围棋,文化功底也很深厚。下了一段时间以后,他给我写了一首诗,其中两句是'注及全盘目光炬,不尚诈术心地平',这让我终身受用。他说出了下好围棋的关键,尤其是后半句,体现了围棋的真谛。围棋是明着下的,不欺不骗、堂堂正正是基本,而'心地平'最难,下棋时要始终保持从容、平静、淡然的心态,这也是做人的道理。"

1978年以后,涂雨公偶尔写一些围棋研究文章,刊登于《体育报》。可惜的是,笔者不知道涂公所发表的文章用的笔名是什么,所以也就无法考证他的围棋文章了。

1986年6月,涂公被聘为北京市文史研究馆馆员,这个工作不是一般人能得到的,充分说明了涂公的本事,难怪他在当年的棋社那么受大家欢迎和爱戴。

语文大师蔡超尘

大约是1964年冬天，北京棋艺研究社举办了首次北京市围棋业余高手邀请赛。此前，棋社只搞过自己内部的指导员之间的比赛。

到了1964年，国家围棋队已经正式成立几年了，在此之前，下围棋不分什么职业和业余，国家围棋队成立以后，很显然，他们以围棋为职业，自然是职业棋手，那些不以围棋为职业的自然就是业余棋手。而像过老、金亚贤、崔云趾三人都曾经在国家围棋集训队待过，却没有在国家围棋队领过工资，他们发放工资的单位一直是棋社，棋社给他们定的是围棋指导员，所以在一般人的心目当中，他们不算是职业棋手。1963年4月成立了北京围棋队，过老是围棋队的运动员兼教练，张福田是运动员兼副教练，他们两位因为开始在北京市体委下属的围棋队领工资了，也被视为职业棋手。

这次的业余邀请赛，公认的北京业余围棋下得好的人士都被邀请了。

印象中主要有孙彦章、赵子良、蔡超尘、马金泉、李家楷、薛文增等十来个人。

对蔡超尘的印象主要在于这次比赛中发生的一件事，笔者印象深刻，一直没有忘记。

那一天已经晚上八点左右了，当时北京棋艺研究社没有赛钟，也就无法读秒根据时间定胜负，蔡超尘和赵子良的这盘棋从下午一直鏖战到了晚上，还是难解难分，已经到了收小官子阶段，别人的棋都早已经下完了，大家都没有走，在旁边等这盘棋的结果。之所以都关注这盘棋，因为关系着前几名的名次。

研究室里除了有个别人窃窃私语，整体上都十分安静，因为是首届业余棋手邀请赛，大家的认真、重视从行为举止的小心翼翼上就可以感觉出来。金老、崔老虽然不参加比赛，却也没有置身事外，崔云趾还担任了裁判长。

忽然，子良先生蹭地站了起来，他和蔡超尘先生的对局桌子在研究室的南墙大玻璃窗下，因为东西向有其他棋桌，南面是玻璃窗，所以围观的人少，就听见赵先生大声地说道："围棋比赛不能按现在的围棋规则定胜负，现在的围棋规则不合理、不科学……应该是还棋头……"

他这么一说，大家目瞪口呆，不知道该怎么办才好，因为比赛正在进行，讨论围棋规则是否合理算怎么回事？

笔者只是作为学员来学棋，来看北京的高手对弈，自然是没有说话的份，也不敢说什么，但是，比赛总不能没有结果。

根据韩念文老师的记忆，他马上就去找裁判长崔老。当时，崔老不在研究室里，崔老一向坚持原则，别人怕得罪人一般都多一事不如少一事，崔老可是不管这些的，有些人不够进研究室的资格，一旦进来了，别人自当没有看见，崔老不管他是谁，如果事先没有人打招呼进行过介绍，一旦看见了就会走上前去，客气地但不容置疑地请那人出去。

一会儿，韩老师回来了，说："崔老说了，比赛就按国家体委颁布的最新围棋规则来定胜负，还不还棋头，那不是我们该管的事。"

从始至终，主要是赵先生在说话，也有别人和他讨论，我奇怪的是蔡超尘先生从始至终一言不发，也不站起来离开座位，就在棋桌前那么默默地坐着等待结果，他也不和赵先生争论。

如此冷静和超然度外，真是难得，不禁让笔者肃然起敬。蔡超尘先生平日不怎么来棋社，此前，我早从其他人口中知道有位蔡超尘先生围棋不错，但是，一直未曾谋面。这次亲眼见到了如此有涵养的人。

蔡超尘先生除了围棋下得好，还是语文大师，对于他的主业，著名学者张中行（北师大著名教授和作家）对蔡超尘先生评价非常高，两人一起参加过高中语文课本的编著工作，对此段经历，张中行先生在自己的著作中还记载了下来：

"记得上班之后，最初接受的工作是编高中语文课本，共同担任此工作的是比我早来的蔡超尘先生，面容和体形都厚重，人呼为蔡公。他长我两岁，出身于辅仁大学，也教过中学，还编过《华北日报》副刊。他是山东高密人，轻逸而很有才，会唱京戏；围棋已经上段，某次比赛列入前六名；还通书法，推崇他的乡先辈高南阜说他能用左手，据我看，若干年，社里职工过千，就书法的造诣说，他应该排名第一。新旧学都扎实，文笔不错，还能写旧诗。记得20世纪80年代中期，他写了一篇有关红学的文章，说贾宝玉算不了叛逆，发表于山西某期刊，可见评价什么，他并不随风倒。处世，对人古道热肠，通达，有见识。所以我们能一见如故。也就因此，工作我们合作得很好，选文，修润，作注解等，向来没有什么争执，也就可以提高效率，时间不长就编完一本，呈上，审查一下就发了稿。"

职业四段张福田

张福田先生也是当年棋社的人，但是他自国家围棋集训队一成立就进了集训队，后来又和过惕生一起进了北京围棋队，他在棋社待过的时间时断时续，总的来说时间并不长。

张先生身高一米六五米多，消瘦，尖下颏，面色稍黑，眼睛不很大，炯炯有神。总穿着一身深灰色的中山装，走在路上低着头总是急匆匆的，似乎一直在追赶着什么。

第五章 群贤毕至和棋社的最后岁月

张在日语里的发音是"乔",先生在日语里的发音是"桑",我们棋社的人不论是大人还是孩子,都习惯尊称他为"乔桑"。为什么用日语的发音称谓,已经不可考。有可能是有和张福田先生一起参加过中日围棋友谊比赛的人听到日本人尊敬地管他叫"乔桑",然后流传起来了。乔桑的日语是自学的还是在什么时期受过日语教育也一直是个迷。但是,张先生的日语在当年下围棋的专业人士中是比较出类拔萃的。中日围棋友谊比赛,翻译数量少,懂日语的张先生就会常常被日本人请去临时翻译一下,"乔桑、乔桑……"被日本人叫得多了,中国人也就自然学会了。张先生被人尊称为"乔桑"一点也不让人反感,于是大人小孩就都这么叫开了。

张先生在和不熟悉的人一起时沉默寡言,不苟言笑,很少提及自己的往事。所以关于他的生卒年月,一直也了解不到。他家也住在离北京棋艺研究社不是很远的地方,但是,好像谁也没有去过他的家。隐约听说张先生在中华人民共和国成立前是北平市有轨电车公司售票员,属于工人阶级。中华人民共和国成立后直到他成为职业棋手前,似乎都一直在电车公司工作。他身为普通工人,怎么学的围棋,又如何成为高手,没有流传下来任何资料。

1962年酝酿,1964年国家体委正式公布了中国棋手的段位。当年被定为五段的仅四人:刘棣怀、过惕生、陈祖德、吴淞笙。再下来有七八个四段,张福田在1964年的全国围棋比赛中获第六名,是当年国家体委正式公布的四段棋手。

1962年中国围棋代表团访日比赛,一共五人:过惕生、黄永吉、陈祖德、张福田、陈锡明。这年前后,因重提阶级斗争,因此在出访日本的围棋比赛人选里也要有所体现,具体操作是在代表选手里加进了工人阶级。张福田和陈锡明都曾经当过工人,况且围棋水平也属于能进入国家集训队的水平,就代表工人去和日本棋手比赛。这次比赛的中国棋手和日本高段棋手之间是被让二子对局。张先生先后战胜了日本八段棋手绸中新和七段棋手桑原宗久。同是代表工人的陈锡明被让二子输给了日本六段锅岛一郎和八段曲励起。过惕生，我国的第一台主力被让二子的情况下，中盘输给了九段洼内秀之、五子半负于九段藤泽朋斋。

从这次访日比赛的成绩来说，张先生出色地完成了比赛任务。他之所以水平发挥得好，估计和他日语好有一定的关系，当年国内的围棋书很少，尤其是带理论指导解说的围棋书基本没有，中国的古谱评语非常简略，没有一本是带更能说明棋手思路的参考图的。所以，当年普遍是看日本的围棋杂志和解说特别详细的日本棋谱。但是对于日语不通的棋手来说，只能是反复揣摩棋局进程图谱。张先生则不然，他可以看懂日本棋手的文字解说和对局反思，这对更好地理解棋局的精彩内容、棋手的意图和思路有巨大的帮助，从而对日本棋手的特点也认识得比较清楚，加上被让二子的优势，张先生比赛出色就不奇怪了。

在棋社很少见到老先生们对弈，张先生属于打谱最勤奋的（他当时主要时间在国家体委围棋集训队）。"文化大革命"后，棋社被禁止活动，棋社的职工和棋手都蜗居在北海体育场的看台底下，围棋地位还不明朗时，张先生找到一张桌子，摆上棋盘开始一整天不停地打棋谱，而且时常自言自语地念叨什么，其专注和投入不是亲眼所见都令人难以置信。

张先生自言自语些什么都记不住了，多是感叹日本高手所下出的棋之高妙。但是，张先生的口头语"搭迈子马力"，却让我这个他曾经的学生记了一辈子。张先生会很多日语的围棋术语，但是，他最常挂在口头的就是"搭迈子马力"，译成中文就是"撞气"。所谓"撞气"，一般情况下都表现为没有任何积极意义的单官。

中国古代从来没有过围棋比赛，只有两人之间比试高低的对弈。因为不是比赛，对弈双方更多注重的不是胜负，而是展现对局者的精彩杀、妙手、精确的计算等。日本从幕府时期为了争夺御城棋所，开始有了比较正规的围棋比赛，这时围棋对弈主要的观赏交流意义降低，胜负成为唯一目的。围棋出现了以追求胜负为唯一结果的比赛，极大地推动了日本人对围棋理论的探索。日本棋手逐渐认识到，围棋对弈的过程中，要衡量计算每一手棋的价值，"一子不舍"的棋风有时候是不合棋理的，是价值不大的下法。因此，"搭迈子马力"就是最没有价值的棋，是效率最低的棋，这点可能是张先生从日本围棋中理解最深、体会最深的地方，所以"搭迈子马力"整天不离嘴。

因为张先生每天都要重复"搭迈子马力"，慢慢地潜移默化成我们学棋同学的一种认识，也知道了行棋要讲究子力效率。这是围棋若干棋理中最重要的一条围棋规律。

和张先生如何成为国手同样是谜的，还有他的中国文学的功底很深，这也是让棋社的许多人颇感迷惑的地方，大家感觉他身上所具有的传奇色彩更加浓重。他对中国古典文学非常熟悉。据吴玉林回忆，张先生在先农坛北京围棋队当教练的时候，不光讲棋，业余时间常常不知道话题怎么就转到了古代诗词歌赋上，张先生对诸如《长恨歌》《琵琶行》等长篇的诗歌张口就流利地背诵出来，看吴玉林等对有的诗句不是很理解，就细细地加以解说。在讲围棋时，张先生对古代的围棋格言、棋经里的字句也是张口就引用，对这些文言文的格言，也是耐心细致地加以注解。

吴玉林说："张先生的学问大了去了，我不仅从他那学到了很多的围棋知识，还受到了许多的古文熏陶。我也感到不解的是，张先生据说没有读过大学，他从哪学到的那么多的学问。下棋，就艺术性来讲，和中国的古代文学是可以相互启发的，也可能张先生就是通过下棋，融会贯通，从文学里得到了启发。我至今仍旧十分怀念张先生，他真的是一位非常好的老师，我从他那里学到了许多东西。"

大家都不知道张先生是怎么进入棋界的，然后又是如何告别大家的。但是，他启蒙过聂卫平的围棋，担任北京围棋队教练时，先后指点过吴玉林、刘月如等专业运动员，还曾经下大功夫培养许多少年棋手，如后来进入北京围棋队的女棋手马巍、穆晓红也都受过他的悉心指教，成为职业棋手。

张先生已经离开棋界多年，但是他的言行举止都在大家的记忆里栩栩如生，他自言自语的"搭迈子马力"，他在打谱时每有愉悦的心得体会之后的放声大笑，都深深地留在我们的心中。

北京棋艺研究社最后的岁月

大约1967年八九月，国家体委"军管会"明确宣布取消围棋项目，解散国家围棋队，北京围棋队也随即被解散，围棋后来又被宣布为"四旧"，北京棋艺研究社到了这个地步，基本就结束了它曾经在围棋方面所起过的积极作用。那些当年的棋社会员大都在"文化大革命"中受到了冲击，再没有见什么重要的棋手到棋社里来了。

只有崔老、金老、龚安惠、门房刘大爷等还在棋社领工资的人，每天还到棋社来应个差。棋社二层原来的房主在"文化大革命"时被遣返到了农村，上面空出了许多房子，当作宿舍租给了和棋社有关的人住。

（笔者是1966年11月开始住到棋社小楼二层上去的。）

等到1967年北京棋队被解散以后，棋社所有的老先生们和棋队的人都集中到了什刹海业余体校，棋社就成了逍遥派们集会的场所。1967年虽然说结束了"大串联",但是各个学校都没有恢复上课,大多数的学生们都成了没有人管,也无所事事的逍遥派。北京棋队等待重新分配工作的运动员如王立、吴玉林等,学校的逍遥派如程晓流、谭炎午、刘骆生、朱镇南和棋队的吴玉林、张连城等都混迹于棋社。围棋不让下了,那总得有点什么事情干。

一天,北京十三中的围棋爱好者、体育老师那大发,带来了两副崭新的扑克牌,这些逍遥派们眼睛不觉一亮,因为"破四旧",扑克牌被禁止,商店里根本没有卖的,现在"破四旧"之后还有人存有崭新的扑克牌,大家都觉得很新鲜。但是,大家开始以为是用来打百分,就都没有什么兴趣,也可以理解,这些会下围棋的学生,玩会了最复杂的围棋,自然不把一般的智力活动看到眼里。这时那老师发了话:"我来教你们打桥牌吧。"

一听说可以学习有国际比赛的桥牌,大家马上来了兴趣,就像学习围棋那么认真,听那老师给大家讲桥牌怎么玩。很快大家就都学会了,包括聂卫平也是在那一时期学会了桥牌。聂卫平、吴玉林是我们这些学会了桥牌中的佼佼者,可以说达到了专业水平。其他同学也都学得可以,刘骆生和某同学结为一对搭档,1968年到广州玩的时候和广州大学生桥牌赛的冠军打了一次还赢了他们。可以说那老师在棋社掀起了一股学习桥牌的浪潮,有十几个人在这一时期学会了桥牌。北京棋艺研究社一度成了桥牌中心,大家每天来了不干别的,就是凑在一起打桥牌。

1968年年底到1969年年中,这些北京棋艺研究社的学员们大都成为知识青年,聂卫平、程晓流去了黑龙江的嫩江农场,刘骆生、朱镇南去了内蒙古插队落户。北京棋队的运动员教练也都作鸟兽散,全都离开了曾经非常喜欢的围棋,从事别的职业。棋社索性没有人来了。

笔者1970年再回北京探亲，到了棋社院里，发现棋社早已经发生了天翻地覆的变化。原来的棋艺室已经变成了体委的家属宿舍。原本只住着四五户的前海南沿三号，搬进来十几户人家，原来属于棋社的房子住进了篮球、足球、田径、中国象棋等项目的教练。那些不属于棋社的房子则被街道上的城市贫民无房户占了去，一个原本典雅、安静、充满了奇花异草的庭院顿时变成了大杂院，假山、太湖石都不知道搬到了何处。等到1976年唐山地震之后，这院里的家家户户都盖起了防震棚，这美好的院子就彻底成了城市中的棚户区。北京人口的膨胀，在北京棋艺研究社里也有充分的展现，人口成规模地增加，而住房面积没有增加，本来是临时的防震棚后来都成了永久性住房，原本整整齐齐的院子，被切割成一条条仅容一人通过的小夹道。这时的北京棋艺研究社就是任谁也找不到原来的记忆，永远地消失了。

十年后，1980年12月18日，北京棋院宣布正式成立，建制上已经和老棋社没有任何关系。但是从传承关系上说，北京棋院是在老棋社原有的基础上成立起来的。北京棋艺研究社无形中瓦解了，但在人的传承上，基本还是以老棋社的骨干为主。从这个意义上讲，老棋社从凤凰涅槃中获得了新生，它当初成立时确立的发展中国围棋事业的宏愿，并没有因为老棋社的消失而消失，历经了"文化大革命"，又以北京棋院的新姿态出现在社会上。此时成立的北京棋院可以看作老棋社的继承，只是，新成立的北京棋院比当初刚成立时的北京棋艺研究社要正规得多，棋院归属什刹海体校领导，有正规的固定经费来源，宗旨仍旧是弘扬祖国的优秀文化历史传统，推动北京棋类事业提高发展。院长由全国人大常委会法制委员会副主任宋汝棼担任。副院长是北京市总工会主席韩凯，北京市体委办公室主任李春龙，全国围棋冠军获得者过惕生，中国象棋名宿谢小然。棋院下设办公室，负责日常工作，办公室主任是肖生汉，副主任是沈尺卿。

1984年4月，北京棋院不再归属于什刹海业余体校，而是升格为北京市体委直属单位，办公室主任是王品璋，副主任张光华，肖生汉任副主任兼领队。

1984年后，除了棋社曾经培养出的聂卫平、吴玉林、刘月如、程晓流、谭炎午成为专业围棋运动员，北京市的专业围棋队伍有了新的扩大，补充了新的血液，先后选拔一批新队员，他们是姚征、穆小红、马巍、张文东、王伯刚、徐莹、沈颖等。

2000年11月，棋院改为院长负责制，聘请原院长宋汝棼为名誉院长，任命姚文义为院长，王友信为书记。2002年8月新组建领导班子，成员有书记窦长明，院长谢军，副院长李毅、谭炎午。

棋院主管围棋业务的是谭炎午，也是众望所归。聂卫平担任国家围棋队的总教练，吴玉林担任国家少年围棋队教练，按能力、按资历、按辈分，谭炎午顺理成章成为北京棋院领导，老棋社的血脉继续流淌。

第六章 北京培养围棋少儿棋手活动的兴起

20世纪50年代中后期，陈毅元帅成为国务院副总理以后，经请示毛主席、周总理，大力提倡开展围棋活动。在陈毅的积极倡导和直接关怀下，国家围棋集训队于1959年成立，1961年国家围棋队正式成立。陈祖德曾经回忆道：

"当时我们是中国国字号序列的第11支国家队，之前的十支国家队，大都是三大球、游泳、乒乓球等重要的项目，当时许多人都想不到，以前社会地位并不高的围棋，也能成立国家队。"

关于围棋事业，陈毅元帅也有过一个大致的规划。当时国家围棋队主要任务是中日围棋交流。由于过去中国社会经济远远落后于日本和其他经济发达国家，围棋不可能有大的发展，中国的顶尖棋手与日方有明显较大差距，这个差距不是一两年就能赶上来的，因为中国的围棋爱好者数量远远少于日本。如果没有雄厚的围棋爱好者队伍，没有一定数量的少儿围棋培训活动，完全靠自生自灭的自我发展，中国围棋的进步速度肯定远远达不到赶超日本。这对于有着强烈民族自尊心的陈毅元帅，无论是从外交事业的需求出发，还是为了通过围棋的赶超在日本人面前树立起中华民族的自我形象，都需要迫切发展中国的围棋事业。

为此，陈老总在许多场合提出了围棋十年振兴计划：三五年内赶上日本、花八年或十年时间超过日本，十年后我们的围棋人口也要超过一千万。

在这一背景下，1961年前后，各地都蓬勃地兴起了以围棋为主的棋类普及和比赛活动。北京市培养少年儿童学围棋的活动也在这年前后逐渐开展起来。

北京最早开展围棋培训活动的场所当时主要有三处。

第一处是北京围棋名手张福田及后来接替他的雷溥华、雷葆申兄弟担任围棋老师的中山公园棋艺室。棋艺室有好几间大房子，活动场所比北京棋艺研究社大多了，也分成对老百姓日常开放的活动室和给小孩子们上课的教室。这所房子在中山公园五色土的西边，来今雨轩的北边。20世纪50年代，许多老百姓逢周日休息就去那里下棋。据北京老同志围棋会冯征回忆，20世纪50年代中期，他就经常去那里和棋友下棋，认识了黄克诚将军。那里是当年北京市业余围棋最早兴盛的地方。聂卫平、聂继波就在那里认识张福田，并开始做张老的学生。

第二处是北京市少年宫围棋班。

说起北京市少年宫，很有来历。北京市少年宫成立于1956年1月1日，时任北京市市长的彭真亲笔批示，把位于景山公园最北面的寿皇殿古建群这片市中心最美的地方作为少年宫。60多年来，在这片红墙黄瓦的皇家园林里，共有20余万孩子学习文艺、体育、绘画、科技等知识，培养出了姜昆、庄则栋、蔡国庆等众多文体明星。围棋方面也有不俗的表现，许多著名围棋人士的启蒙都在北京市少年宫围棋班。

少年宫正门在北京景山公园最北面，正对着景山公园最高处的万春亭。原是清朝皇室的寿皇殿，大门是黄琉璃瓦庑殿顶，琉璃重昂五踩斗拱。通面阔20米，通进深4.2米。两侧各有旁门1座，黄琉璃筒瓦庑殿顶，琉璃单昂单翘五踩斗拱。寿皇殿位于寿皇门正北面，原供奉康熙"神御"，后作为供奉清代历朝皇帝神像的处所。

从1963年起,北京市少年儿童围棋比赛就在寿皇宫进行,一直到1965年,连续举办了三届,1966年北京的少年儿童围棋比赛被迫中断。后来成为国家职业棋手的谭炎午、程晓流都是在北京少年宫围棋班受的启蒙,改革开放以后,担任北京市体委主任的马贵田也曾经在少年宫围棋班担任过老师。

第三处是北京西城区体委抓的点——官园业余体校的围棋训练班。

官园的来历一直语焉不详。有人考证,官园是明代天朝宫北墙外的瓜园,就是现在北京地铁二环线车公庄那站往东1000米的地方。天朝宫在明成化十七年(1481年)曾重修。当时有三清殿、通明殿、普济殿、佑圣殿等十三重殿宇。明宪宗曾赋诗赞曰:"禁城西北名朝天,重檐巨栋三千间。"这么大的一座道观完全有资格配属个瓜园,或瓜园就是天朝宫的产业也未可知。有人考证,官园是瓜园转化来的。地名上的语音转化在北京很常见。

有人说,到了清朝,官园地界上修建了王府,八国联军进入北京后把王府毁了。笔者去官园学下棋时,感觉官园里面空旷的地方特别大,一进大门左手方向有几个并列的篮球场,右手有一排平房。再往北,左边是一个带看台的足球场,右边是一大片空场,官园体校的射箭班在这里训练。再往北有三排平房。整体看就像个兵营的训练场。记得有一次在这里开运动会,当年破男女跳高世界纪录的倪志钦和郑凤荣还来这里进行了跳高表演。这个业余体校培养出了不少体育人才,并输送到国家队。

改革开放以后,这处巨大的宅院,南半部分改为中国少年儿童活动中心,北半部分成了中国共产党中央委员会纪律检查委员会。

从此,官园作为曾经著名的业余体育学校就彻底消失了。这处体校曾经给许多少年儿童带来无限的欢乐,也让许多少年儿童在这里实现了自己的梦想。体校虽然消失了,但许多人心中的记忆将长久地留下来。

官园体校的围棋班就在一进大门右手边的那排平房里。那排平房有十几间,每间有十五平方米左右,围棋班占了其中的三间。这里的平房没有暖气,更没有空调。夏天热点都能忍受,就是多出点汗。没有暖气,冬天的时候是很难受的,何况那门和窗户都关不严,如刀子般的冷风直接吹进来,小同学时不时要一边跺脚一边下棋。

在这个围棋班进行教练工作的是赵秉义(字子良)先生。赵先生是1920年生人,祖居北京,家道殷实,在北京宣武门附近有一个独家小院。赵先生中上等的个子,虽瘦削,却挺拔,冬天戴顶有帽檐的呢帽,脖子上围条毛围巾。白皙的面容,瘦长脸,很少皱纹,戴个金丝眼镜,一直保持着白面书生的本色,非常儒雅,第一眼的印象就是非常有修养、有涵养,即使面对的都是小他二三十岁的学生,讲起话来也是彬彬有礼。

赵先生懂日语,家里收藏有很多日本原版围棋书。中华人民共和国成立初期,家中的瓷器店由爷爷和父亲掌管,他也就一直没有什么正式工作。

赵先生酷爱围棋,北京棋艺研究社成立后,曾经拜过惕生为师,常常求教。那时学棋不交学费,但下完棋请老师上烤肉季吃一顿是必不可少的。

赵先生和过老有师生之谊,西城体委的官园体校准备开展围棋活动,没有师资,他们请棋社在人力上支持,过老便介绍赵先生前往。从1959年起,赵先生就开始了以教棋为主要内容的职业生涯。

官园体校围棋班条件简陋艰苦。围棋班都是下午两点以后才有学生来上课。冬天,为了取暖,只要有学生来的那天,赵先生就要提前到围棋班把教室里的煤球炉子点起来,三间连通的房子里，只有一个二尺多高的烧煤球的火炉子，达到感觉不冷的温度几乎是不可能的，只能做到室外如果是零下十度，室内能零上七八度的样子。

体校只给提供煤球，不管引燃煤球的木柴，有次赵先生就让笔者从家里带些生火炉子的木柴来。

这生煤球炉子还真是个技术活，没有熟练掌握之前就是没有办法让煤球燃烧起来。生煤球炉子的步骤是：先要在炉膛内放上一团旧报纸，报纸上先放些干枯的草或细树枝，再把点燃的火柴扔进去，报纸先燃着，再引燃细木枝，再投放直径一寸左右、长三寸多的木段。木段长了，火炉子放不下，短了容易把炉膛填死，粗些的木段难引燃，等粗木段燃烧到六七成了再把煤球倒进去，如果煤球比较潮湿，火炉子里会冒出浓浓的黑烟，这生火炉子的人往往会被炉子里冒出的浓烟熏得眼泪直流。许多时候是边流着眼泪边拿把芭蕉扇在火炉子底下来回扇，尽量多输送些氧气，好让煤球尽快地燃烧起来。煤球烧红了再加煤球，就可以一直保持火炉子燃烧着。

遗憾的是，一方面，第二天学生不来上课的话，这房间里就没有人，也就没有必要一直让炉火燃烧着，好节约煤球；另一方面，当年也没有技术做到隔两个小时就自动给火炉子加一次煤球，火炉子加满煤球最多也就可以燃烧两小时，白天有人在房间里可以随时按需要加煤球，房间里长时间没有人，煤球就会燃尽之后自己灭掉。所以，赵先生在担任围棋老师的同时，每次还要负责点燃煤球炉子。

以赵先生家里的条件和他在家里所处的地位，是什么家务都不会做的，更不会去摆弄那又脏又麻烦的煤球炉子。印象中，赵先生在家里除了围棋就是看书，但是，为了能把围棋班办好、办长远，赵先生在每年的11月15号到来年的3月15号，五个月采暖季节里至少要生煤球炉子七八十次，能一直坚持办围棋班六七年之久，真是不容易。赵先生在官园体校不是正式教职员工，享受临时工待遇，最多一个月也就三十多元工资，按当年的物价维持一两个人吃饭是够了，赵先生还有几个没有成年的儿女，他的这点教围棋的工资根本不够养家，但是，赵先生乐此不疲，坚持数年教小孩子围棋，一度还办得红红火火，实在是令人敬佩。

笔者不厌其烦地记述赵先生如何在冬天生煤球炉子，无他，回想起来，当年也没有认为这是多了不起的事情。只是，以今天的眼光审视，会深切感受到，这个生活细节折射出了赵先生是如何为了围棋的普及工作而竭尽全力，如果没有对围棋的痴迷热爱，就冲着生煤球炉子这个活，他也不会去当工资并不高的围棋老师。

改革开放以后，走出国门，到美国、日本留学成了许多年轻人的追求和理想。赵先生凭着自己的日语水平，在宣武门一带办了个私立"四化日语培训班"，前来学日语的人很多，他的办学效益很不错。20世纪80年代后期，他每次拿出一万多元连续举办了好几届"四化杯围棋比赛"。那时的一万元相当于现在的至少十万元。这说明赵先生的日语水平很不错，但在当年却去当围棋老师，这段经历也说明了赵先生对围棋事业的热爱。

赵先生对围棋痴迷，对围棋也有独到见解，不是一般人可比的。

1962年，春节到了，按老北京的习俗，家家户户贴春联，官园围棋班墙上也贴上一副赵先生新撰写的对联，红纸黑字贴在雪白的墙上，很醒目。

上联：纵横局中藏宇宙；下联：黑白子里现人生；横批：对立统一。

横批"对立统一"是说围棋中充满了辩证法，说围棋是对立统一也很贴切。

把围棋抬高到宇宙的层次，有些夸张。围棋不管怎么说也是中国古代社会的产物，是被包含在宇宙之内的。但是，如果从围棋的变化之多来评价围棋，当今已经有专家指出，围棋的变化数量是个巨大的数字。以赵先生当年的围棋水平而言，对围棋的变化之多之丰富，肯定有切身体会，感受到了围棋的博大精深，故而，把围棋和宇宙联想到了一起。

人的一生，有布局，有中盘，有收官；有高潮，有低谷，有"山重水复疑无路"到处碰壁的时候，也有"柳暗花明又一村"，在克服了各种困难之后，迎来了人生新开端的时候。人生有悲剧，有喜剧，有闹剧，环环相扣，以上种种，在围棋比试高低的过程中，也都会有和人生相切合的地方和阶段，所以把人生比作围棋，把围棋的内涵和人生相比拟，能有如此感受的人，既是个围棋高手，也是个人生阅历丰富的人。但像赵先生如此把人生和围棋并作一处抒发情怀的人，是笔者见到的第一人，足见他对围棋爱之深、体会之深。

他视围棋为宇宙为人生，足见围棋在他心目中的地位。

20世纪60年代初，教育强调"德、智、体"全面发展，上级有了方针政策，底下贯彻执行得很认真努力。体校是落实"体"的主力军，过了暑假，官园体校的各个项目的教练、老师就分别到官园附近几个中学主动招生，那时北京市的全部人口还不到四百万，自己主动要求上体校的人几乎没有，而且家长也没有精力和经济实力为了不让自己的孩子"输在起跑线上"而给孩子报那么多的兴趣班，那时的孩子也不像现在的孩子学习的任务负担那么重，全凭个人兴趣去"玩"着学习各种课外知识和项目。所以体校招生都是主动"上门服务"。

笔者亲眼看到，1961年9月初的一天，北京女三中（在阜成门内白塔寺往东四五百米的大街上,现在是北京159中学)刚开学的一天下午三四点钟的时候,官园体校的教练们在学校一进大门的通道两侧摆了七八张桌子,桌子后面立块牌子,上面分别写着"篮球""足球""排球""乒乓球"等,也有桌子后面立着的牌子上写着"围棋"。那时报名参加足、篮、排、羽毛球、乒乓球的人比较多,他们的桌子前簇拥着许多女孩子,而围棋桌子前则比较冷清。

20世纪60年代初,国内知道围棋的人还比较少,商店里都没有卖棋。广播、电视、报纸上对围棋的报道少之又少,包括北京、上海这些大城市,不是围棋圈子里的,基本上都不知道围棋是什么。当年北京女三中是北京市有名的学校,是和师大女附中、北京四中、八中齐名的好学校,能考上该校的学生大都品学兼优,所以官园体校也愿意到这样的好学校来招生。像和北京女三中一墙之隔的北京四十一中,就没有体校到这个学校"上门服务"。

刘月如这一年在北京女三中上高一,她在上初三的时候被官园的排球班招去做了学员。这次忽然看到了有围棋招生,而她家里有副围棋,她当时的围棋水平是只是知道四子围一子,看到有围棋招生,心血来潮,放弃了排球,报名上了围棋班。赵先生忽然见有女同学主动报名学围棋,自然很高兴,当年男同学下围棋的都很少,更何况女同学。就这样,刘月如成了赵先生的学生,也是当年北京女三中里赵先生招到的唯一一个学生。

每个学围棋的人,都是因不同的途径和围棋结了缘。只是,把自己学围棋的过程写下来的人少之又少,至于当年的业余体校是如何到学校去招生的,史料里写到的就更少了。历史是由这些细节构成的。现在的体校一到招生的时间,来主动报名的孩子达到了人山人海的程度,许多家长甚至要提前到报名点排队,和四五十年前要体校自己主动上门招生相比，历史的变迁有天翻地覆之感。记载下来这些让后人们了解他们的先辈是如何办业余体校的是很有意义的。

官园业余体校的办学方针以普及为主，官园体校的围棋班当年初创，那时国家围棋队也才成立，围棋在全社会还没有引起重视。那时的围棋气氛远不能和聂卫平在中日围棋擂台赛中大获全胜后，全中国掀起的围棋热潮相比，围棋在社会上还没有太大影响。

实事求是地讲，赵先生办围棋班条件并不充分，他本人没有当过老师，在如何管理规划学生的提高发展方面并没有一个成熟完整的计划，那时适合的围棋教材几乎没有，赵先生和最好的学生的围棋水平差距都要在至少授四子以上，学生的围棋水平也参差不齐，最差的也就是刚入门。数量上严重不足，仅有十几个人，就连举办一个围棋班的内部比赛都不具备条件。

就是在这么艰苦的条件下，赵先生仍旧是竭尽全力，负重前行。

记得每到冬天，赵先生都早早到来，生上煤球炉子，即便如此，三间大房子因门窗不严，授课时他不得不围着围巾、穿着大衣。那时讲课的主要形式就是十几人围坐在赵先生周围，赵先生给大家讲解日本的《名局细解》，时不时让大家猜测日本的围棋名手下一步走在了什么地方。笔者在赵先生要授五六个子水平的时候，听讲日本一流棋手的名局，许多地方如听天书一般，有的地方明白了，有的地方确实不知所云。后来读到了翻译过来的日本濑越宪作九段所著《围棋例句集》（相当于围棋格言的意思），才比较系统地知道了一些下围棋的基本规律，如"落子不接近厚势""急所比大场更重要"等，赵先生在讲解名局的时候很可能也将这些围棋基础道理顺带着讲出来了，但是没有成体系，也没有"重要的话说三遍"的习惯，效果到底怎么样很难说。当年也不能对赵先生求全责备,当时中国整体的围棋水平都不高,作为一个区的业余体校围棋班又怎么可能异军突起?听他讲课的学生水平差距大,相当于一年级的学生和二至六年级的学生同时听一个老师讲课,也加大了赵先生讲课的难度。

但是,赵先生含辛茹苦给大家上围棋课,他的苦心,即使笔者当年才十一二岁也是心有所感的。赵先生把私人收藏的围棋秘籍毫不吝惜地借给大家。笔者曾经从赵先生手里接过一本大约有二寸厚的日本梶原武雄著的《筋与形》,他言语谆谆地让我一定认真地把这本书看完。这本书已经翻看得比较旧了,但是包着的书皮还是很完整的。上面讲的全是手筋、妙手和一些具体的棋型要点。这本书笔者前后看了一年多,许多围棋题熟悉得闭上眼睛就能想起题型是什么样子,最后被看得完全散了架,许多页都脱落了。这本书确实让笔者受益匪浅,后来笔者很快就成了官园体校的主力队员。

有时天气实在太冷,他就把五六个得意门生请到自己家里上课。他在宣武门附近的小院是个细长的院子,不是北京常见的四合院,西边有一排三四间平房,坐北朝南还有三四间平房,每间房子也就十多平方米。我们在北面那排中的一间房子学棋,因为朝南,阳光从很大的玻璃窗射进来,加上房间里有个小煤球炉子,整个房间都暖烘烘的。60年代初正是很困难的时期,到了他家学棋,赵老师还准备了几块白薯放在火炉子上烤着,讲课休息时他就一一拿给大家吃。

这样美好的学棋日子给当时尚属少年的笔者留下了极深的印象。现在回想起来,20世纪60年代在陈毅元帅感召下,一批老棋手开始承担起培养新人的工作,赵先生就是其中的一员。中国的许多大城市里大约都有一批像赵先生这样孜孜以求,毫无自私自利之心,全心全意为了围棋的提高和普及倾尽全力的围棋老师。

他们不求名，不逐利，就是出于对围棋的热爱，对自己职业的责任心，教出了一批批原本不会下棋，后来都有一定水平的学生。聂卫平是20世纪60年代学棋的孩子中最出类拔萃、最有代表性的一个。中国之所以能够出现聂卫平，就是因为有许多像赵先生那样默默无闻的围棋老师在耕耘。

作为一个区属的业余体校，条件艰苦，教学资源匮乏，种种不利因素显而易见。在这样的情况下，赵先生从1960年开始办围棋班，到1966年"文化大革命"强行结束了围棋班，官园围棋班虽没有培养出著名的围棋职业棋手，但在普及方面成绩卓著，北京三中、四十一中、北京女三中等学校学生下围棋成风，到20世纪60年代中期，像北京三中几乎半个班的学生都学会了下围棋，这不能不说是赵先生的功劳。

菲薄的工资，一穷二白的条件，一办围棋班就坚持数年，赵先生在这件事情上充分展示了他的为人和性格。

赵先生是个做事非常认真的人，是认定了的事情就会做到底的人，是一个很有原则的人，是一个为了精神境界而不顾及利害得失的人。

赵先生喜欢围棋，就要把围棋中的道理钻研得透一些、深一些。在国家体委颁布了围棋规则后，他比照着中国古代的"还棋头"的数子法进行了研究，认为古代的规则更合理。如果只是泛泛地认同这个道理，过后也就随波逐流，那赵先生和常人就没有太大区别了。

但是，赵先生在许多场合宣传了自己的看法后，终于在北京市的一次高规格的业余棋手邀请赛上，不惜咆哮比赛会场，也要借机把自己的观点公开出来，希望能利用这次比赛的机会，使自己的观点让更多围棋界的人和更高层次的人知道。关于赵先生的围棋数子计算胜负的方法，是一个非常专业的问题，笔者在听过赵先生介绍后，大概明白他说的方法是基于这个观点：按普遍的围棋规则，围棋中的每块棋都必须有至少两个眼，而这必须存在的两个眼是不能最后填子的，也就是禁入点。如果一方在棋盘上有被断开的两块棋，那就是有四个禁入点，只有一块棋的一方只有两个禁入点。既然是禁入的，这两个点就不能算你围的空，因为如果是你围的空，那为什么还要禁入。古人对此就规定了禁入点多的一方要给禁入点少的一方还棋子，也就是俗说的还棋头。如果一方有八个禁入点，另外一方是四个禁入点，那禁入点为八个的就要还给禁入点是四个的两个子，如此双方的禁入点一样多，再去数子，子多的一方为胜。这就是古代还棋头的大致来历。

赵先生的观点最精华的是这两句话："子路皆子，眼位非子"和"等子比路，路多为赢"。

有棋友在自己的博客里高度赞扬了赵先生坚持原则的精神，写道：

"从20世纪60年代至90年代，赵先生曾多次向国家体委、向围棋组织和官员、向棋界人士呈送其意见和研究成果（他自编自印的《围棋资料》），但却始终未受到应有的重视，殊为可惜！……赵秉义先生宣传'活子多胜'真理的那个时候，以中国围棋队（后为中国棋院）、日本棋院等法人及池田、应昌期、赵之云等名人为代表的整个围棋界都持比较现代的观点，在力量对比悬殊的情况下，赵秉义先生在长达30年的时间里义无反顾地坚持不懈地奔走呼吁，更以贫寒之身家，攒万元之巨资，在北京举办采用中国传统围棋规则的'四化杯'围棋赛，一连办了六届，其热爱围棋、追求真理的精神将永远铭刻在围棋的历史上。"

至于围棋规则如何才最合理，仁者见仁，智者见智，是一个一直可以讨论下去的大题目，直到今天并行于世的有四种围棋规则。国家体委颁布了在中国内地与香港、澳门举行正式围棋比赛时的中国围棋规则。日本公布有日本的围棋规则，韩国有韩国的围棋规则，中国台湾有应氏围棋规则。根据各方的充分协商议定：在哪比赛就执行哪的规则。同样的一个围棋项目，竟然有四种围棋规则，也算是世界奇观，可见，关于围棋的规则还很有研讨的必要，以制定出适用于全世界的围棋规则。

念及于此，赵先生为了围棋规则如何更合理完善的探索追求精神，确实可贵。

将近1962年时，国家体委发出通知，将举办六城市（北京、上海、成都、广州、合肥、杭州）少年儿童围棋赛。这是中华人民共和国成立以来的第一届少年儿童围棋赛，是陈毅元帅高瞻远瞩，意在尽快赶超日本围棋水平的一步大棋。为了迎接这次盛况空前的全国性的少儿围棋比赛，有关的六个城市都开始了积极准备。

当时北京市有关少年儿童围棋活动开展得比较正规的基本就是中山公园棋艺室、北京市少年宫围棋班，再就是官园业余体校围棋班。北京棋艺研究社的围棋班那年还没有成立。这三个围棋班的老师里，比较年富力强而且有热情的就属赵先生了，北京市的少儿选拔活动就委托赵先生负责。

那时，北京只有中山公园棋艺室和官园有新训练出的少年儿童，参加比赛的人数不多，如果搞循环赛，既有条件，也有利于通过比赛提高孩子们的兴趣和水平。现在回想起来，赵先生此前也没有真刀真枪地搞过比赛，大约也就是借鉴下日本围棋杂志上公布的比赛成绩表，日本《棋道》杂志上列出的比较多的成绩表都是单淘汰的。这也可能就是北京1961年年底举行少年儿童围棋选拔赛采用单淘汰的原因吧。

在比赛即将开始前，赵先生对笔者说："你第一轮比赛就对中山公园的聂继波。你争取把他淘汰掉，就为我们官园围棋班争光了。"

第六章 北京培养围棋少儿棋手活动的兴起

当年，对于即将开始的比赛，笔者心里十分没底，因为学棋还不到一年，而聂继波和聂卫平兄弟已在京城围棋圈里小有名气，雷溥华和雷葆申只能让"二聂"六个子。官园的围棋学生大多认为雷氏兄弟的围棋名气和水平是在赵先生之上的，把中山公园棋艺室看作市一级的围棋班，而官园是区一级的围棋班，所以信心上也确实不足。按实力来说，笔者当年还不可能是聂继波的对手。聂继波是那次北京市少年儿童围棋比赛的冠军。

官园的头号主力金同实按当年实力来说要强于小他四五岁的聂家兄弟，金同实学棋也稍早于他们。估计赵先生在自己主办的这次选拔赛里，求胜心切，因为比赛成绩在一定意义上反映了各个围棋班的训练水平，赵先生当然希望官园的学生能有出色的战绩。这种求胜的心理赵先生已经对笔者进行了灌输，对金同实恐怕会灌输得更多些。后来中日韩围棋交流比较多了，对于精神压力和比赛之间的关系也进行了充分的研究探讨，围棋界开始对吴清源的"平常心"重视起来。当年，对于比赛，赵先生自己也没有实践经验，也不懂尽可能让孩子们放下包袱，用平常心来应对比赛，比赛成绩反而会更好。结果，比赛中聂继波意外战胜了金同实，夺得了冠军。金同实名列亚军，后来闻名天下的聂卫平获得了季军。

六城市少儿围棋赛北京参赛人选最后确定为，男少年：金同实、宋维舟（官园选手）；男儿童：聂继波、聂卫平、陈文泰（官园选手）；女选手不分少年、儿童，是聂姗姗（聂卫平姐姐）、赵亚葵（赵先生之女）。

这次全国六城市少儿围棋赛，金同实获得了少年组第五名，聂卫平是儿童组第三名。少年组的前三名分别为王汝南、姜国震、华以刚，第六名是邱鑫。通过这次比赛可以看出，当年金同实和王汝南等四人可以说大致处于同一起跑线。

全国六城市少年儿童围棋邀请赛的成功举办，在全国掀起了一波围棋高潮。北京市最主要的响应表现是北京棋艺研究社也开始了对少年儿童的训练和培养。

1963年过惕生从国家集训队退下，回到了北京棋艺研究社，自己接手了对聂卫平的培养。同时，他嘱托弟子韩念文在棋社办围棋班，培养少年儿童。

韩老师出身于书香世家，虽然一直读书不顺达，却也无师自通，有相当的文化修养。他学围棋基本上靠自学成才，1962年，对围棋非常痴迷的韩老师放弃了北京精密仪器制造学院的大专生身份，一天到晚泡在棋社拜在过老门下时，已经在北京业余围棋界名列前茅。这种为了自己的爱好而毅然决然放弃大专生身份的选择，在当时社会上还是不多见的，是需要点魄力的。那时社会上比较认可的看法还是读书上大学，许多人把下围棋视作游戏，不是正经事。过惕生见他孺子可教，便不时加以指点。韩老师教围棋，没有像官园体校那样去某中学摆摊设点招收学生。这可能和他对围棋有自己的感悟理解有关系，他认为围棋看似容易，其实非常之难，并不是每个人都适合学围棋。选择学生不应该强求，而是发现好的苗子再加以指点。

他的"姜太公钓鱼愿者上钩"的招生办法，先后汇集了吴玉林、程晓流、谭炎午、刘月如，这四个人后来都成为专业队棋手。程晓流在1964年的时候，北京围棋队也要调他去，程的母亲因为他当年还没有上完高中，坚持让他上完高中再去，只好作罢。到了1975年，程晓流晚了十年仍旧成为职业棋手，曾经获得新体育杯挑战者，和当时的"棋圣"聂卫平在五局三胜的挑战决赛中以2：3惜败，但也足以证明程晓流在围棋方面才华出众。

除了那四位，还有金国苓、刘骆生、朱振南，再后来有高旭光、张书泰等汇集于他的门下。这些学生分别来自北京少年宫、官园体校围棋班等，个别人是别的围棋好手推荐来的，更多的是自发找上门来，经过他的审视验证后留下的。在1963年到1965年，他教过的学生前后也就十几个，但成才比例非常高，在国内也是名列前茅的。

1963年，北京市少年儿童学围棋已成燎原之势。这一年的北京市少年儿童围棋锦标赛比1961年年底的北京市选拔赛正规了许多。由于报名参加围棋比赛的孩子太多，加上中国象棋和国际象棋达三四百名，中山公园棋艺室已经装不下了，就挪到了北京市少年宫最大的礼堂。当年吴玉林是北京十三中出类拔萃的学习尖子，原本聪慧，经韩老师指教，进步神速。1963年8月，学棋才一年多的吴玉林就打比赛，取得北京市少年甲组第一。聂卫平获得1963年儿童组第一（其余人由于年代久远，名次难以考证）。

这时的北京棋坛比20世纪50年代活跃多了，中青年有韩念文、姜英威（他们两人是1963年国家体委授予的初段）、赵子良、孙彦章、蔡超尘、薛文增、马金泉等争座次，杀得你死我活、天昏地暗。

少儿棋手们互相之间争夺得也很激烈。中山公园的"二聂"（聂卫平、聂继波），官园的金同实、彭申久，棋社的吴玉林、程晓流等也都各不相让。少年棋手之间的竞争更具有一种特别情怀，除了要比棋艺，还都肩负着为各自门户争光的重任。这种小孩子们之间的争斗在1963年时还不明显，而1964年儿童组的聂卫平破格报名参加甲组（甲组要满15周岁）的比赛，使甲组顿时高手云集，一个个都摩拳擦掌互不服气、暗中较劲。

自1963年起，北京市少儿围棋赛很受领导重视，由共青团北京市委和北京市体委联合举办，每年比赛时间都固定在暑假的8月，地点也始终固定在北京市少年宫的大礼堂。到了1964年，三项棋加起来参加人员有七八百人，近五千平方米的礼堂内挤得满满的。

由于是官办，较现在的民办公助的北京市少儿比赛正规多了。奖状上都盖有团市委和市体委的章。

在1962年六城市少儿围棋赛的推动下，尤其是陈毅副总理亲自给小棋手颁发奖状的照片公开发表以后，全国掀起了少儿学围棋热。由于门户增多，一年一度的北京市少儿棋类赛就成了北京棋坛上的重头戏，一方面是小棋手们互相要赛出个高低，另一方面个人名次之中又有不同山头的荣誉。比赛开幕这天，好几百个孩子聚在一起，有望夺魁的自会油然生出一种强烈的自豪感，暴露一下心中急于夺冠的想法，说些豪言壮语都是很自然的真情流露。

到了少年宫大礼堂门外时，聂卫平遇到了金同实，便冒出一句："这次甲组比赛咱俩谁赢谁肯定是冠军。"

从实力上讲，这一年金同实确实具有争夺北京少年第一的实力，由于他学棋要比其他孩子早两年以上，明显比其他孩子水平高。

聂卫平和弟弟聂继波一直是中山公园两位雷老师重点培养的对象，接触围棋也比其他少年儿童早。他虽然优势没有金同实那么明显，但确实要比棋社的同学强一些。更为难得的是，他从小就有一种作为运动员来讲十分可贵的性格优势——无以伦比的自信。所以就对金同实表明了自己的心意。

这话恰恰又被棋社的学生们听了去，这些同学们个个都是初生牛犊不怕虎的少年郎，听了聂卫平的豪言壮语觉得这话未免有些"刺激"，私下议论后都憋着一口气——拼命也要争冠军。

棋社学生们平均年龄要比金同实、聂卫平大二到六岁，心眼自然也比金和聂多，他们制定的策略是：

谁赢了金同实，其他人全给他让路，碰上就输。

棋社的学生棋艺水平上不占优势，但人数上占优。最后进入决赛的八人中，除了金同实、聂卫平，其余六人是吴玉林、程晓

第六章 北京培养围棋少儿棋手活动的兴起

流、金国苓、赵国斌、朱振南、郭强，全是棋社的。

由于比赛前在精神上进行了充分的预热，他们互相激励鼓劲，下定决心要和金同实、聂卫平死拼到底。

决赛开始，第二轮金国苓就碰上了金同实，金国苓学棋比吴、程稍晚，但进步较快，对上手具有了相当冲击力，加上金同实由于大意，未免轻视这盘棋，被善于斗力的金国苓乱中取了胜。

金国苓在20世纪60年代末"上山下乡"到了山西，1974年成为山西省围棋集训队的主力队员，多次代表山西参加全国围棋比赛，现在在北京西城棋院当领导，从事自己喜欢的围棋事业。

他在棋社学棋时，曾经有过这么一段佳话。

当年，他家住在棋社西边一站多地的龙头井胡同。一天适逢星期天，家里人叫他到地安门菜市场买鱼，他出门顺路先去了棋社，到了棋社看时间还早，就和人下起了棋，这一下一直下到了傍晚七点多钟，他还不知道回家，他哥哥找到了棋社，问他："叫你买鱼中午准备吃的，你的鱼买到哪儿去了？"

如果没有棋社学生内部的约定，金国苓当年要赢吴玉林、程晓流尚有难度。所以，金同实如只输了这一盘，其余全胜，夺冠还是没问题的。但接下去金国苓除了下平聂卫平，其余的胜利就顺利多了。金同实看到金国苓连连获胜，方知那盘输得太"大"，虽经奋力拼杀以后一盘未败，却已于事无补，悔之晚矣，只得了亚军，金国苓意外获得了冠军。那一年三至八名是程晓流、吴玉林、赵国斌、聂卫平、朱振南、郭强。

当年，聂卫平输了最后一局棋，名次跌至第六后，不禁在礼堂前汉白玉栏杆下一角失声痛哭，给当年在场的人留下了深深的印象。写此文前韩念文先生特意打电话告知笔者：

有的文章说聂卫平是围棋天才，从小就很少输棋，一出道就如何如何厉害，与事实不符，聂卫平也输棋，可贵的是他输了棋，志气不减，反而更加发奋。写文章时要把他输棋写出来，让世人知道没有不输棋的围棋天才。

韩老师在自学围棋的过程中，要自己去悟围棋中的东西，在这方面他自己有许多心得体会，也会不知不觉地把这些体会运用到他的教学过程中。

许多年以后，他在和沙洲（以下简称"沙"）进行的"玉泉棋话"中比较详细地回顾了自己对围棋的体会（该对话当年发表在《围棋天地》上）。

韩（韩念文简称）说：

学围棋，基本功到了一定程度，想再长就要在围棋的内在规律等方面下功夫，要靠不断地自我反省，加深对棋的认识，也可称之为"悟"。曹大元经历了生活的阅历后，对人生的看法顿有所悟。你要问他有何感受，他也说不出系统的理论来，但他说要提高境界就得靠"悟"。

曹大元通过"悟"，再下出的棋的意境和以前就不一样，所以在擂台赛上的两盘棋赢得漂亮，和以前的他相比判若两人。估计他还得赢下去，比赛成绩会比过去好得多。

沙：围棋有许多东西是语言没法表达的。许多哲学家、高僧都有过这样的观点：思想是一种无边无际、永远流动的东西，而任何语言都是有形的，无形的东西由有形的东西去转达，自然有许多，甚至部分精华都因此被过滤掉。语言比文字的表现力强不知多少倍，尚且有此弊端，写成书以后，更有许多尽在不言中的深刻见解被隐匿于文字背后。所以打谱学围棋要善于领会字面上没谈出来的那部分真谛，只有得到了这种精华才能有初步的"悟"；化作自己认识中的一部分，和自己原有的知识有机地结合起来，则成了"悟"的升华，达不到这种境界，只能说得到了一些皮毛而失去了骨肉。

韩：你是否注意到了这么一种现象，有些棋手隔上一阵子不下棋，再回棋坛棋"长"了。陈祖德从1966年到1974年中断了八年，其间从未参加过正式比赛，但是再出山，棋比从前显然厉害多了。吴清源有段时间整天跟着红十字会的人瞎转悠，根本不摸棋子，可是一回到棋盘上，还是比那些没有间断下棋的人厉害，也就是说别人"长"，他不下棋也跟着"长"。这是怎么一回事儿？

沙：我也很奇怪唯有围棋才有的这种现象，其他体育项目中断较长的时间后都很难再返前线。您既然提出了这个问题，您肯定已考虑过了。

韩：围棋归入体育有它的特定原因，但是自古以来"琴、棋、书、画"一直并列，古人这么划分显然也有他们的道理。围棋的艺术性是第一位，其次才是竞技性。古时，两人遇到一起，下盘棋娱乐一下，交流一下，称为手谈。由于这种超脱感，下棋时能放得开，出着奇险，有较强的艺术观赏价值，不像现在的棋赛锱铢必较，半目半目地抠。中国棋史上有名的"当湖十局"，对局双方不大在意胜负和金钱，且没有时间限制，范西屏落子以后可以去睡一觉，等着施襄夏长考，并无超时判负与读秒一说，因而弈得精彩，成为当时的名局杰作。近代吴清源的擂争十盘棋，坂田全盛时代的一些棋随着棋艺的发展，观赏价值更高，常有数十子的大对杀，石破天惊的打入，惊天地泣鬼神的转换……这些精彩的场面在诸如小林光一（小林光一在20世纪80年代初是中国棋手的苦手，中国棋手里包括聂卫平当时都不是他的对手，那时韩国棋手也没有冒出尖来，他一度是日本的五冠王，十分了得）的棋中是不易看到的，小林光一有的棋布完局就收官，稳稳收官能赢一两目就不再冒险，这种棋有实效，但是艺术性较差。故而，在我眼中他进不了一流九段的行列。

1985年时小林斗不过和他棋风相似的赵治勋,一场车祸帮了他的忙,要不然他能否冒出来还难说。我感觉赵被撞了以后,他"明白"了。

　　沙:他明白什么?希望您说得更明白些。

　　韩:这没法说清楚(他狡猾地一笑)。

　　韩:林海峰就比赵治勋明白,你想想,他是吴清源的学生。林现在都52岁了,还活跃在棋坛上保持着超一流的地位,十年前更厉害,但他始终是输输赢赢。

　　沙;话题扯远了,还是回到为什么隔上一段时间不下,棋反而厉害了。

　　韩:没有扯远,正是因为围棋首先是艺术,其次才是被日本人改造成的"综合性的、对抗性的竞技艺术",所以它有较强的"艺术"规律在里头。艺术性和功名利禄是水火不容的,对艺术的追求心越纯洁高尚,越容易领会艺术的真谛。隔上一段时间不下棋,离胜负、功名远了一点,下出的棋艺术性就会多一些,意境高了,不大在乎胜负,反而棋下得更好,赢棋自然会多,造成的印象就是隔上一段时间不下棋反而长了。

　　沙:围棋真难啊,不关心胜负,肯定斗志受影响,离胜负太近了又欲速则不达。

　　韩:我想起吴清源的一件往事,他到日本后的某一年连胜了十八盘,打败了所有高手,关西棋院慕名请他去指导。事后,主人送他一副名贵棋子,吴借口不好带谢绝了;主人又展示出各种珍宝玉器,请他随便拿上一件,清源审视了一下,也不喜欢。这些珍宝每一件卖掉都价格不菲,足可解决一段时间的衣食居住,但他毫不动心,只带走了一幅主人题写的"清云流水"的条幅。吴清源先生对俗利达到如此高洁的程度,显然不是一般人可以企及的,这种心无功名利禄的人能不独步青云吗!

沙：您认为这些历代高手棋艺风格上虽然各有名的高招，但是，他们有没有什么共同点？

韩：围棋最难的地方是，虽然局部技术方面的教学和训练已经比较成熟了，有一套行之有效的系统的办法，但在"悟"的方面还是没有多大进展，确实是很难的一件事。

众多天才棋手是通过勤学苦练之后悟到了这之中的规律，又在实战中表现出来他的探索和追求，这才形成了各自不同的风格。我们通常看到的在诸如"取势还是取地""进攻的方向""打入还是不打入""对形势的判断"等方面，高手们的观点、意见容易产生分歧，甚至截然对立，这些围棋的战略问题大概多属不确定性领域。

这方面水平的提高目前还没有一条统一而又明确的道路可走，它要求的是棋手自己对围棋的内在规律进行深入和独到的探索，这方面功夫到家了，有了独到见解，才会走出前人未曾走过的新招数，才会有不同凡响出人意料的妙手，才会产生无以伦比出奇制胜的构思。与之相反，跟在前人后面亦步亦趋，尽管学得惟妙惟肖、天衣无缝，但由于缺少独到的见解和独创精神，就难以在关键时刻有上佳表演。回头望去，无论古代还是现代，凡能称得上围棋大家的，在他们的全盛时代所下出的棋，技术上并非十全十美，大都可以探讨得失，而在棋的意境上，棋的不确定性方面，他们都有独领风骚于同代棋手之上的地方。我们后人在向他们学习时，如果只重视技术方面而没有着眼于学习他们的意境，那就未免是因小失大，太可惜了。

回顾过去，可以总结出不少有益的经验。例如，韩念文老师教围棋，在十几个学生里，培养出了四位职业棋手，还有刘骆生和金国苓都分别是宁夏和山西省队的队员，都多次参加全国围棋比赛。近50％的学生在围棋方面或多或少都有一定的成绩。更可观的是，吴玉林担任国家少年队总教练，谭炎午担任北京棋院副院长和中信围棋队教练，对围棋事业的贡献就更为杰出了。

韩老师的重点培养，因材施教，是他教围棋的两大主要特点和优势。

笔者的一件往事可以佐证这一点。

有一次笔者和一位国家队高手下让子棋，本来形势不错的棋，最后却输得很惨，作为老师，他一点也没有因此而生气，等那位高手走了以后，他又主动提出和笔者再下一盘让子棋，结果这盘棋韩老师很快就溃不成军了。当时，笔者还很奇怪，往日想赢韩老师一盘棋非常难，这次却很容易。本来很受打击、沮丧的笔者，在输棋之后，又赢了老师，马上兴奋起来，对围棋的兴趣没有因为输给国家队的人而消减。

这是一件不起眼的事情，现在回想起来，韩老师是故意让笔者赢一盘，这盘棋在棋艺上没有什么可值得说道的地方，但是，在精神上却对学生有极大的鼓舞作用。作为教学方法，值得推崇给大家，是很有意义的。

北京西城区官园体校开展围棋教学培养工作早于北京棋艺研究社数年，赵先生培养出来的金同实虽然在1964年北京市少年儿童围棋锦标赛里只获得了亚军，但北京围棋界还是认定他的水平在当时的新人里首屈一指，在北京市少儿棋手中还居于比较大的优势地位，所以把他选拔进北京围棋代表队参加了1964年的全国围棋比赛。

官园体校还培养出了其他棋手，如彭申久、刘骆生也获得过北京市少年儿童围棋比赛的好名次，刘骆生在1965年北京市少年儿童围棋锦标赛中曾经获得少年乙组冠军。彭申久也在北京市少年儿童围棋赛中获得过出色成绩。他在20世纪60年代中期去了甘肃酒泉钢铁公司工作，曾经代表甘肃参加全国围棋比赛。后来成

第六章 北京培养围棋少儿棋手活动的兴起

为专业棋手的刘月如开始阶段也是在官园学棋。

纵观赵先生培养围棋学生的生涯，虽然短暂，但是也出了几个自己比较喜欢的弟子，他们最后也都选择了围棋作为他们的终身职业，在不同的围棋岗位上，为围棋事业做出了各自的贡献。

1964年全国围棋比赛的前六名是陈祖德、吴淞笙、沈果孙、黄永吉、王汝南、罗建文。这里表现最突出的是王汝南，因为前六名里当年只有王汝南是二段，其他五人分别是五段和四段。其他五人都是成年人，而王汝南那年才十五六岁，还属于少年棋手。

1962年，金同实和王汝南在六城市全国少年儿童围棋邀请赛里并驾齐驱，随后不久，王汝南就进入了国家围棋队，一下子就由少年棋手跃居全国成年比赛的第五名。而金同实在这次比赛里仅获得了三十名左右的成绩，和王汝南已经不在同一个层次上了。从二人学棋进步速度来看，不同的训练环境会产生不同的训练效果。

1964年杭州全国围棋比赛归来不久，北京棋艺研究社负责人段清汉几次邀请金同实到棋社来学棋，这对于金同实来讲无疑是提高棋艺的更佳选择，不仅因为当年过惕生、金亚贤等全国知名高手在棋社担任指导员，更重要的是，一个是区一级的围棋班，一个是北京市的围棋机构，视野和活动能量有根本性的不同。北京棋艺研究社和国家围棋队的关系较官园体校肯定是不同层级的。以今天的眼光看，金同实能去棋社学棋好比从中学迈进了大学，无论对他本人还是对赵先生来说都是一件可喜可贺的事。

但是，当年的金同实缘于年少，缘于传统的门户之见，也缘于赵先生是旧社会过来的人，旧社会的行会、门庭观念还比较重。当年的围棋气氛也远不是20世纪70年代后期可比的，下围棋更多地停留在业余爱好阶段，很少人有围棋职业追求的思想和意识。金同实想的是如果自己不经赵先生同意就离开官园到棋社学棋，是一种改换门庭、招人唾骂的背叛行为。

赵先生生性清高孤傲，心胸不够豁达，不善于处理人际关系，这些也多少影响了他事业的顺利和发展。由于他将围棋看得十分重，以至爱屋及乌，把学生看成自己围棋教学事业的珍品，当然不肯随便就让棋社把金同实挖走，金同实最终没有离开官园到市一级的机构去学棋。

其实，要想成为一流的棋手，哪能总守着启蒙老师不离开呢！多少国手、多少世界一流的名手无不是若干老师充当了他们成才路上的人梯，他们才得以站在顶峰上。作为学生绝不可因为自己功成名就就不认曾指教过自己的老师，哪怕是知名度很低的启蒙老师；作为老师均不可把学生当成一己之珍藏，学生一旦再拜了别的人为老师，就视为有恩不报、过河拆桥，这都不利于人才的成长。

金同实错过了几次机会后，加上其他一些曲折的原因，尽管他是当年北京青少年棋手中出类拔萃者，但当1964年夏天组建北京围棋队时，他却无缘入选成为一名职业棋手。

20世纪80年代初，改革开放以后，各种政策放宽，允许私人办学，给了金同实在围棋方面施展的机会。他在海淀区花园路解放军画报印刷厂院内开办了一家私人承包性质的棋院，继承赵先生衣钵，开始了群众性围棋教学和组织比赛的活动，成为北京市最早一批进行围棋教学活动的人。再后来的聂卫平围棋道场、马晓春围棋道场名气比金同实道场都大，但就开拓个人名义围棋道场来说，金同实是首创，是这个领域的领军人物。赵先生闻之欣喜之情可以想见。

北京海淀区聚集了一大批各行各业的精英知识分子，他们当中有很多天然对围棋喜好的人，中国棋院虽然也在北京，但地处北京的东南角，对于位于西北角的海淀区人民来讲，还是金同实的道场离得近，下棋更方便，此可谓天时不如地利，何况中国棋院、北京棋院将更多的精力和注意力放在了职业围棋方面，金同实围棋道场在海淀不仅占据了地利，也占据了人和，所以很是红红火火，金同实在围棋方面的社会影响和组织能力都给陈祖德留下深刻印象。1992年，陈祖德慧眼识珠，把他调入中国棋院围棋部，成为组织全国围棋活动的专业人士。历史往往殊途同归，金同实最后还是走上了职业围棋工作者的道路。

他在中国棋院围棋部工作了二十余年，直到退休，成为全国知名的围棋裁判长、围棋老师。在中国棋院退休后，他也没有闲下来，就笔者所知，2015年和2016年，两次开车行程四万余里，绕过中国南部和西部，足迹遍及江苏、浙江、湖南、四川、云南、西藏、青海、甘肃、宁夏、陕西、内蒙古、山西等，广泛进行围棋讲学和裁判培训工作，深受当地围棋爱好者的欢迎。

对于自己的围棋生涯，金同实应记者采访，曾经进行了回顾：

"1982年，中国围棋开始实行段位制，并第一次举办全国围棋段位赛，只要在省集训队训练的围棋运动员都可以申报段位，最高可以申报四段；不过，北京对于参赛的标准掌握比较严，只有在省队享受运动员伙食的才可以报名。当时我已经有工作单位，所以没有能够参加，并从此与职业棋手无缘。"

对于没有成为职业棋手，金同实笑着对记者说："'塞翁失马，焉知非福。'其实，没成为职业棋手也有好处。最早一批取得职业段位的棋手，由于后来实力与年龄的原因，在职业比赛中没有竞争力，而他们又不能参加业余比赛，就成了围棋界的'夹生饭'。后来不少职业棋手退了职业段位，做了业余棋手。我如果1982年成为职业棋手，很可能也会成为'夹生饭'，说不定还失去了做裁判的机会。"

到了1964年，不仅出了许多很有前途的男孩子，北京市的少年女棋手也茁壮成长，西城少年之家围棋班就培养出了一拨女棋手的好苗子。这几人六年级开始学下棋，根本不影响功课，考初中时分别考上了当时是北京市重点的女三中和北大附中等学校。她们中较有前途的是李香满、王幼慧、郁力娜（三人均为北京女三中学生）、邢铬（北大附中）等。这几人后来还都被1964年8月以后成立的北京围棋队吸收去集训，作为专业棋手培养。北京棋队老领队沈尺卿对这几人十分喜爱，按沈老的说法，这几人各方面的素质比后来的女队员都好。

1966年初，李香满、王幼慧、郁力娜等都曾作为北京棋队的专业围棋运动员被考察过，已通过了组织上的政审。如果不是"文化大革命"，她们也许将成为较早在北京市成名的女棋手。王幼慧1968年下乡去了吉林，李香满去了陕西，郁力娜去了云南，邢铬去了内蒙古。

"文化大革命"后期，北京棋艺研究社原址成为体委宿舍，棋社的少儿围棋培训活动就迁到了北海后门体育场那里，后来进入北京围棋专业队的谭炎午、常振明，在这里继续向过老学棋。女棋手穆小红和马巍就是在那里受的围棋启蒙并逐渐成长为职业棋手。

改革开放以后，在北京棋艺研究社基础上成立了北京棋院，这时的围棋环境已经远远超过20世纪60年代，北京棋院先后培养出了孔杰、陈耀烨两位围棋世界冠军。北京市少年宫也培养出了张文东等九段职业棋手。

现在北京的少年儿童围棋培训工作就更不是当年可以相提并论的了，北京市大大小小有几百家围棋班，都在从事少儿围棋培训活动。至于聂卫平围棋道场和马晓春围棋道场更是超越了日本、韩国的围棋道场，成了为中国围棋队培养新人的基地，职业棋手层出不穷，世界冠军如雨后春笋。

第七章 沈尺卿和北京围棋队

北京围棋队成立于1963年,开始时,队员有了,却一时找不到合适的人当领队。棋队的领队,级别不是很高,大约相当于科级,很少有人符合条件。

一个条件是必须是党员,另外的硬杠杠就是会下棋。那时新中国刚成立十几年,会下棋并有一定水平的人有一些,同时又是党员的就不多了。

就在北京市体委领导为此为难的时候,偶然之中有个合适人选出现在体委领导视野里。

她就是后来三十多年里始终被称为"沈领队"的沈尺卿。

沈尺卿正式担任领队的时间并不长,由于她是北京棋队刚成立不久就担任的首任领队,在随后波澜起伏的岁月里,许多大大小小的关键时刻又都是沈领队力挽狂澜,使北京棋队这只小船虽然摇摇晃晃、颠颠簸簸,但终于冲破了激流险滩,迎来了辉煌。所以,那些棋队的老人,那些被沈领队领进围棋殿堂的人们都充满了感激与敬重之心,亲切地叫她"沈领队",这一简单、质朴的称呼中,其实包含了许多的历史积淀。

祖籍浙江、出生在江苏的沈领队,不恭维地说,年轻时称得上是美女,兼具苏杭美女的特点,身高近一米七,身形稍瘦,亭亭玉立。面目清秀,皮肤白皙,举手投足,张弛有度,自然流露出大家闺秀的风范。

沈领队名为沈尺卿，是江苏东海名士沈云沛的孙女。原籍浙江，和台湾业余棋界名宿沈君山几百年前同为一家。为避祸乱，沈尺卿的祖上从浙江逃到了江苏连云港附近的东海县，就此繁衍，成了东海县有名的沈家。

沈云沛（1854—1918年），字雨辰。光绪甲午年（1894年）进士。江苏省海州直隶州（今属江苏连云港市海州区）人，中国近代史上著名的实业家、政治家、教育家，修建东陇海铁路的推动者，创办了海州师范学院。

清末民初，南通张謇、海州许鼎霖、海州沈云沛三人齐名，时称"江北三大名流"。由于沈云沛发财有道，经商有方，清廷赞其为"筚路蓝缕，开启山林，中国商界之嚆矢"，成为当时全国排名第二的实业巨子，对海州地区工商业乃至苏北近代资本主义工商业的发展，起到重大的推动作用。沈云沛热心教育，把地处连云港最好地段的南云台山沈家肥沃的一千亩学田捐出充公，办义学，逐步改变了当地原本落后的教育问题，深受当地各阶层赞誉。

沈家重视教育可见一斑。沈云沛考进士三次落选，仍矢志不改，终于经过十年努力于光绪二十年（1894年）午恩科会试中进士，钦点翰林院庶吉士，实现了正途进身之夙愿。同年衣锦还乡，回海州掌教于郁洲书院。

光绪三十一年（1905年）10月间，张謇、沈云沛及其他数十名江浙商人两次上书两江总督周馥和北京的清廷总理府，提议建设开封到连云港的铁路，获准后成立了商办江苏铁路公司，推动了陇海铁路临海段的建设，为发展苏北经济做出了贡献。光绪三十四年（1908年）2月，陇海铁路东段就修到了海州洪门，从此，海州再也不是海边小城，奠定了连云港日后成为"新亚欧大陆桥东方桥头堡"的地位。由于有过这段经历，民国二年（1913年）

1月13日沈云沛负责筹办浦信铁路，11月25日任浦信铁路事宜督办。

沈云沛另一个大贡献是在民国七年（1918年），联合地方财团创办了锦屏公司开发铁矿，公司经理为沈云沛长子沈蕃，由于该矿锰铁品位低，刚刚起步的锦屏公司进退维谷。非常偶然的是，一位矿工在生火取暖时意外发现有绿色火光，公司总经理沈蕃见到后觉得奇怪，就把没有完全烧完的石头送到当时的国家农商部工业化验所化验，确定此地有品位很高的磷灰石。于是，1920年沈蕃等人正式成立"锦屏矿务有限公司"，改为开采磷灰石矿，成为中国历史上第一家开采磷矿石的公司。

中华人民共和国成立后，该矿被列为"一五"计划期间156项重点建设工程之一，是新中国的第一个大型磷矿企业，为新中国的经济发展做出了贡献。

有这样有实力、重视教育的祖父，也是沈领队难得的福气。

沈领队名尺卿，尺是尺蠖的意思。沈领队的父亲重男轻女，结果他的第三房妻子（前两房均早病逝）连生了四个女儿，他父亲就用虫子的名字给自己的女儿起名字。沈领队的姐姐名字叫蝌蚪，她就叫尺蠖。

尺蠖这个虫子的特点是能伸能屈，以退为进。

沈领队虽然小时候只是个尺蠖，却受到了良好的教育，因为沈家自己就有学堂，有重视教育的传统，沈领队的父亲并没有因为她是尺蠖而不让她念书。沈领队四五岁就开始念千字文、百家姓。

很小时，沈领队就表现得比姐姐聪明伶俐，他父亲对她开始另眼相看。

说起来，这也是沈领队和围棋的缘分。

沈领队不仅小时候能念书，还在年少时就有了学围棋的机会。沈的父亲酷爱围棋，民国初年（1912年）曾以300银圆弈一局的代价向当年来华的日本高手秀哉讨教过，并和秀哉有过书信往来。抗战时期，时局动荡，沈父只能在家蜗居，也没有机会到外面下棋，见沈领队书念得不错，为了培养个可以下棋的对手，便教会了沈领队下棋。沈领队下到后来有业余四五段的水平，小时候，估计也至少有业余三段的水平。就当年的全国围棋水平而言，沈尺卿跟随父亲所学到的围棋棋艺在妇女中可算出类拔萃了。

就是因为会下围棋，有了这难得的本事，决定了沈领队后来大半生从事围棋事业。

1950年，沈领队18岁时就投身革命，进入华北革大上学，当年十二月参加解放军，到沈阳培训待命去朝鲜。没有等培训结束，就开始了中美之间的谈判，没有被派往朝鲜。1953年沈领队转业到了中直建筑公司，后又转到了建工部，1958年"大跃进"时因表现突出入了党。

有当年千字文的基础，沈领队在建工部算是知识分子，担任了建工部办公厅所办的《建筑工人报》的助理编辑。

沈领队回忆起在建工部当编辑的经历，给她留下深刻印象的是这样两件事。

一天，他们三位编辑到印刷厂校对报纸清样，到了傍晚下班时，沈领队才发现和她一起来的两人不知道什么时候已经走了，但是，清样还没有校对完，已经到了吃晚饭的时间，肚子饿了还可以忍受，但家里还有个需要喂奶的孩子，这是沈领队的第一个儿子，还没有满周岁，这让沈领队揪心般难受，那时没有电话，也没有办法通知家里，还有工作没有干完。左右为难了半天，沈领队还是坚持把第二天就要用的稿子校对完，晚上八点多才回到家。一看，可怜的孩子被灌了一肚子白开水，孩子饿了就哭，家里人不知道怎么哄，就给喂水喝。

第二件事情，1960年，由于压缩编制，建工部报社解散，她

第七章 沈尺卿和北京围棋队

被调到建工部办公厅秘书处管建工部的大印,需要盖公章的事情都要经过她的手,这个工作内容不复杂,责任重大,千万马虎不得,什么样的事情可以盖,什么样的事情不能盖,都要了解得清清楚楚,这个工作的责任性给了沈领队很深的印象,也使沈领队养成了认真负责、极讲原则的个性。

1963年夏秋之际的一天,沈领队随在空军工作的丈夫住在北京地安门附近宝钞胡同的一个家属宿舍,那离北京棋艺研究社所在的什刹海不远,有时闲暇散步时就能看到前海、后海一带。一天,沈领队经过棋社门口看上面挂着"北京棋艺研究社"的木牌,很好奇,怎么还有专门研究下棋的地方,就走了进去。

在棋社院里一下子就碰上了崔云趾,崔老见一名年轻漂亮的女干部专心看别人下围棋,很好奇,就搭讪道:"你会下围棋吗?"

沈领队点点头。

这让崔老来了兴趣,在北京棋界少说混了也有三四十年了,还真就从来没有听说过有女人会下围棋,当然,中华人民共和国成立后几年里培养的少年女棋手除外。

崔老就把在棋社学棋的刘月如叫了过来,在棋社院子里水磨石的棋桌上,摆上棋盘下了起来。刘月如当时是北京市中学生女子比赛冠军,崔老想看看沈领队到底是什么水平,是仅仅初学会下,还是和刘月如旗鼓相当。

两人下得都很认真,下到中盘,棋局还不分优劣,这让崔老十分高兴,想不到北京竟然还有这么高水平的女干部,可以和棋社的学员下得不分高低。这时在棋盘右边出现了一处貌似双活,实际上是谁先动手,谁就可以吃死对方一块棋的局面。但是,无论是沈领队还是刘月如都没有看透这里的变化,都以为是双活。此时,这里成为决定胜负的分水岭。崔老等了一会儿,见轮到沈领队落子了,实在忍不住就说了话:"棋盘边上有棋啊,怎么都不走？"

沈领队受到启发，开始仔细计算这假双活的棋，片刻，终于发现了吃死对方棋的着数，开始动手了。

就这样沈领队初遇刘月如，获得了胜利。

1963年八九月的时候，北京棋队已经宣布正式成立，国际象棋队员徐家亮等三人已经到当时北京市体委体工大队所在地先农坛报到。围棋也已经初步确定了四个人，当时这四人还都在国家队参加集训，他们是过惕生、张福田、王立、翟燕生。由于人在国家队，就没有去先农坛。而棋队领队人选却悬而未决。

沈领队自己找到棋社门上，还赢了刘月如，这对北京市体委来说还真是应了那句话：踏破铁鞋无觅处，得来全不费功夫。

很快关于沈领队的情况就上报到了北京市体委领导的案头，是党员，会下棋，而且是围棋，一纸调令到了建工部，1963年12月12日沈领队就到先农坛体工大队的围棋队报到了，北京棋队有了自己正式的领导——沈领队。

担任领队以后，第一件大事就是棋社原来指导员们的工资关系要转到北京市体委。这是件政策性很强的事情，沈领队当年虽然是棋队的领导，工资却比那些指导员还要低不少，才62元。

当时找这几位指导员开会，让他们先自报工资底线。过老率先发言："我的要求不高，给我一百元我就知足了。"金亚贤、崔云趾一听过老这么说了，就说："我也要求不高，和过老一样够一百元就行喽。"

沈领队并没有因为这些指导员的工资比自己多三分之一就不高兴，而是很好地落实了重用专家和党的统一战线政策，如实表明了自己的意见，向体委领导反映了这些老棋手的诉求和存在的生活困难。很快上级就批了下来，过老定了副处级，工资124元。金老、崔老定为正科级，工资是99元。这件事完全满足了三老的要求，他们事先也没有想到，沈领队一来，三人的收入问题都被解决了，这三人的工资比起当年的许多人来说要高不少。他们和上级领导隔得远，在他们心目中，沈领队就是他们的娘家人，对他们很照顾。

沈领队担任了北京棋队的领导后，刚四个月的时间，情况还在熟悉之中，马上带队参加1964年的全国棋类比赛。

比赛在浙江省会杭州，全体运动员、裁判员领队都住在西湖边上的华侨饭店，出门隔一条小马路就是西湖东岸，往左走是柳浪闻莺，往右走是断桥残雪，可以远眺西堤，凝望雷峰塔。浙江农业恢复得快，杭州举办方用名菜西湖醋鱼招待大家，四月的杭州正是草长莺飞的日子，满眼望去风景如画。

但是，沈领队的心情寂寂，三项棋类比赛，由于围棋有陈毅元帅鼎力支持，大家都更看重围棋比赛的成绩。这一年，全国棋类锦标赛围棋比赛的前6名顺序如下：陈祖德，吴淞笙，沈果孙，黄永吉，王汝南，罗建文。除了黄永吉40岁以上，其他均是20岁上下的年轻人。昔日雄视中国棋坛的"南刘北过"在这次全国比赛里都退出了第一线。对老将而言，长江后浪已经超越前浪，中国围棋开始了陈祖德、吴淞笙的"陈吴时代"，在其后虎视眈眈的是一帮20岁上下的年轻人。20岁上下的年轻棋手，对北京队而言还找不到可以挑大梁的人，这一年的王立和陈祖德大约是让二子的差距。第一次带队出征成绩不理想，上次比赛是1962年，过老获得了冠军，而此次北京队连前六名都没有沾边，作为一队之领导，沈领队感受到了工作压力。

发现新人，尽快找到好的围棋苗子，尽快改善北京围棋水平的状况成为沈领队的当务之急。北京棋队继续扩充队员的事情，现在全落到了沈领队肩上。

为此，北京棋艺研究社专门成立了一个以过老为首，金老、崔老为辅的评审小组。

1964年北京市少年儿童围棋锦标赛结束以后，准备从少年组里选拔进入北京围棋队的队员。经过初步筛选，女队员就刘月如一人，没有竞争人选，大家很快一致通过了。男队员，过老的态度是一贯的，"好，好，国手……国手"，过老对调谁都没有意见。倒是金老和崔老直言不讳，一一分析了每个人的棋艺特点和优长，第一、第二名没有入选，男队员最后确定第三名吴玉林和第四名程晓流进专业队。

初步确定了人选后，沈领队就开始了马不停蹄的外调工作，她和这几个人选以前都不认识，棋艺水平上有三老把关，沈领队去上述几人的学校外调，当时正值北京秋老虎肆虐的八月中旬，沈领队骑着自行车满北京城跑。

这三人中，就吴玉林最顺当。

当时吴玉林是北京十三中高中二年级学生，功课没得说，学下棋之前门门功课都是五分，学下棋之后，学习成绩虽然有所下降，但在班上还是名列前茅。现在眼看就要升高三上大学了，家里自然不愿意让他当"下棋的"，那时围棋还十分不普及，全社会对围棋都还认识不够，在许多人眼里都把下围棋视为不务正业。吴玉林家就在北京棋艺研究社东边的二号，和棋社只隔一堵墙，距离也就六七十米，上学、放学天天从棋社门口过，都从来没有往棋社院里迈进一步。吴玉林认识了王立以后，才知道了围棋，王立没有上大学，高中时去了国家围棋集训队，这件事情让吴玉林认识到了围棋的意义，下围棋不仅是正经职业，还可以为国争光。

他学会下围棋以后，马上就迷上了围棋，现在有了当专业棋手的机会，当然不肯错过。吴的母亲十分疼爱吴玉林，从小学到高中的每一次获奖证书都给吴玉林很好地保存着，对孩子的教育自然非常重视。但是吴玉林执意要当专业棋手，吴母实在拗不过他，只是连问了三次："那么你要去下棋了？"

吴玉林再多的话也没有，只是使劲地连点了三次头，连说了三个"嗯"。

就这样吴玉林没费什么周折，在年轻人里头一个就进了先农坛报到当上了专业棋手。

程晓流上初中二年级，功课非常好，和吴玉林相似的是，学下围棋后，学习成绩虽然有所下降，但班级的排名是很靠前的。这是沈领队考察的重点，在她的潜意识里，连功课都学不好的孩子，肯定下不好棋。

程晓流则没有这么顺当。他妈妈是北京某中学的校长，对教育的重视是绝对的，"万般皆下品，唯有读书高"是当时中国社会的主流意识，绝大部分家庭都把培养孩子上大学当作唯一选择。所以坚决反对程晓流小小年纪不念书去下棋。在沈领队苦心做思想工作后，他妈妈也不能不给点面子，就以"最低限度也要初中毕了业再说"为借口，先拒绝了沈领队的要求。人生事事难料，等程晓流上完了中学，好容易熬到了毕业，"文化大革命"开始了。只因当年一蹉跎，等他再迈进棋队的大门就是15年以后了，1969年他下乡去了聂卫平所在的农场——黑龙江嫩江山河农场。这15年的甜酸苦辣一言难尽，但是他和围棋毕竟有缘，今生今世都从事了和围棋有关的工作。

从后来的结果看，沈领队和棋社三老选人很有眼光，吴玉林、程晓流由于都在自己下棋的黄金岁月里遭遇了"文化大革命"的冲击，在人生之路紧追慢赶的紧要处被外界大势颠覆，本来已经到了向顶峰发起最后冲刺的时刻，不仅不让下棋，还说围棋是"四旧"，这让距离巅峰只有一步之遥的吴玉林、程晓流一下子跌落下来好大一段，黄金岁月错过了，无论再怎么努力最多也就是白银岁月。即使如此，吴玉林和程晓流也都在围棋领域做出了自己独特的贡献。

沈领队在外调刘月如时，与其说她看中的是刘月如的棋艺，不如说她是被刘月如在学校的学习成绩所打动。刘月如在北京女三中是数一数二的高材生，门门功课全校拔尖，屡次代表学校参加化学竞赛、数学竞赛。刘月如这一年已上高三，所以一直对当不当专业运动员犹豫不决。下棋固然不错，上大学也十分诱人，直到离高考还有四天了，刘月如定下的主意是先考大学，考不上再去下棋。

在刘月如去不去北京围棋队的问题上，沈领队非常有决断，提前从高校招生办公室拿走了刘的档案，没有等大学录取通知书下发，就决定了刘月如只有去当专业棋手这唯一的道路。

事后刘月如辗转得知，她当年上大学根本没戏。从1964年起，那时大学招生在内部彻底否定了按分数择优录取的原则，而是贯彻阶级路线，按学生家庭出身的好坏先决定谁有资格上大学，在都够上大学的政治条件前提下，再看分数高低上什么大学。沈领队可能事先知道了根据刘月如的家庭情况是不可能上大学的，但她爱惜人才，就暗中为刘月如做了主。到了八月底，高校招生录取通知书都发完了，刘月如也没有收到通知，于是比吴玉林晚了几个月，也进了先农坛北京棋队。

刘月如有一个非常要好的姓何的同班同学，当年两人的理想就是上北京大学，这个同学在刘月如去先农坛下棋的那个八月中，努力考上了北京大学数学力学系，按说很不错了，终于实现了自己的理想。不承想，刚上大学两年就遇上"文化大革命"，还没有学到什么东西，专业知识不强，即使学的是北京大学王牌专业数学力学，1969年也被分配到陕西略阳县一个公社中学当老师。别的就不说了，那里的水井都几十丈深，何的丈夫又和她不

第七章　沈尺卿和北京围棋队

在同一公社中学教书,何自己连一桶水都打不上来。每当何回到北京见到刘月如时都不胜唏嘘,说:"还不如当初和你一块下围棋呢……"

沈领队无意中造就和改善了一个人的命运,如果没有沈领队当年的决断,刘月如的运气不会比她的那个同学强。1964年,城市就业已经开始紧张,有中学生上山下乡插队落户,北京就有一大批去了宁夏建设兵团,那样的话,和专业围棋运动员的命运相比,个人境遇就是天上地下的差异了。

1963年,中国刚从三年自然灾害的阴霾中走出来,北京市政府马上就批准成立北京棋类代表队,足见北京市政府在彭真书记兼市长的领导下,对包括棋类在内的各项事业都不甘人后,这个精神是会贯彻到北京市各个单位的。

到1964年10月,以1962年全国棋艺锦标赛的围棋冠军过惕生和曾经出访过日本,并赢过日本棋手的张福田为第一梯队,以北京的年轻棋手王立和翟燕生为第二梯队,再以吴玉林、刘月如为培养对象的第三梯队组成了北京围棋队。

1964年全国围棋比赛之后,过老退出全国围棋比赛,老将只有一个张福田,其他人和中国第一梯队的棋手尚有一定差距。如果能引进外援,把在外地的优秀棋手调进北京,也不失为解决燃眉之急的好办法。

北京在自己的地盘上挖掘不出围棋新秀,目光只得放眼全国。而当年福建、安徽、浙江、广东等省也都在组建围棋队,即使有比较好的棋手也不可能白送北京,差的北京又看不上。

上海是当时中国围棋棋手最多的地方,陈祖德、吴淞笙肯定是不能张嘴要的。那时各省已经开始摩拳擦掌准备着相互的竞争。一流棋手就是说破大天人家也不会放的。

1964年的杭州比赛后,过老带着沈领队曾到上海拜会过围棋前辈顾水如，此次拜访后，顾水如向过老推荐了赵之云和青年女棋手叶菁。赵之云、叶菁，他俩都是上海的。为什么顾老想到了推荐赵之云，可能是赵之华在1960年在全国围棋锦标赛上获得了第六的好名次。那年的陈祖德是第三名，过惕生是第四名，也就是说赵之华和陈、过两人的水平基本在一个水准上。而赵之华、赵之云兄弟的棋艺一直不相上下，后来更年轻些的赵之云还要比哥哥稍好些。他们俩的年龄至少比过老差着二三十岁，此际，如果能把赵之云调到北京来，正如同给北京围棋队雪中送炭了。

而赵之云虽然棋艺在上海市是前三甲的水平，却不知道什么原因，始终没有机会代表上海参加全国围棋比赛，直到1975年才代表福建参加了全国运动会的围棋比赛，并取得了全国第四名的好成绩。如果当年顺利调进北京围棋队，很可能会立即改变北京围棋队在全国围棋比赛中的局面。

1964年的时候，顾水如深知赵之云虽然没有参加过全国围棋比赛，但水平却不低，就推荐给了过老。

1964年冬季，赵之云和叶菁来到了北京，住在北京先农坛围棋队的驻地，给他们发了运动服，和北京围棋队的那几人同吃同住。对赵之云的考核由过惕生老先生负责，两人下了数盘，结果是赵之云不负顾水如的重托。

叶菁在北京也逗留了大约一个多月，当年20岁左右，人聪明伶俐，长得也漂亮，善于处理方方面面的关系。她的围棋水平如何？是怎么考察她的，是谁负责考察她的，没有留下任何资料。她离开北京回到上海以后，1965年日本来了个妇女围棋业余代表团到北京进行访华友谊赛。该团的第一主力，日本业余女棋手平田丽子在北京所向披靡，战胜了包括在国家集训队的部分女棋手。之后，这个围棋代表团到了上海，平田丽子却输给了上海第一名的叶菁，足见1964年时叶菁的围棋水平在中国女棋手中已经不算低了。

结果却是两人谁也没能引进来。

现在中国围棋形势如"千树万树梨花开",各类围棋比赛层出不穷,奖金10万元以上的全国业余围棋赛一年就有好几项,更别说职业围棋的各类比赛了。中国的围棋甲级联赛不仅"墙里开花墙外香",许多韩国的一流棋手都来中国参加围棋甲级联赛,使得中国这一赛事锦上添花。中国的围甲联赛之所以能有今天如此令人自豪的局面,显然是中国的改革开放为围甲联赛创造了很好的大环境。现在围甲各个队伍引进外援几乎是家常便饭。北京围棋队历史上曾经引进外援,但是,在当时的社会环境下,那次的外援引进却铩羽而归,而引进失败的原因简直匪夷所思。现在事情已经过去了五十多年,有的当事人已经作古,知道这事情的人也逐渐稀少,把这事情写出来也算是对围棋历史做些微补充吧。

1966年四五月间全国棋类赛在郑州举行,沈领队带队,过老当教练。金老、崔老等老一辈棋手没有上场。中年棋手张福田带着王立、翟燕生、吴玉林、程晓流、刘月如、聂卫平等参加了比赛。这次比赛,成绩最好的是张福田,成年组第六,北京新秀吴玉林、程晓流、聂卫平各有亮眼的战绩引起大会的注意。1964年8月刚进专业队时,吴玉林和过老尚有让二子的差距,但仅过了一年零八个月,这一年零八个月中还有八个多月是到农村搞"四清",实际训练时间连一年都不到。吴玉林执白就战平了1964年的全国第三名沈果孙(那时是贴二子半有和棋,如果按现在贴2又3/4子计算是吴玉林胜)。程晓流执白赢了曾任国家围棋队教练的三段高手竺沅芷,三十多年后,沈领队忆起当年程晓流的这场胜利,仍对当年的情景记忆犹新,说程晓流胜了棋以后异常兴奋,表情和行动都十分有趣。因为程晓流当年才16岁,能赢高高在上的竺老确实不易。聂卫平打了成年组第三组的第一,那年才14岁也属不易。北京队也有败走麦城的厄运，王立、翟燕生等连连败给了安徽女将魏昕，直到魏遇到了程晓流才被遏止住了连胜北京青年棋手的势头。北京围棋队年轻棋手在一年多点的时间里就有了如此大的进步，都皆大欢喜，因为新秀吴玉林、程晓流已经崭露头角，聂卫平虽然还不到15岁，就已经连连战胜过许多国内老名将，显示了他不可限量的前程。就在每个棋手为中国围棋崛起，为了当好"又红又专"的棋手努力拼搏的时候，一场疾风暴雨在等待着他们。

"文化大革命"全面爆发了，棋队的训练被迫中断，过老顿时老了许多，连走路都变得蹒跚起来。

后来，棋队解散了，北京棋艺研究社也于1969年宣布取消了。棋队和棋社的人员都并到什刹海业余体校，在体校领工资。

沈领队的领队之职在棋队宣布解散后就被免了，但是，在棋队和棋社老人的心里，他们却还是把她当领导，当领队。

一天，在什刹海体校工作的崔云趾的女儿找到了沈领队，说父亲病得很厉害，希望沈领队去看看。

沈领队虽然自己也在风雨飘摇之中，不知道自己会怎么被别人安排，但她想着不管怎么说，自己现在还在体委领工资，还是体委的干部，老棋手病了，怎么着也应该去探望一下，就跟着崔云趾的女儿去了崔老家。

崔老家离北海体育场不远，在地安门大街附近。进了崔老家的门，沈领队才发现那里虽然是个正经房子，但也就十平方米大小，北边靠墙支着一张单人床，南边靠墙支着另外一张单人床，两床之间立着一根木头柱子，几乎没有站人的地方了，说是住房其实就是一个简陋的窝棚，如果没有那根木头柱子，棚顶就得掉下来。

此前，沈领队听段清汉介绍过崔老家世，中华人民共和国成立前，崔老一度就是个打小鼓的，和沿街收破烂顺便乞讨差不多，生活一直穷潦倒。中华人民共和国成立不久，儿子就因工伤亡故，工厂给了一笔抚恤金，崔老对儿媳妇说："这抚恤金你全拿走，四个孩子你也全带走，我一个不留。"

没有想到的是，崔老的现状比从段清汉那里听说来的还惨，崔老的老伴有些糊涂，那时崔老的孩子也还需要崔老贴补，尽管给他定的工资不低，但仍旧入不敷出。

此时崔老躺在床上，发着烧，没有穿衣服，身上盖着个单子，病得已经起不来床，沈领队问他："你知道我是谁吗？"

崔老神志还清醒，"说：知道，是沈领队。"

沈领队问他："还有什么事情不放心需要帮忙？"

崔老答："我有本书已经交到出版社了，稿费还没有给我。"

沈领队道："这事你就放心吧，书出版了我一定把稿费送到你家里来。"

崔老说："那我就公私都没有事情了。"

沈领队回忆说："以前对崔老印象不太好，觉得这人自私，一点不顾及影响，在北海体育场那间屋子里等待分配的时候，几人凑钱订了份《参考消息》，每天报纸一来，崔老不顾自己步履蹒跚，仍旧一把把报纸抢在手里，我知道他的心理，就是这报纸我出了钱了，我不能不看，要不就亏了。现在，看他作为一代围棋国手的窘境，也就可以看到他的生活也很不易。

不久崔老病逝了。

崔老的那本书也就不知道去向。

大约1974年前后，围棋活动开始逐渐恢复，沈领队和刘月如合著了一本《学围棋》，这本书出版后，沈领队把这本书的一部分稿费送到了崔云趾家，满足了崔老的遗愿。

这段时间，沈领队本着自己的责任心也去探望过金老——金亚贤。

金老住在北京新街口附近。家境比崔老要好多了，只是也有不如意的地方。金老是中医世家子弟，自己的医术也很高明，金老一生自视很高，也因为有着自视高的资本。除了医术有许多独家秘诀，金老的围棋水平在1949年前的北京四九城也是响当当的。老年的金老，依旧身板挺直，步履轻盈，面色红润，白须飘然，不胖不瘦，不苟言笑，一副仙风道骨的模样。

　　金老退休后曾经表示："我要争取活到一百岁。"他退休之后，找他看病的人很多，那时他有七十多岁了，却一概拒绝，问他为什么？他说："给人看病折我的寿，我号过脉的人他们的脉象都记在我的脑子里了，我要经常惦记和琢磨，这脉象到底是怎么回事，所以常常失眠，我就不再给别人看病号脉了。金老办事、下棋都很认真，由此可见一斑。

　　他不如意的事情有一件是儿子的事。他的儿子远不如金老的智慧和悟性高。但其中一个孙女是金老的掌上珍宝，金老特别注意培养她。这小孙女聪明伶俐，在学校学习好，在家金老教她学许多东西也都很灵。

　　不幸的是，1976年唐山地震之后，当时，北京城的各家各户都不敢回屋睡觉，吃住在防震棚里，院子里家家户户的防震棚都挨在一起，中间只隔着张塑料布。这天，金老孙女睡在下铺，夜里心脏难受，由于怕影响四邻睡觉，就自己忍着和谁也没有说，那时已经是初冬天气，防震棚里寒风阵阵，小姑娘的心肌炎犯了，等到天明，才发现她脸色青紫，人已昏迷，赶紧送到医院，却抢救无效。小孙女的死给金老打击极大。

　　1970年下半年，沈领队在怀柔县境内的一个打靶场劳动时认识了后来什刹海业余体校的党支部书记兼校长，后来1972年国家开始重新恢复体育运动时，沈领队对他说："球类项目都开始培养新学员，我原来是搞围棋的，也是体委的一个项目，你要支持我。"

校长答应得很痛快，于是把北海体育场看台下南边五六间房子都给了沈领队。沈领队名正言顺地重新开始了围棋事业。她后来回忆说道："这才是我围棋事业真正的开始，是我一生中最快乐、开心的几年，五年内我们棋类班培养训练了五百多名学生。从中选拔出了穆小红和马巍成了职业棋手，代表北京参加全国围棋比赛。那段时间，是张福田给小同学上围棋课，每天都可以听见他那旁若无人、肆无忌惮的哈哈哈大笑。那时又可以下围棋了，而且没有什么人管着，想怎么下就怎么下，想怎么教就怎么教。我还经常去家访，去过许多同学的家里，和家长交流，宣传推动围棋的普及活动。"

1973年，十分轰动的"廖承志访日友好代表团"中有了围棋的一席之地，其中陈祖德作为围棋界的代表随团出访，他在日本参加围棋活动的消息第一时间就传回了国内，上了各个报刊；他和吴清源的非正式比赛，在围棋爱好者中激起了更大的围棋热潮。在上述大背景下，沈尺卿反复向什刹海体校的领导做工作，建议设立围棋集训队，她的主要理由有两条：

第一，围棋是广大劳动人民非常喜爱、有历史传统的体育项目。

第二，围棋也有很重要的国际交往任务，是中国外交工作的需要。

到了1973年4月16日，沈领队起草了一份报告，以"北京市业余体育学校"的名义向北京市体委领导递交了"关于恢复北京棋类运动队的报告"。

这个报告虽递了上去，但在当时的那种历史条件下，马上恢复运动队迟迟没有下文，但这个报告也算没白送，市体委批准成立集训队，准备参加1973年11月18日至12月4日在郑州举行的全国十省市围棋邀请赛。随后，吴玉林没有费什么口舌就从什刹海游泳池救护队调回当教练，但很快，还没有等他在北海体育场看台下的屋子里踏实下来，就被国家围棋集训队以人才难得为理由调到国家围棋集训队去了。按郑州邀请赛最初的通知，北京只有四个名额，鉴于北京是首都，河南省体委又主动提出欢迎北京再增加几个人。最后北京去了四个成年、四个少年，成年是吴玉林、谭炎午、翟燕生、常振明；少年是张书泰、于旭、杨靖、刘敏文（女）。这次比赛并非国家体委组织的正式比赛，但各地棋手非常积极踊跃，之前从来没有参加过围棋赛的新疆维吾尔自治区，竟有一名女爱好者马苓不远千里自费找到郑州体委强烈要求参赛，竟为新疆维吾尔自治区开了头，此后新疆维吾尔自治区又连续参加过好几次全国赛。

从比赛结果看，已组建起来的国家集训队的成员水平还是明显高一筹。关于这次比赛，限于当时的形势，宣传得很少，许多消息都是口头相传，范围有限。其实这次比赛的意义巨大，是事隔（从1966年算起）六年的一次全国性演练和检阅，也是一次围棋活动的总动员，它为1974年的成都全国棋类赛进行了充分的准备。

吴玉林在这次比赛中有上佳表现，不负这些年下的苦功，以十二战只负一盘的成绩夺得友谊组第一名。谭炎午与杨晋华、陈嘉锐并列青年组第二名。张书泰获少年组第四。

聂卫平这年已有脱颖而出之势，在青年组中十三战仅平了一盘，积25分高高在上。由于他是国家集训队成员不计成绩，再者，他的户口尚在黑龙江，算不得北京人选，成绩再好也入不到北京的帐上，颇让北京人遗憾。

此后沈领队数年来的主要精力和奋斗目标就放在了恢复成立北京队上，几乎是年年上交一个报告，颇费了一番心血，焦虑之情、呕心之苦在一份份报告底稿的字里行间中弥散着，虽已是二十多年前的旧事，但今天翻看起来仍不免为之心动。

从1974年起，她为了聂卫平能调回北京，一年一个报告，报告中写道："今年（1974年）七月在成都举行全国棋类比赛，北京市围棋有七个名额，但水平均低，无主力队员，我们拟将聂卫平同志调回，代表北京队参加比赛。"

从1973年就成立围棋训练班到了这一年已结出丰硕成果，杨靖作为第一批学员和同期学员刘敏文（女）、马巍（女）获1974年全国围棋赛儿童组团体第四名。1977年，杨靖获全国少年赛第三名，那一年少年组前四名的其他三人后来都成了国内瞩目的九段。第一江铸久、第二刘小光、第四曹大元。杨靖本是北京围棋队的理想人选，但从1977年恢复高考以后，其父重复了那种可以理解却令人遗憾的看法和做法，严令其必须考上大学，杨靖只好不进北京队，转而考上了北师大数学系。他在第一、二届全国晚报杯业余围棋赛中有出色表现，均打入了前十强，令不少人为其惋惜。

穆晓红获女少年第四名。1978年，杨靖继续保持了1977年全国少年赛中的名次——全国第三，第四也仍是曹大元。马巍获得女少年第八名。其中还培养出了姚征、孙文彤等少年棋手。

类似这样的报告一直持续到1978年，其间还分别给邓小平、方毅二位中央领导致函，恳请恢复成立北京棋队。1977年，又为调程晓流操起了心。到了1978年底，恢复成立北京棋队的事终于见到了曙光，这主要和1978年的全国围棋赛北京队的出色表现有较大关系。这一年的团体赛北京队人马终于比较齐整，由程晓流、谭炎午、吴玉林、常振明组成的北京队一举夺得了全国围棋团体比赛第三名，第一、二名分别是上海、河南。此前，1975年、1976年北京队在预赛中即被淘汰，1977年打了全国第七名。

1978年，北京棋队终于获得了批准，正式成立了。千呼万唤的北京围棋队终于恢复成立了。从市体委的角度讲，是为备战

1979年举行的第四届全运会棋类比赛。众多棋手终于盼来了这一天。令人感慨的是，经过13年的风风雨雨，北京队的老国手终因岁月无情，如过惕生、张福田等退了役，老人中仅留下了沈尺卿继续担任棋队临时领队。吴玉林已由青年步入壮年，任队员兼教练。其他的男棋手人选是谭炎午、程晓流、常振明、姚征、孙文彤，女棋手是穆晓红和马巍。

但是，偌大的一个二三十人的棋队没有训练、办公的地方。北海体育场看台下的屋子做少年儿童的围棋训练班用尚可，肯定盛不下一个堂堂正正的北京棋队。

沈领队去找了当时北京市体委主任魏明，为棋队要房子。

经过一番波折，西旧帘子胡同九号批准给棋队用。维修工作的甲方负责人就由沈领队担任。先拆后建的过程有半年多，沈领队每天的工作成了配合维修工作。这段时间，施工地点是又脏又乱，古人讲要想一年不踏实就盖房子。这修房子比盖房子还麻烦，有个先要把破损的地方拆掉的过程，到处是暴土扬尘，沈领队也从来没有搞过建筑工程，就是自己家的装修也没有管过，现在倒把单位的工程给管了起来。这个大维修工程一直干了半年多，然后打扫卫生，添置办公设备，都圆满完成了以后，有了办公地点，自然就可以立业了。

北京棋队在房屋维修完工后很快就搬了进来，面对着窗明几净，雪白的四壁，豆青色的门窗，清新的气息配上典雅的围棋，这个沉寂了许久的院落马上恢复了勃勃生机。北京棋队终于苦尽甘来，有了自己固定的生活、办公、训练场所。新的棋队虽然没有再回先农坛，但就房屋设施等来讲可以说赶得早不如赶得巧，一座居于北京市中心的小楼，比起老城墙边上的先农坛，那身份地位马上就显得与众不同。

第七章　沈尺卿和北京围棋队

当年的北京棋艺研究社已经解散了十多年了，现在顺理成章地升格为北京棋院。

1980年12月18日，北京棋院正式成立。刚建院时，棋院归属什刹海体校领导，普及与提高的双副担子集于一身。院长是人大常委会法制委员会副主任宋汝芬；副院长是北京市总工会主席韩凯，北京市体委办公室主任有李春龙、过惕生、谢小然。负责棋院日常工作的是棋院办公室。办公室主任是肖生汉，副主任是沈尺卿。

北京新棋院地址就是西旧帘子胡同九号院。在西绒线胡同南边，东西向，与西绒线胡同平行。大门是个方方正正的门楼，朱红色的两扇开的大门。进了门，迎面是个带雕花的影壁，左转后豁然开朗，一座西式的洋楼占据了院子几乎一半的面积，楼内有办公室、练棋室、会客室，还有宿舍等，虽然规模不大，倒也功能齐全。就是这座旧式楼房，成为了当时的北京棋类运动的中心。在这里培养出了一批又一批的优秀棋手，如人们熟知的聂卫平、张文东、孔杰、陈耀烨……

西面是三间平房，后来改为棋院食堂。南边是七八间平房，对外开放，群众可以在这里自由对弈。后来来的人越来越多，院子里又搭建了个塑料凉棚，摆上桌子，也可以供普通群众下棋。

1980年，废除领导干部终身制，在这年，许多到了年龄的老革命、老干部都从领导岗位上退了下来。

棋院院长宋汝芬在离开了一线的岗位后，支持组织建立了北京老同志围棋会，并担任了主席一职。沈领队也到了退休年龄，被那些老同志共同推举为秘书长，但是，大家还是亲切地称她为沈领队。

在宋汝芬等老领导的领导下，在沈领队的热心主持和具体运作下，老同志围棋会，团结了三四百名在京的老同志，许多原来在中央、解放军驻京单位和北京市的离休重要领导都参加了这个围棋会,上百家单位的离退休老干部都有了其乐融融的好地方——北京老同志围棋会。他们中的许多人是当年新四军的将领,如担任过国务院秘书长的金明,分别在石油部、冶金部当过部长的唐克,原劳动人事部的部长李云川,二炮副司令郑惕等都是北京老同志围棋会的积极分子。

以北京老同志围棋会为依托,在方毅等老领导的关心下,会同四川老干部局围棋队、山西老干部局围棋队等几个省市的老干部围棋队组织发起了全国性的名为"劲松杯"的老同志围棋比赛。每年参加比赛的人数都有数百名。

先前,沈领队率领着北京围棋职业队征战全国各地的围棋比赛。后来,率领这些老干部参加全国业余围棋比赛。沈领队的这称呼就一直被延续了下来。

第八章 三代国手聂卫平

国手，是自古就有的对围棋下得特别好的人的称谓。所谓国，指一国之内；手同"首"，全国第一。合起来就是：

一国之内没有比他下得更好的人。

老国手过惕生，见了下棋的小朋友，就会笑着用他那温和的皖南话说："国手，你是国手"。被过老称为国手的小朋友很多，但真正成为国手的凤毛麟角，最早预言兑现了的国手是聂卫平。

陈祖德作为中华人民共和国第二代国手，用了十年时间赶超了过老，聂卫平也是用了十年时间超越陈祖德，当上了第三代国手。和前两代国手不同的是，在聂卫平成为中国国手之后，又用出色的对日本棋手的战绩证明了对日本棋手的超越，从而完成了以陈毅元帅为首的中国围棋爱好者几十年来的夙愿——超越日本围棋。聂卫平对日本围棋的超越在全世界都引起轰动后，为表彰聂卫平对围棋事业的杰出贡献，1988年3月22日，国家体委和中国围棋协会授予他"棋圣"称号。

聂卫平之所以破天荒地得到了"棋圣"称号，直言不是因为他当了中国的国手，而是因为实实在在、无可争辩地打败了诸多日本的围棋国手，而且赢得让日本棋手都"服"了。

通过"棋圣"的赠与，表达了中国人对聂卫平围棋上的突出成绩的肯定和赞扬。

中日之间正式围棋交流是在中华人民共和国成立以后，这个活动的发起人陈毅元帅也没有完全料想到的是中日之间的围棋水平差距是如此巨大。当我们津津乐道21世纪的中国已经彻底地将日本棋手抛在身后,现在的日本棋手对中国围棋望尘莫及的时候,我们回首往事就更可以看出今天我们围棋水平超越日本的巨大意义。

1960年,在陈毅同志和日本著名参议员松村谦三先生共同发起下,日本将组成围棋代表团进行首次正式访华进行友谊比赛。

日本来人到中国赛围棋,除了历史传说,也就是唐朝时,一日本王子曾到过长安,和当时国手顾师言有过一次比赛,中日之间虽说一衣带水,却还从未正式交过手。因此,双方都格外重视。日本棋院在人选上颇动了一番脑筋。

代表团团长是濑越宪作名誉九段,他是日本围棋界的元老,一生著述很多,对日本围棋的普及和提高起过相当大的作用,享有极高声望。当年,在他的大力促成下,吴清源才得以赴日本深研围棋,方使世界上脱颖而出了这么一颗光彩夺目的巨星,同时也促进了日本围棋的发展。濑越早就向往着亲眼看一看这发明出围棋的古国,不顾自己将近七十岁的高寿,义不容辞地担任了团长。

当时,棋艺上除了吴清源,就要属坂田荣男和桥本宇太郎这两位超一流了。桥本同吴清源同为濑越先生的门生,是日本关西棋院的台柱子和创始人,此次代表了关西棋院。东京日本棋院代表人物是坂田,1960年他的棋艺如日东升,大有取代吴清源之势。

濑川良雄七段和铃木五良六段则代表日本棋院名古屋分部,这二位的水平虽然和前两位没法比,但对于刚刚组织起来,刚刚体会到什么是专业下棋的中国棋手来说还是太强大了。别的不讲,中国上场的棋手绝大多数还不知道赛钟为何物,更别说"读秒"的训练。比赛经验可以说一点没有。

商定共比赛六场，北京二场，上海三场，杭州一场。六场比赛都是日本棋手"让先"和我们下，由于水平悬殊是明摆着的，即使有这难以下咽的"不平等"的"让先"，也无可奈何。就是让先下，日本棋手还感到"屈尊"了，当时中日双方的棋力按参加过比赛的陈祖德讲，至少要再让"二子"以上。

在北京的两场，上场人员前三位为过惕生、金亚贤、崔云趾。过先生时年53岁，后两位都是六十多了。比较年轻些的也是年龄三十多一点的齐增矩、黄永吉。在北京所下的十盘棋里，除了黄永吉战和了濑越宪作，其余九盘全部败北。后四场的比赛中，刘棣怀那一盘可说是完胜之局，由于一上来没怎么布局就展开了对攻，进入了中国棋手擅长乱战的局面，因而胜得十分痛快。王幼宸则在收官阶段，"是濑越一个眼花，被王老抓住了机会，侥幸胜了一子。"

齐增矩和坂田荣男九段那一盘，由于一上来坂田过分轻敌，竟让黑方一直占据优势，但一个并不复杂的劫杀，黑方似乎没看出来居然不补，让白方占了相当大的便宜以后，才输了三子半，终于没能创造出奇迹。总的比分是2.5比26.5（有一盘棋未分胜负），日方还没有派出五个都是一流强手的阵容，中方就如此惨败。

除了齐增矩和王幼宸、黄永吉外，其他棋手也是尽了全力的。时间规定每人五小时，许多盘棋中方棋手的空早就不够了，但大多数中国棋手就是不认输，非要把时间全部耗光不可，以此来佐证自己是如何竭尽全力——虽然一直被动挨打，但是我们都坚持到了最后一分钟。这种做法仅仅表明了心志，于棋赛并无增益，坂田、桥本几乎是不用什么时间，下了一子以后便四处游逛，轻松之至，他们也照样一盘不输。国运盛，棋运才能盛，旧中国积贫积弱了几十年、百数年，仅靠十年时间还打不了翻身仗。中国棋手的队伍也不齐整，最老者，年近八十的顾水如，终因年龄大又没有濑越那样的功力，不得不于比赛中途退下阵来；年龄最小的是陈祖德，那年才十六岁，斗志颇勇，但和坂田那一局还根本构不成威胁。

2.5比26.5，这一意味着失败和耻辱的数字深深刻印在每一位棋手心中，中国人的心中。面对中国棋手的惨败，最不甘心、最不能忍受的，恐怕就是曾经率领新四军和日本侵略军浴血奋战过的军长陈毅元帅了。陈毅元帅后来又担任了中国的外交部长，经常和包括日本人在内的外国人打交道，当他和日本人见了面以后，他心里常常会有隐隐的刺痛——围棋是中国人发明的，但是现在竟然下不过日本人了，老让日本人趾高气扬，他能不骨鲠在喉吗？每个了解了这一现状的中国人能不骨鲠在喉吗？

陈毅元帅多次在不同的场合说过大意如此的话：

"围棋创始于中国，唐代传到了日本后，围棋在日本有了青出于蓝而胜于蓝的发展。九段棋手有几十个。我国棋手同他们对局，被让两子还不能赢，这同我们的国际地位很不相称。有次，我同日本棋手会见时，问一位九段：'你看，我们的围棋什么时候能赶上你们？十年时间行吗？'他回答：'中国人多，看来可以。'但他到了香港后却说：'中国围棋二十年也赶不上日本。'"

陈老总叹息了一会儿，又说：

"我国是围棋的故乡，历史悠久，地广人多，现在我们又是社会主义新中国，国运盛，棋运也应当盛，我们一定要迅速发展围棋，赶上并超过日本，这是我请示过毛主席、周总理，经毛主席、周总理同意的。"

面对中国棋手的惨败，陈毅元帅却毫不丧失信心，他高瞻远瞩，鼓励中国棋手要看到中国围棋的希望，并再次向围棋手们提出：

十年后要打败日本，全国要有一千万人下围棋。

这年聂卫平才八岁，在当年的中国，八岁的孩子就接触围棋的还很罕见，罕见虽然罕见，但在中国已经出现了。

再巨大的参天大树也是从一棵棵幼苗成长起来的。

一、历史在需要的时候选择了所需要的人

聂卫平，1952年8月17日出生，河北深县（今河北省深州市）人。中国著名围棋职业运动员。1982年被中国围棋协会授予九段。1988年被授予围棋"棋圣"称号。

聂卫平走上围棋之路，待回头去看，可以说，简直就是天意。

聂卫平的父亲聂春荣（1911—1991），直隶深州（今河北深县）人。1934年毕业于天津工业学院机电系。抗日战争时期投奔了延安，曾任延安自然科学院教员。解放战争时期在东北经济委员会计划处任副处长、东北工业部机械局副局长。1950年，毛泽东率中国代表团赴莫斯科签订《中苏友好同盟互助条约》，随行有一支庞大的技术人员队伍，聂春荣就是成员之一。1953年后，历任第一机械工业部二局副局长、机械科学研究院院长，中国科协书记处书记，国家科委情报局局长。

聂春荣是围棋爱好者，他的革命经历及1949年后所承担的工作让他又和许多爱好下围棋的领导有交往。聂春荣的岳父也会下围棋，聂卫平出生在这样的人家，自然很小就和围棋有了接触。祖孙三代都和围棋有了联系，聂卫平在围棋上的起点一开始就很高。

关于这段经历，聂卫平自己曾经公开发表过《聂卫平：围棋人生》一书，书中作了详细回顾，里面透露出的许多信息都暗示聂卫平在中国需要一个优秀棋手的时候，他出现了。

书中说：我学围棋完全是一种偶然，不像现在的孩子由父母带着刻意去学。我的父母和外公都是热心的围棋爱好者，而且瘾头都不小，一有空就要摆开棋盘杀上几盘。当时在我幼小的心目中，棋盘上星罗棋布的黑白子充满了一种神秘感，尽管什么也看不懂，但仍不肯离去。

严格地讲，我的父母并没有教过我们下围棋，但经常看他们下棋，久而久之，自然也就看会了。大概是在我9岁时，我弟弟继波常常趁父母不在家的时候，偷偷把围棋拿出来，学着大人的样子下起来。尽管那时我只是刚刚学会了"吃子"，但围棋所具有的强烈的胜负感一下子迷住了我，和下围棋相比，我感觉其他的游戏全都索然无味了。

在我10岁的时候，我和弟弟的围棋水平已远远超过了父母，外公为了让我们长长见识，便带我们到劳动人民文化宫的棋艺室去玩。当时文化宫有一个少年围棋训练班，由张福田先生在那里当辅导员。我们去的那天正逢训练班在活动，外公便向张先生说明来意，希望找两位少年棋手和我们随便下下，也好知道我们到底是个什么水平。因为那时除了爸爸、妈妈和外公这些家庭棋手外，我和弟弟还从来没有和外人下过棋。而训练班的少年棋手和我们不一样，都是经过正规训练的，即所谓的科班出身。

张先生欣然同意，随便点了两名少年棋手和我们下起来。我和继波虽说是第一次和外人下棋，但毫不怯阵，兴奋之余便使出了"家传本领"。开始他们对我们这种野路子很看不起，但走上几步就不知道该怎么应对了，大概他们受的都是循规蹈矩的正规训练，从来没有碰到过我们这样不守规矩的下法，结果双双败下阵去。于是乎训练班的少年棋手轮番上阵，我们也杀得兴起，经过一场场混战之后，正规军居然被我们这支游击队杀得全军覆没。

张先生颇感意外，当他得知我们学棋还不到一年，并没有良师辅导时，更是大为惊讶，当即表示将我们收到训练班加以培养。就这样，张福田先生成了我的第一位启蒙老师。

张先生是当时的棋坛名手，曾作为中国围棋代表团的成员去日本参加过比赛。他在围棋教学上颇有独到之处，不仅是我，北京现在的高手程晓流、谭炎午、吴玉林等，也都多多少少地受过他的教益。

其实我当时的水平简直连雕虫小技都称不上，可战胜训练班的少年棋手后，却神气十足，飘飘然起来。如果用夜郎自大来形容当时的我，真是再贴切不过了。记得张先生和我下的第一盘辅导棋是让我十七子，我心里哪肯服气，拼命想杀败他，可他好像故意气我一样，东下一着，西投一子，弄得我手忙脚乱，最后还是一败涂地。这下我可领教了高手的厉害，赶忙把逞强之心收敛起来。

训练班活动时，张先生通常是给大家讲解，并不常下辅导棋，唯独和我下了不少局。后来我才知道，张先生是有意这样做的。尽管张先生教我的时间不长，可是在他的培养下，我的棋艺进步很快。可以说，张福田先生是第一个把我领进围棋大门，并使我看到那变化万千的围棋世界的人，我对他永远怀着感激之情。

聂卫平能有机会和张福田下让十七个子的让子棋，也是一般学棋人所难以得到的机会。当时张福田得过全国第六名，是中国国手级的棋手，而聂卫平被让十七个子，确切说也就是初学的水平。尤其是张福田慧眼识珠，他和别的孩子并不怎么下棋，却和聂卫平下了许多盘的指导棋，让十七个子对张福田来说，不会有什么对弈的乐趣，甚至是索然无味，他为了培养聂卫平是切切实实地点燃了自己，照亮了聂卫平的围棋之路。

这是聂卫平的福气，也是中国围棋的福气。

陈毅是中华人民共和国围棋事业的奠基人，聂卫平作为一个出色的儿童棋手遇到陈毅元帅，接受到陈毅元帅的支持和鼓励，甚至陈毅元帅身上的伟人气质也会在和聂卫平的不断接触中给聂卫平以潜移默化的影响，这更是一般的孩子得不到的巨大收益。

可以说，没有陈毅，难有中国围棋今天的辉煌；没有陈毅，也难有聂卫平对日本围棋的超越。

聂卫平非常深情地记录了自己和陈毅元帅交往的许多往事。（《聂卫平：围棋人生》）

"在我的童年中，最令人难忘的就是我10岁那年和陈毅元帅下过一盘棋，从那以后我们竟成了棋友。这件事对我的一生都产生了重大影响，也可以说是改变了我的一生。

1962年夏天，我和弟弟继波像往常一样，吃过晚饭就到劳动人民文化宫看大人下棋。正看得带劲儿，我姐姐突然跑来找我，让我赶紧回家。什么原因她也不说，我就感到挺奇怪的。

回到家就让我洗澡。那时洗澡是很大的一件事，我像所有的小男孩一样，不愿意洗澡。可没办法，大人逼着洗也只能洗了。洗完澡还换了身新衣服，我就更奇怪了，这时我姐姐才告诉我陈老总要找我下棋。那时我才10岁，还搞不清楚谁是陈老总。我姐姐说陈老总就是陈毅元帅，我还天真地问怎么元帅也会下棋？在我的脑子里，元帅都是带兵打仗的。

第二天上午，父亲领着我和继波来到北京体育馆东楼招待所。由父亲亲自带我们去下棋，这可是破天荒的事。

见到了陈毅元帅，陈老总问了我们许多问题，比如几岁啦、学棋时间啦、棋力如何啦等。记得有一个问题总是使我很难堪，就是：你下得过弟弟吗？虽然我确实下不过弟弟，但下不过这三个字就像根骨头鲠在喉咙里，怎么也吐不出来，后来还是父亲替我做了回答。

当时在场的还有李立三、过惕生和过旭初。李立三我原来就认识，那时他是华北局书记处书记，每个周末他都派车接我和继波到他家下棋。他家养了好几条狗，我小时候还很害怕。下完棋还请我们吃饭，开开荤。那时正是三年自然灾害时期，物质极度缺乏，能吃上肉就是很不错的事了。李立三给我的印象是极为豪放，他的围棋水平并不高，每次输给我后都哈哈大笑，整个客厅全是他的笑声，我觉得灯都要被震下来了。李立三同陈老总关系密切，就是他跟陈老总讲，有个不到10岁的孩子，棋下得很好，这样陈老总才知道了我，并把我接去下棋。

简单交谈过后，陈老总便邀请我们入座。大概是继波水平比我高的缘故，陈老总首先选择了他，我则和李立三对局。第一轮继波输给了陈老总，我胜了李立三，然后我们交换了个位置，我对陈老总，继波对李立三。

我从小下棋就很认真，从来不愿让人，不管是谁。对陈老总我也是毫不留情，直到杀得陈老总投子认负。这个结果令我喜出望外，因为继波输给了陈老总，而我却战胜了陈老总，对我来说，这可是双重的胜利。下完棋，陈老总留我们吃午饭。

没想到晚上陈老总又把我们接去，这次是在首长休息室。那天中国围棋代表团刚出国比赛回来，陈老总正在接见他们并听取他们的汇报，国家体委副主任李梦华也在场。他们就如何发展中国的围棋事业谈了很多，可惜我那时还很小，谈话的内容还听不大懂，只知道和围棋有关。

自从和陈老总认识后，只要有时间，他便把我接去杀上几盘。有一年暑假，陈老总说，你们白天好好睡一觉，晚上陪我下棋，我请你们吃夜宵。很长一段时间我们几乎天天和他下棋，直到快开学时，他大请我们一次，还开玩笑地说，我们要告别了。那意思是说我们一上课，就不可能再像现在这样陪他下棋了。

和陈老总交往的许多细节，现在我已经记不清了，但有些话的意思我是记得的。1964年中国成功进行核试验后，陈老总曾说过，原子弹相当于围棋的'九段'，中国有了原子弹，也就是有了'九段'，而围棋目前还没有九段，你们将来要打败日本的九段。类似的话他说过很多，这使我在幼小的心灵里就懂得了下围棋并不是单纯的玩，而是和民族荣誉、为国争光联系在一起的。

经常和陈老总一起下棋的还有张劲夫、金明、胡立教、孙乐宜等，他们都是党和国家的高级领导人。

'文化大革命'开始后，我有很长一段时间没有见到陈老总了。

1966年11月，以岛村俊宏为团长的日本围棋代表团来华访问，按照以往的惯例应该到全国的几个大城市进行巡回比赛，可那时全国都乱了，他们只能留在北京。我听说这个消息后自然不能错过，也跑到比赛场地——北京饭店。没想到那天陈老总出来接见日本代表团，而且是穿着他那身元帅服。我过去虽然经常见到陈老总，但还从来没有见他穿过元帅服，我当时觉得他威风极了。

开始我还躲着他，不知怎么被他发现了，马上把我叫到跟前，并把我介绍给日本人。

陈老总一定要我和《朝日新闻》的记者田村龙骑兵下一盘。第一盘由于过度紧张我输了，因为这是我第一次和日本人下棋，尽管他只是个业余五段，但之后的5盘我全赢了。当时武宫正树、加藤正夫、石田芳夫都在团里，我还和武宫正树下了盘让先棋，没下完，打挂了，我的形势不好。"

才14岁的聂卫平，就已经有了出席中日围棋比赛的机会，虽然不是正式上场，指向性却明确暗示给了聂卫平，这里今后就是你人生的舞台。当年牛顿说自己是站在了巨人肩膀上的幸运儿。聂卫平也站在了巨人的肩膀上，而且这个巨人是主动为聂卫平铺路的人，他就是陈毅元帅。有了陈毅，有了聂卫平，有那么多为聂卫平的崛起而作出了贡献的人，聂卫平超越日本围棋，就有了许多的必然性吧？

二、聂卫平身处逆境时的人生抉择

1966年，14岁的聂卫平就代表北京参加了这年的全国围棋比赛，并且打出了第三组第一名的出色成绩。这年参加全国围棋比赛的选手除了聂卫平、程晓流等几个人，其他棋手都是职业棋手，在职业棋手参加的比赛中能获得小组里的第一名，说明聂卫平在围棋的道路上正走得一帆风顺，比许多职业棋手的水平都高。

"文化大革命"开始后，聂卫平在1969年，也不得不告别北京、告别父母，到黑龙江嫩江山河农场去当一名农场职工。

黑龙江地广人稀，那里的一条垄就可以长达两公里。徒手在庄稼地里走两公里都不是一件轻松的事，况且作为在农村挣扎着生活的知识青年们。初夏季节，手里握着长一米六左右、四五斤重的铁锄头，沿着垄沟，挥舞着，时时要准确用力地把玉米苗旁边的杂草锄下来，不准确会伤到玉米苗，不用力，那坚韧的野草就不会被连根锄掉，身后有生产队长在检查督促，草没有锄净啦，玉米苗被不小心锄掉啦，随时都会被点名批评。这还是一年中比较轻松的时候，但是挥舞着看似不重的铁锄头，两公里锄下来，浑身出的汗能把上衣和裤子湿透了，干活时不觉得汗湿透的衣服有多冷，等到了垄头，歇口气的时候，贴在身上的衣服能把人冻得直哆嗦。两公里锄地出的汗有多少，就渴得要喝多少水，在农村哪里有自己带水喝的，都在地头周围找水泡子，太渴了，爬在地上就像牛饮水一样去喝野地里的水。

这还不是最难受的时候，一般玉米地要锄两遍，等到玉米一人多高的时候，已是盛夏时节，人进到这青纱帐里，密不透风，不要说再挥舞着铁锄头，就是站在里面马上就是一身汗，茂密的玉米地里就像蒸笼，玉米叶子边上有一排细密的小刺，不穿衣服的话，那锋利如刀的小刺能把人全身划出一道道的血印子，衣服薄了都不行，就这样还必须手舞锄头锄地，那时中国农业技术落后，没有农业机械来做这锄地的工作，每个到了农村的知识青年大都经过这样战天斗地的考验。

聂卫平本来就有先天性心脏病，加上身材不高大，那锄地的锄头几乎和他一样高，干样的农活，对他来说就更为艰苦。总的来说，锄地还不是农村里最累的活，秋收的时候，早晨四五点天微亮就要下地，晚上八点多才收工，割谷子，割黄豆，割麦子，用农民的话说："割地打墙，累死阎王。"

身份天翻地覆的巨变降临在了聂卫平身上，触及他的是灵魂的煎熬。对于这个煎熬，只要个人的自制力足够强，可以选择性失忆，不去想它，可以把这心灵上的不幸封闭起来，有相对的缓和期，慢慢等着煎熬过去。

但是，触及肉体的煎熬，是每天都要面对的难关，那必须有一定的身体条件才行，这艰苦的劳作，让聂卫平深深地认识到，如果自己一辈子在农村，那将永无出头之日。

"天将降大任于斯人也，必先苦其心志，劳其筋骨，饿其体肤，空乏其身，行拂乱其所为，所以动心忍性，曾益其所不能。"

这句被引用过无数次的孟子之言，不幸也有幸地在聂卫平身上实现了。

每日的劳作，使聂卫平时时觉得自己就要坚持不下去了，就要倒下爬不起来了，已经耗尽了最后的一点力气，经过这样的煎熬和考验，还没有沉沦，还能保持自己的理想，还没有屈从于客观条件残酷而沉重的打击，还对未来和理想抱定毫不动摇的信

第八章 三代国手聂卫平

念，那天下的大任才会降临了也压不垮，才能在艰难困苦中求索奋进。

随后，在东北寒冷冬季到来的时候，农场稍闲的一天，聂卫平准备到几十里外的另外一个山河农场分场去找程晓流，一是看看老棋友，二是特别地想下围棋了。残酷、严苛又延绵无止的重体力劳动，让聂卫平决心为自己未来的人生去探索一条路。

东北的冬天，尤其是聂卫平所在的嫩江地区，是中国的寒极，当年冬天的时候一般都在零下三四十度，穿在身上的棉衣棉裤，北风一刮就和单衣单裤没有什么区别。寒冷把脚下的橡胶底的鞋都会冻得变了型，走在路上会有凹凸不平的感觉，脚趾头会冻得先是疼后变得麻木。这几十里路的步行都是对决心的巨大考验。聂卫平为了下一盘久违的棋，在严寒中跋涉了几个小时才到了程晓流那里。他当年的那一天就是觉得自己离不开围棋，就是要下一辈子棋，所以才顶风冒雪走出门去了。那时真是仗着年轻，仗着顽强的意志，仗着永远要奋斗的那颗心。

就在这一天里，聂卫平心目中的围棋和往日的围棋有了很大的不同。在这一天里，聂卫平赋予了自己今后再下围棋时不同的心理、不同的态度。以往下棋，一是出于喜欢和好玩，二是有一定的虚荣心，下棋可以参加各种围棋比赛，多出人头地啊！

此时，冒着严寒和甚至可能被冻死在半路上的危险，跑几十里路去下棋，肯定不是因为喜欢和好玩，也不是有任何虚荣，而是把下围棋作为自己走出困境的一条充满了艰难和挑战的道路。以这样的心态去下棋，那会是什么样的情景和结果？

聂卫平下棋态度的变化，使他走出了山河农场，他不管不顾农场领导可能对他的不满和可能出现的惩罚，一回北京就逗留好长时间，在北京没有干别的，一有机会，就到北京第三通用机械厂去找原国家围棋队下放在这里的几个人下围棋。

这时的北京第三通用机械厂却成为了中国围棋最高水平的中心。陈祖德是"文化大革命"前的全国围棋赛第一名，又是第一个战胜日本九段的棋手。吴淞笙，"文化大革命"前全国比赛的亚军国手，曾经战胜过好几位日本职业棋手。王汝南执白战胜过日本石榑郁郎五段。黄德勋杀败过后来名扬日本的加藤正夫四段。总之，这些国内数一数二的国手们也无棋可下了。

"文化大革命"以前和国家围棋队的国手下棋，即使是聂卫平，也不是随便就可以办得到的事情。那时，那几位国手每天都有自己的训练任务和计划，他们也不愿意和比自己水平低的业余棋手下。毕竟聂卫平还是业余爱好者，和国家围棋队的一流棋手中间还隔着一道专业和业余的鸿沟。现在，围棋都已经被认定为"四旧"，今后，围棋是不是还能成为国家体委正式的体育项目也未可知。平日里只是几个人互相之间下，下多了也没有意思了，现在冒出个以前也很熟识的聂卫平，他们也就乐得和聂卫平轮流下。就这样，聂卫平有时去了一下一整天，虽然还是所谓业余棋手，但从本质上说，比以前的专业棋手训练条件还好，聂卫平在这段时间积累了丰富的实战经验。由于是和不同类型棋风的职业棋手切磋，聂卫平等于受到了各个类型棋手的不同熏陶，为他以后的爆发打下了坚实的基础。

"文化大革命"爆发，全国围棋比赛取消。等到重新举办全国围棋赛已是1974年。这八年中，别人的围棋水平提高得都非常有限，唯独聂卫平极大地缩短了和中国一流棋手的距离。由于围棋比赛停了八年之久，各路英雄豪杰纷纷摩拳擦掌，抱着和聂卫平一样的展示一下自己水平的心理，都准备在重开的全国围棋比赛中一显身手。

陈祖德当时在中国棋坛上的霸主地位在一般人的心目中还没有动摇。而了解内情的人大都知道，聂卫平从前的最好比赛成绩虽然只是全国儿童围棋冠军，但是最近几年在陈祖德等人在北京第三通用机械厂的栽培下，有了突飞猛进的提高。

1973年，围棋也恢复了在国家体委大院的地位。毕竟围棋曾经惨遭蹂躏摧残，不可能马上就恢复为正式的国家队，先成立了国家围棋集训队。此时的聂卫平也迈过了18岁的成年界线，他的围棋水平已经可以和"文化大革命"前的全国前六名棋手并驾齐驱，成为国家围棋集训队的重点成员。尽管这时山河农场不给聂卫平发工资，不给发粮票，但对于已经选择了围棋为自己终身奋斗目标的聂卫平来说，那些都不过是前进道路上的阵阵逆风轻轻拂面，对聂卫平奋斗的决心根本形成不了任何威胁和阻挠。相反，由于这些政策迟迟没有落实，反倒是时时在提醒聂卫平，一定要在围棋界扎扎实实站住了脚，否则根本没有退路，再回山河农场是不可能的。因此，进了国家围棋集训队，聂卫平钻研围棋更加刻苦，而且目的性更明确了，眼界也更开阔了，不仅仅是为了爱好和好玩，而是认认真真把围棋当作一项非常有意义的事业。

他曾经公开说过，自己在一年里下过的棋超过任何集训队其他三位棋手的对局之和。笔者在聂卫平自己的对局记录本上曾经看到他在一盘棋对手栏中写下了三位国手的名字，当时还没有看明白，怎么会一个人同时和三个人对局呢？后来才搞清楚，这是国家围棋集训队自己发明的一种训练方法，简单说叫"加压棋"，聂卫平是一方，不可以悔棋，全凭自己对着棋盘在头脑里想对策，而对手是三个人，一人面对面地和聂卫平对阵，另外两人可以到别的房间去进行拆棋或复盘研究，可以在棋盘上反复演练，直到三人意见基本统一了再落子，显然这种加压棋的方式可以减少聂卫平对手的失误，并且可以集思广益，但是，记录本上许多记录都是聂卫平胜，即使三个人形成一股合力，也没有能战胜聂卫平。那是个16开本的围棋记录本，灰黄色的封皮，里面是淡绿色的棋谱纸，在每一盘棋的记录谱后面都有聂卫平自己写下的对局复盘感想，无论胜败，聂卫平都进行了复盘研究，那样的记录本，笔者曾经借阅过三大本。

如此刻苦，必有收获。聂卫平在集训队的内部比赛中数次赢过陈祖德，虽然还没有对陈形成明显优势，但是对陈祖德已经构成重大威胁，这些比赛成绩从来没有公开过，更没有在电视上直播过，聂卫平还只是一道没有显露的暗流，成了棋界内部人士看好的黑马。

1974年的全国赛拉开战幕后，聂卫平连胜五局，此时陈祖德四胜一负，两人的积分在八十多名棋手里分列第一、第二。第六轮，二人相遇，实质上就是冠亚军决赛。由于聂卫平此际比陈多胜一盘，信心大增，又占有年龄上的不少优势，聂卫平志在必得。

陈祖德是1966年以前的全国冠军保持者，八年后重登赛场，自然不会拱手相让第一的地位，两人间必是一场惊心动魄的恶仗。

决战那天，陈、聂二人出于对此战格外重视，都比往常稍稍提前一会儿来到了设在四川省博物馆六楼的赛场。比赛开始后，聂卫平轻轻摇着纸扇，点燃的香烟并不常吸，任由青烟在棋盘上空飘，给本年度中国最高水平的围棋决战平添了一些祥和的气氛。

陈祖德紧靠在椅背上，和棋盘稍稍保持点距离，冷眼看着棋盘。神态上，好像两人不是在比赛，而是旁观别人下棋。二人表情平静，熟悉他们的人却都知道：陈的脸红了就是陈的棋遇到了麻烦。聂的脸从来不红，但是他的耳朵常常暴露出他对棋局的个人感受，只要棋局形势紧张，他的耳朵刷地从耳尖红到耳垂。他俩下出的棋常常把杀机藏于九天之上或隐于九地之下，围观的人往往看不大懂，只好从他俩的脸和耳朵上判断棋局的优劣。

围观的人特别多，除了没有比赛任务的领队、教练围在一旁，还有许多棋手借喝水、上卫生间顺便来看一看，大家都以先睹这场势均力敌的决战为快，都预期这将是一场极其漫长、水平却十分接近的比赛。

不承想，连规定的时间一半都没用完，笔者那盘棋不过刚进入中盘不久，在利用对手考虑之机前来观战时，十分惊讶！看棋的人都已散去，陈、聂二人面红耳赤的神色还未全然褪完，但表情已很平静，局后研究也已接近尾声，聂卫平正在痛心疾首检讨自己的"大昏着"。

这盘棋由于聂犯了一个对他而言可算是相当简单的错误，下死了一块棋，从而仅八十一手就中盘认输早早结束了战斗。

晚饭后，棋赛已过去了八九个小时，多数人难耐七月成都又闷又热的天气，房间里的蚊子纷纷向人发起强攻，人们就都到街上散步凉快去了。笔者从五楼的窗户往下看时，忽然发现聂卫平正一个人呆呆地站在棋手住地——成都饭店背阴处一个人迹罕至、杂草丛生、蚊虫乱舞的墙根前默默地沉思着，持续了有半个多小时。好多棋手都目睹了聂痛苦反思"面壁"的情景，没有人上前去劝他离开，却都流露出敬佩的神色，都从心里认为就冲聂卫平这刻骨铭心的"面壁"，今后的冠军非他莫属。十二年后，他在自己的著作《我的围棋之路》中特地选登了这盘惨败之局，题目是"刻骨铭心的惨败"。

三、聂卫平在日本刮起了旋风

凭着这么一股子狠劲，聂卫平把全部的力量用到了围棋上，他首先在国内用比赛的胜利证明了自己的实力。

1974年的失利实质上表明，聂卫平就棋艺水平来讲已经像是一把已经基本打造成功的铸剑，锋利无比，削铁如泥，但刚性有余,韧劲不足,尚不能说到了炉火纯青的境界。1974年聂卫平是冲着夺冠而去,早已经不是十年前三组第一的水平。这次仅取得了亚军的优秀成绩,也是全国比赛中一人之下、百人之上的殊荣了,对许多棋手来说也已经是可望不可及的佳绩,但是对于聂卫平来讲,没有能获得期待已久的冠军就是完败。

这次挫败,极大地加强了他的战斗韧性。在随后几年的国内围棋比赛中,"文化大革命"虽尚未结束,聂卫平却在慢慢开启属于他自己的时代。

他曾五次获得中国围棋锦标赛冠军(1975年、1977年、1978年、1979年、1981年),并于1979年获第一届"新体育杯"冠军。

第一届"新体育杯"是中国历史上第一次不是由国家体委官办的围棋比赛,而是引进了日本新闻棋战的做法,由《新体育》杂志社出资举办的比赛。

由于是第一届,各个棋手都很想尝新。最后进入决赛的是"陈吴"时代的代表人物陈祖德,另外一个获得决赛权的就是还需要用实力证明一个新的围棋时代开始的聂卫平。决赛破天荒地采用中国围棋比赛历史上第一次的五战三胜,而不是一盘决胜负的方式。五盘三胜比一局就定胜负极大地排除了获胜一方的偶然性,所以,如果在第一届"新体育杯"比赛中获得冠军,那就更加意味着这个冠军的货真价实。最后经过了番棋决战,聂卫平获得了对陈祖德的胜利。

同年,在第一届世界业余围棋锦标赛中,最后进入决赛还是陈祖德和聂卫平,聂卫平又取得了胜利,获得冠军。聂卫平在这两个首创的比赛中以比较大的优势证明了中国棋坛上一个新的时代的开始。当年,中国棋坛舆论一致公认,1975—1979年,开始了"聂卫平时代"。

第八章　三代国手聂卫平

聂卫平在国内已经稳稳守住了第一的宝座。但是，在和日本棋手的比赛中，征途才刚刚开始。

正如当年的许多中国棋手"恐聂"一样，当年的中国围棋也患有"恐日症"。之所以恐惧，就是胜利取得的还不够，不仅数量不够，所赢的日本棋手的档次也还不够，还没有用实力对自己的围棋水平建立起足够的信心，是以前中国围棋水平长期落后于日本的一种一时半会儿还克服不掉的心理阴影。围棋是发源于中国的宝贵文化遗产，近代以来却兴盛于日本。民国初年（1912年），日本五段棋手高部道平访华，中国棋手无一是其对手。据他描述，中国棋手最高水平也不过相当于日本初段而已。这是让国人很感到绝望的事实。

1960年，日本围棋代表团首次访华，中日双方共弈三十五盘，中国仅胜两盘，和一盘，余皆败北。

1961年，日本围棋代表团再度访华，54岁的日本女棋手伊藤友惠五段八战皆胜。郝克强回忆说，与名手过惕生并称"南刘北过"的老将刘棣怀对弈伊藤时，刘每一手都下得很慢，常常苦思冥想，伊藤则作悠闲自得状，下完一手棋，便起身赏花观鱼。战不多时，伊藤就吃掉了刘的一条大龙，"刘老的脸红到了耳朵根"。

此事也一直被中国棋手视作奇耻大辱。亲眼目睹这场惨败，当时年仅18岁的陈祖德对此念念不忘，曾在1986年出版的自传《超越自我》中说："这不仅仅是围棋手的耻辱，也是民族的耻辱，是国耻！"

两年后，后起之秀陈祖德曾于1963年受先一子战胜日本棋手杉内雅男九段，又于1965年分先战胜日本棋手岩田达明九段，打破了日本九段棋手不可战胜的神话。可以说终于报了中国男棋手被日本女棋手"惨败"的一箭之仇。

1974年12月，围棋的命运虽然出现了转机，但随时都有可能被二次推翻,重新被打成"四旧"。中国棋手每一个人都深深知道自己的围棋之舟处在风浪之中。

日本棋手也有精神压力,但无非就是如果输给了中国棋手将没有面子,其他并无影响。

像陈祖德要考虑整个中国围棋的命运,整个国家围棋集训队的命运,只有下出好成绩,才能力保中国围棋的稳定发展;具体到聂卫平,他深知,如果自己的比赛成绩越好,距离山河农场则越远,甚至就此彻底脱离山河农场,从而实现自己的理想。

中国古话"欲速则不达",用在围棋比赛上就是铁的定律,真真是,越想赢,结果却往往是越输。

第一次正式和日本棋手交锋的聂卫平,自然而然地掉进了"欲速则不达"的怪圈里。在和宫本直毅对局之前,因为是第一次和日本棋手比赛,想表现出色的聂卫平却三盘比赛输了两盘。本次中日交流赛,聂卫平第一场就输给了日本业余棋手村上文祥,按棋队的规矩,输一场后第二场要停赛一次,等其他棋手输了再上场,于是,聂卫平等到了下一轮才又有了上场的机会,对手是七段苑田勇一。这个棋手显然比村上文祥厉害多了,聂卫平还没从输给日本业余棋手的懊恼中走出来,结果又碰上了个更厉害的,仓促之间加上沉重的想赢怕输的思想负担,再次告负。

在1974年全国围棋比赛上叱咤风云的聂卫平,此时却连走麦城。在又一场比赛中,为了培养聂卫平,也是为了让他养养锐气,挽回些面子,给聂卫平安排的对手是日本二段棋手久保胜昭,这盘应该是很轻松取胜的比赛,但直到收小官子时眼看聂卫平又要输棋,不料久保胜昭在读秒声中过于紧张,下了一步根本没有用处的棋,聂卫平才抓住机会,反败为胜,总算是开了张。因为他前几轮水平发挥失常,成绩太差,接连几场就没有让他上,直至最后一场比赛,安排给他的对手是日本四段女棋手柳内惠美子。

在北京，第一局，宫本执白战胜了老对手陈祖德；第二局，宫本执黑赢了王汝南。1974年11月27日，比赛移师桂林，宫本直毅先后轻取吴淞笙和华以刚。12月3日，转战杭州，宫本直毅再胜陈祖德。12月7日，上海，中方又一次派上吴淞笙，面对作战经验丰富的宫本，吴淞笙依然告负。中国1974年全国围棋比赛中的前六名除了聂卫平都已经败于宫本直毅。

这年在日本尚不是当值超一流棋手的宫本直毅九段，对当时的中国棋手来说简直是不可想象的强大，六战六胜。这天他在中国举行的酒宴上忘乎所以地表示，明天是自己的生日，准备以对中国棋手的全胜作为送给自己的生日礼物。

宫本直毅酒桌上的豪言壮语等于是直接向中国棋手下战书，一般情况下，参加比赛的棋手都比较含蓄，包括日本的名棋手，都不会在公众场合轻言胜负。这位宫本先生不知道是酒喝多了，还是太过自信，总之在中国棋手看来，简直太狂妄了，都希望一定在最后的一场比赛中给他以教训。

这时围棋集训队的几位队友都不约而同地想到了聂卫平，他们想，反正大不了就是个输，如果谁上都是输，那就还不如上一个在日本还没有什么名气的聂卫平，他是对日比赛中的新手，输了也不丢人。基于这个想法和他们对聂卫平围棋实力的信心，就一起向领队推荐聂卫平来迎战宫本直毅。在无人对战宫本直毅的情况下，命运给了聂卫平一次难得的表现机会。中国队临阵换将，聂卫平对宫本直毅，由中国广东棋手陈志刚对日本女棋手柳内惠美子。

这是聂卫平第一次同日本九段对垒，而且是日本的强九段。也许是宫本直毅对当时还默默无闻的聂卫平重视不足，他事先没有研究过聂卫平的棋。

12月9日，是宫本直毅的生日，他很高兴能在自己生日的这天和中国棋手下盘他想象中很轻松的对局，他将会七战全胜来度过自己的生日。

走进对局室，他看到的是一个陌生的面孔，聂卫平是谁？宫本直毅根本不知道，他想这无非是中国队眼看取胜无望，借此锻炼年轻选手而已。

棋局开始不久，聂卫平就抓到了一个反击的机会，一下子将略被动的棋局扭转过来，此后，宫本直毅使出了浑身解数，数度发起了辛辣而犀利的反击，但聂卫平一反自己在国内比赛时偶然出现的大意和轻敌，步步为营，稳扎稳打，牢牢保持住局面领先，取得了最后的胜利。

赛场上的中国人终于实现了自己的愿望。宫本讲了必胜的大话后，再让他赢就太没有面子了，中国围棋队终于让宫本输了一盘，这胜利肯定是要向上级汇报的，这是经历了"文化大革命"以后再次战胜日本九段的重要赢棋，在中国围棋发展历程中必然要留下浓墨重彩的一笔。

随队访问的日本新闻记者们则十分惊奇，宫本九段连胜中国榜上有名的高手，怎么最终却输给了一个以前根本没有听说过的新棋手？

宫本直毅这时才细细打量起来聂卫平，这人怎么会如此厉害，自己的一个放松，就再也没有了扳回的机会，这个人可不简单。中国怎么会还隐藏着一位如此莫测的高手？在此之前自己居然一无所知，如果早知道这个以前根本不出名的聂卫平有如此实力，自己上来就全力以赴，他有种中了计的感觉。

复盘的时候，宫本想多了解些聂卫平，来验证中国方面是不是在棋手安排上使用了骄兵之计，很客气地向聂卫平发问："聂先生，请问你来自哪里？"

聂卫平老老实实地回答:"我来自中国的黑龙江。"

宫本更好奇了:"黑龙江?你在那里一直学习围棋吗?是搞什么工作的?"

聂卫平答道:"在黑龙江根本无棋可下,我在黑龙江当农民工,每天都干农活。"

次日,日本的《读卖新闻》等报纸就登出了中日围棋交流赛的最新战况:日本主帅宫本直毅在上海输给了一个中国的农民!

尽管这次赢宫本为大家挣足了面子,但还谈不上刮起了旋风。

20世纪80年代以前,无论国际还是国内,围棋比赛都较少,每年就是一次全国围棋比赛,以及一年一度的中日围棋友谊赛。如果去日本比赛的话,选拔非常严格,通常只去八个棋手,当时全国专业棋手有三四十人,就是说,只有全国围棋比赛成绩优秀的人才有出国的机会。如果是日本棋手来中国比赛的话那还好些,中方棋手可以轮番上阵。但是,能选派和日本队的第一台、第二台的棋手交战那还是不容易的事情。

如果说和陈祖德的那盘铭心刻骨的败局给了聂卫平极大教训的话,那么和宫本直毅这盘赢棋则是给予了聂卫平极大的鼓舞。在一个人成长的路上,教训是宝贵的;同样,只有胜利才能培养出的坚强自信同样宝贵。

1976年,中国围棋在沉寂了几百年后,终于一飞冲天。以聂卫平为主力队员的中国棋手再次赴日参加中日围棋对抗赛。第一阶段,聂卫平先后战胜日本昭和时代的最强老将藤泽秀行名誉棋圣、九段,以及岩田达明九段等强手。日本方面看到二线的著名棋手已经抵挡不住中国新秀的冲击,就把刚刚获得了冠军、一线的棋手石田芳夫请了出来,以继续保持对中国棋手的明显优势。

石田芳夫九段当时不到30岁,但已连续保持了五届"本因坊"冠军,并荣获"终身名誉本因坊"称号,那年他同时还获得

"名人战"冠军，具有"名人"的称号。

这年的石田芳夫在日本正是最红火的时候。他当年以八段头衔4比3的接近比分战胜林海峰，从而挑战成功获得"名人"。在此之前，石田芳夫七段时，1971年从林海峰九段手中夺走了"本因坊"，成为日本围棋史上第三个同时握有"名人"和"本因坊"头衔的英雄，"本因坊"被他一直保持到1976年。由于他的卓越成就，日本棋院破例推荐他为九段（不用经过升段赛），使他创下了在日本11年中就由初段升到九段，这一至今尚未被打破的最短时间升为九段的纪录。在他获得了"本因坊"同时又是"名人"时，日本的大棋赛远不像现在这样多，因而毫无争辩地宣告"石田"时代的到来。

中国是聂卫平时代，日本是石田芳夫时代，所以当年4月份二人进行的比赛被日本的报刊冠以"时代相撞之局"并非过分夸张。

"本因坊"在日本历史悠久，就其比赛的奖金来讲是稍逊于"名人"战的，但在日本国民心目中则视它为国粹。现在的日本围棋比赛里奖金数额最高的是"棋圣战"，但最被看重的则还是"本因坊"。

"本因坊"是日本江户时期围棋界四大家门之一（其余三家是井上、安井、林）。那时日本的围棋高手大都荟萃于四家之内，父子师弟相传，争霸棋坛。而本因坊家人才最盛，因此在四家中居于首位。"本因坊"作为门户被确立下来，是在公元1590年前后。在这三百多年中，先后承袭名号者21世，共19人（其中秀荣和秀元均曾两任）。由于"本因坊"在四家中高居首位，俨然成为具有代表性的特殊称号。到了21世纪本因坊秀哉晚年，他将"本因坊"这一称号赠送给了日本棋院，由私家传代制改为棋界公开选拔。

由于本因坊历史悠久、影响大，所以被日本围棋界推而广之，便成为某一地区某一阶层的棋界好手的代表名称。例如，业余冠军可称为"业余本因坊"，女棋手比赛有"女子本因坊"等。

　　日本一方请出了现任"本因坊"来迎战聂卫平，自然是想看看两国的冠军谁更厉害。

　　聂卫平从一开局就占着优势，虽经石田多次用计，但都被聂卫平一一瓦解。当狂傲的大竹英雄看了这盘棋以后，深为聂卫平的水平折服，尤其是一处不起眼的小官子，极易被一般棋手所忽略，而聂卫平则显示出了九段棋手才具有的精雕细刻般的棋艺。据说大竹看到了这着棋后就不再评论聂卫平的棋了。可能是认为凡是自己想到的，聂卫平全想到了。从此也再未听到他说什么"要让中国棋手一先"的狂言。

　　聂卫平击败了当届的"本因坊"超一流选手石田芳夫九段，并以六胜一负的成绩，令所有的日本棋手大吃一惊。日本《读卖新闻》以"聂旋风"为主题词对聂卫平的赢棋进行了详细报道，文章称：聂卫平在日本刮起了旋风。聂卫平赢了在日本有"电子计算机"之称的石田芳夫，那盘棋是"震撼了日本棋坛的一局"。

　　中国和日本有关报刊详细报道了这盘比赛的过程：

　　"上午10点，石田和聂卫平分别进入对局室，两个人都是西装领带，各自手执一把扇子。

　　石田表情冷漠，双手合抱胸前，盘膝而坐，目光下垂。聂卫平又是对角星，然后再次走出号称"千变"的大斜定式，几乎是对宫本直毅那一局的翻版。

　　只是，石田却不愿硬碰，白第8手尖，他选择了避战的简明应对。

　　有时候，围棋就像一场真正的战争，一旦退后，就会压不住阵脚。石田一退再退，使得聂卫平的阵势大张，高山深谷，拔地而起，一派壁垒森严之势。

石田眼看局面悄悄落后，知道不实施强硬手段是不行了。于是，白44打入上方黑棋阵地。

聂卫平下得更是高明，对侵入上方的44先来个冷处理，暂时不应，却突然转向，对右方孤零零的白子打了当头一镇，石田措手不及，匆忙治孤，等到将右方和上方打入的孤棋都处理干净的时候，下方黑棋阵地又成了新的大模样。

这次，石田再次打入下方的黑棋时，棋盘已经变小，腾挪转化已经力不从心，到了机关算尽的地步了，最终石田输四子。"

这一天，孔祥明战胜了日本"女子本因坊"小川诚子，陈祖德战胜了七段谷宫悌二，王汝南战胜了六段淡路修三，曹志林战胜业余棋手今村正道，王群战胜业余棋手石仓升，中国棋手反而以27胜24败5和的战绩反超日本。总比分上第一次领先于日本。

于是"聂旋风"的称呼出现在了中日棋坛上。

这是很普通的一天，却又是中国围棋具有历史意义的一天，中国棋手居然可以击败现任的日本"本因坊"，中国棋手也可以在总比分上超过日本，中国的女棋手对日本女棋手七战七胜，中国队近二十年第一次凯旋。

这次访日比赛结束回到中国后，聂卫平把战胜石田芳夫的那盘棋记录在围棋棋谱纸上，在陈毅元帅的儿子陈昊苏陪同下，他们来到了八宝山陈毅的墓地。天色灰暗，北京上空笼罩着厚厚的乌云，刮着风，飘着雨，仿佛老天也知道此时此刻有人在祭奠新中国围棋的开拓者和奠基人。聂卫平一行默不作声，只是凝重地把一束洁白的鲜花恭恭敬敬地摆放在陈毅的墓前，雨滴打在白色的花上，颗颗晶莹剔透，仿佛人们的眼泪，使得鲜花更加鲜艳洁白。

聂卫平拿出那张记录着来之不易胜利之局的棋谱，陈昊苏用打火机点燃，火苗倏忽而起，化成黑色的飞灰飘荡在风雨中。

陈毅元帅生前一直热切期待着中国棋手能够战胜日本棋手，他曾经豪言十年我们要赶上日本。距他说这话过去了十六年，但是"文化大革命"就搞了整整十年，如果没有"文化大革命"的那几年，陈毅元帅的预言确实准确。他生前最喜欢的两个棋手陈祖德和聂卫平终于相互携手承接，共同完成了陈毅元帅的夙愿。陈毅元帅在天有灵一定会对聂卫平这盘棋的胜利欣喜万分。

四、我们也可以给日本人当老师了

1974—1980年，聂卫平与日本九段棋手对弈三十局，胜17局、和2局、负11局，已然占据上风。

聂卫平赢了宫本直毅那盘可以称为破冰之局，以后一发而不可收，接二连三非常轻松地战胜了好几位日本的九段。

但是，判定中国棋手的进步与否，仅仅看一盘棋两盘棋的比赛结果，还是心里没有底。只有在围棋理论上也得到了升华，能总结出一套自己的理论来，知道赢是怎么赢的，输是为什么输的，这才是最有说服力的证据，证明了中国棋手确实扎扎实实地进步了。

也只有在围棋理论上彻底搞明白了一些道理，总结出既有实战意义，又有切实指导思想的理论，并能用这些理论来说明为什么应该这么下而不是那么下，证明所选择的行棋方案并非灵机一动，而是动了一番脑筋，以理论指导行棋方案和计算，并用实战中的下法说明之所以下得正确，不是偶然蒙对了，是理性地走出了高明的招法，那才是中国棋手真正提高了水平，有了实在的进步表现。

在实战上，也在理论的归纳方面，聂卫平可喜地完成了围棋理论的升华，代表中国棋手结束了棋理欠缺的时代，把中国围棋水平推向了自由王国的围棋境界。

日本棋手经过几百年的不断总结经验，提出了"贴目"的概念，开始研究每一手棋是多少目，然后根据目的大小多少，潜在的目是多少，表面上的目是多少，一一进行比较，然后根据目多的就先走，从大到小进行选择。这和中国传统的以攻杀为主的围棋有了很大的不同，减少了盲目性，增强了行棋时的理性。所谓一流棋手赢棋基本靠的是精细把握了棋的大小的判断，也就把握了棋局的走向，极大地减少了胜负结果中的偶然现象。赢棋是靠扎实的基本功，虽然围棋极其复杂，就是职业棋手也偶然有出错的时候，但是大多数情况下，赢棋体现了一种必然性，极大地降低了蒙赢的情况。

这套数字化理论，从中国和日本在20世纪60年代有了围棋交流以后，日本棋手在和中国棋手局后复盘时就详细地把他们的心得毫无保留地传授给了中国棋手。由于围棋的数字化更是以围棋中扎实的计算功力为基础的，20世纪60年代中国棋手的计算功力还不够的时候，听这套数字化、大局观、全局观念等，就如同听天书一样，意思是明白了，但怎么应用，如何应用地正确和准确，需要一个逐渐爬坡的过程。

以前中国棋界评论刘棣怀的棋是"一子不舍刘大将"，应该是比较到位的评论。刘棣怀是中国当年的国手，其计算能力应该是可以和日本职业棋手不相上下的，甚至还强于日本职业棋手，他能够一子不舍，靠的就是非常精准的计算，靠的是比较强的攻击力。但是，遇到了日本数字化了的职业棋手，刘棣怀就不再占优势。以他和过惕生为代表的中国棋手和日本的一流九段让两子都还难赢，说明了中国棋手整体围棋理论素养不够，围棋理念还极大地落后于日本。

第八章 三代国手聂卫平

1976年夏天，在合肥全国围棋赛期间，聂卫平自战回顾，讲他和日本九段岩田达明的那盘棋。

这盘棋，可以说聂卫平从头赢到尾，每到棋局面临变局的时候，聂卫平都把自己对棋局的形势判断过程展示了一遍，细致地做了精确的分析，自己是多少目，对手是多少目。在局势已经领先的情况下，在全局各处是根据目的多少来定型，不该出击的地方绝不冒险，不该退让的地方也绝不退让，棋局是多少目对多少目，时刻在聂卫平的头脑里。

聂卫平的这盘棋完全使用现代围棋理论来进行棋局分析，最后的输赢结果也是按照聂卫平的计算实现的。

聂卫平的现场讲解和当年中国围棋杂志上的解说有许多不同，具体地说，就是用数字来说话，这里便宜了几目棋，那里为什么又要亏一点出去，都解说得简单明了，准确精当。现在大家都知道了所谓的"大数据"，聂卫平在继承了精于计算的中国围棋传统的基础上，又消化吸收了最新的日本数字化围棋理论，在他的这次讲解中，突出地表现出了这一点。

所以是聂卫平而不是其他什么棋手率先全面超越了日本的一流棋手，这绝不是偶然的，是聂卫平的围棋理念经过自己的刻苦钻研终于融会贯通、驾轻就熟了。

聂卫平在讲解近尾声时，他稍稍停顿了一会儿，然后口出狂言，自信地说："在这盘棋以前，和日本人下棋无论是我赢了还是我输了，局后研究都是日本人开讲，给我们当老师，这次不同了，局后复盘研究时主要是我讲，我指出了岩田先生布局的某些不足之处……我也能给日本人当老师了。"

此前，我国棋手和日本棋手虽然互有胜负，但主要赢棋是九段以下的，从对局情况看，布局阶段我们占优势的情况较少，大多是经过中盘混战，才能把局势扭转过来。因此，无论是中方还是日方评棋时，都认为中国棋手布局差，而中盘力量尚可。每次比赛局后研究日本人自然多以老师自居给中国棋手指点迷津，中方棋手大多点头称是。

这个始终当学生的局面终于由聂卫平打破了。

在一篇聂卫平的自战回顾中，其中有盘和日本本田邦久九段的对局。序盘阶段，局势纷乱，双方都有不安定的棋，局面也很细微。在解说中，聂卫平介绍说开始自己想主动发起对对手不安定棋的攻击，往深里一计算发现，由于自己的棋也没有完全安定，一旦没有能制对方于死地的话，对方的反击也将十分严酷，这个方案风险很大。第二个方案是和对方抢大场，但由于自己的那块棋没有完全安定，对方一旦反击起来的话，抢来的空有可能得而复失，这个方案也不好。经过细密的形势判断，聂卫平发现，自己先补棋，表面看是一步后手六目的棋，实质上先行把自己的棋完全安定了下来，此后再对对方的棋发起攻击时就可以使劲发力，而全无后顾之忧。经过了反复衡量，聂卫平确认，这个后手六目原来是目前棋局上最大的一手棋。

而本田邦久果然中计，以为聂卫平怎么贪图那么小的一手官子，而忽略了这手棋之后的猛烈进攻，很快，聂卫平就从进攻中得到了丰厚的回报。

这盘生动的自战解说，也详细地显露出聂卫平在围棋理论上的升华，开始把日本棋手近百年来的数字化的下棋理念活学活用，从而打破了以前对日本棋手的崇拜和迷信，开始以更高昂的气势和日本棋手一比高低。

日本一度的七冠王小林光一是中国棋手最难对付的超一流棋手。在聂卫平已经赢过了日本的石田芳夫"本因坊"以后，小林光一访华，七战七胜。

所以第一届中日围棋擂台赛时，他被日本棋院委任为日本队的双保险之一，日本的报刊曾经说：擂台赛不论出现多复杂的局面，到了小林光一就一定可以结束比赛。从小林光一的多年征战史中不难看出，1985年擂台赛时期正是小林光一的黄金岁月，其势如长虹正贯穿着日本棋坛。聂卫平面临的就是这样一个极难对付的棋手。

小林光一的棋究竟厉害在什么地方呢？

论宏大的气势，他比不上武宫；论攻击力，他逊色于加藤；论头脑快捷，他稍差于有"电脑"之称的石田。上述棋手，优点出众，缺陷也明显，小林则是长不显长，短不显短。大师吴清源曾对中国棋手说："小林你们较难对付。"原因在于中国棋手的特长是中盘搏杀，只要抓住了对方的破绽便能乱中取胜。小林恰是破绽较少暴露，他不刻意去追求，所以也就不会轻易地失去。他的那种朴实无华、稳健细密、没有明显特点的棋风，其实也自成风格。日本数字化的围棋理念，集大成者就是小林光一了。他力求把复杂多变的围棋都尽可能作"量化"处理，即某处是多少目，某处又是多少目，都了然于胸，有了这样的功底，只要挑大的走，就不会有太大、太多的失误。"量化"的前提是要对每个对手十分熟悉，这种情况下这么走，那种情况下是那样应，这种资料在头脑中积累多了，再加上下功夫钻研，"量化"逐渐地准确起来，为他日后的成功打下了坚实的基础。

第一届中日围棋擂台赛，小林战胜了刘小光以后，复盘时，聂卫平指了指刘小光的一片宏大阵势问小林："在这一带打入如何？"

聂卫平指点的地方显然有相当的道理，从聂的均衡型棋风讲，他指出的地方会更符合棋理。小林回答："对方擅长攻击，所以我不想在这里作战。"

按说，高手是欢迎"乱"的，从这里也可以看出小林的谨慎和力争把一切失误都消除在未然的特点。

聂卫平却从和小林光一的交流中，敏锐地发现了小林光一的软肋，那就是怕遇到不熟悉的情况，怕乱。

聂卫平掌握了小林光一这一弱点，在第一届擂台赛上遇到小林光一后，就是靠把局势搞乱才获得了最后的胜利。这盘棋，更进一步说明了聂卫平的围棋理论已经在更上一层楼的情形下，可以根据对手的行棋特点来确定自己的行棋方案。这已经是数字化基础上的谋略化了。

明了了这一点，聂卫平在中日围棋擂台赛中十一连胜，一口气连赢了头三届比赛，也就能够理解了吧！

第九章 北京棋社培养出的四位职业棋手

北京棋艺研究社推动中国围棋事业发展的历史作用和功绩，将会永远地被历史记录下来。

这个记忆，存在于参与过棋社成立的过程、领导过棋社的工作、在棋社教过围棋、在棋社学习过、到棋社参加过各式各样活动的人们心中。但是，如果不落实在纸面上，这些宝贵的记忆会随着当事人逐渐退出历史舞台而淹没。

把在北京棋艺研究社发生过的各种有意义的事情写出来并集结出书，是北京棋院有关领导作出的一项非常正确而有意义的决策。

北京棋艺研究社有意义的重要事情之一就是培养过许多棋手，比较出名的职业棋手，如吴淞笙、罗建文、沈果荪、江铸久、江鸣久、杨晋华、方天丰、陈惠芳等都曾经来过北京棋艺研究社学过棋，但是 他们都是短期学习。

北京棋艺研究社自己也系统培养过一些棋手，后来其中的四位成了职业棋手，这四位对北京以至中国的围棋事业都作出了一定的贡献。

这四位棋手是吴玉林、刘月如、程晓流、谭炎午。

说到北京棋艺研究社培养棋手，自然不该忘记曾经指导过他们的恩师过惕生，还有进入过全国比赛前六名的名手张福田、金亚贤，其他人如崔云趾、雷溥华、俞敏、涂雨公等也都对上述四人进行过指教。

这里要特别指出，北京棋艺研究社聘请的老师韩念文，是具体负责训练和管理棋社学员的负责人。他和上述四位学员其实朝夕相处的正经教与学也就三年不到的时间，却为他们打下了坚实的围棋基础，给上述四人最终从事围棋事业无论在在棋艺、学习方法、还是在为人处世方面，都带来了非常有益的影响。

"温良恭俭让"的吴玉林

任何见过吴玉林的人，即使以前不熟识，了解不多，甚至是第一次见面，都可以很快从他身上感受到中国优秀的历史文化传统——"温良恭俭让"。

吴玉林从小生活在北京，也从小就是品学兼优的好学生。高中是在北京市的重点中学北京十三中，即以前的辅仁大学附中学习。他的学习成绩在班上名列前茅。由于家就住在北京棋艺研究社隔壁，可以说，吴玉林走上围棋之路是自然而然的事情。

他身材中等，人偏瘦，相貌清秀，不太善于言语，一看就是从家教比较严的家庭出来的。说话从来不高声大气，总是那么温文尔雅，对人从来都是那么谦虚和气，所以到了北京棋艺研究社以后，就很受各位老先生们的喜欢、重视。由于天资聪慧，从启蒙到成为北京围棋队的一员，也就不到三年的时间，就达到了过惕生过老仅让二子的水平。

吴玉林1964年夏天进入围棋队成为专业棋手，不到两年时间，1966年春天代表北京参加全国围棋比赛，就执白棋战和了当年的全国围棋名手沈果荪。20世纪60年代，中国围棋以陈祖德、吴淞笙为"陈吴时代"的代表，接下来就是罗建文和沈果荪为最强。那时由于是执黑棋贴5目,结果吴玉林和沈果荪是和棋,如果按后来贴5.5目的规定,吴玉林就赢了沈果荪,这对一个学棋仅四年多的棋手来说,简直可以说围棋水平进步神速。

吴玉林回顾那段刚进围棋队时的生活,说:"那时非常用功,每个星期只有星期六回家住一晚上,星期天下午回到先农坛的棋队驻地就开始研究棋谱。那时也没有谁督促自己,是自己最刻苦的一段时间。"这个回顾,是吴玉林1966年能赛出好成绩的注解。

就在吴玉林学习围棋进步速度最快的那个阶段,也有许多节外生枝的事情。1965年9月,棋队的所有人都要到北京郊区去搞"四清",但吴玉林在业余休息时间仍旧苦苦钻研当年很难寻找的围棋棋谱、棋书。

到1966年全国比赛前的那一段岁月里,可以说吴玉林的围棋生涯运气好得没法再好。放眼全国,学棋两年多就成为了职业棋手,可能全国就吴玉林一人,包括和吴玉林同时进北京围棋队的刘月如,学棋也比吴玉林要早个一年多。像程晓流、赵之云,也都是围棋天才,也都有不凡的水平,但是运气和吴玉林比,那就差得远了,他们二人成为职业棋手比吴玉林至少晚了十年之久。

1966年5月间,吴玉林从河南郑州参加完全国比赛回到北京,他的围棋好运气一下子就消失了。

棋手们也就是刚把行李什么的安顿好,连对全国围棋比赛的总结都没有作,大家又都被叫到北京郊区的农村收麦子。当年的许多事情都很是匪夷所思,按说专业运动员有工资,享受着国家给运动员的特殊伙食补贴,在北京也属于高薪阶层了,却去从事最简单的、最原始的手工收麦子,拿着高待遇去干最低工资的工作,从费效比角度来说也是很得不偿失的事情,几个下棋的男女运动员也顶不上一个农村的壮劳力,况且下棋就是他们的职业,是为追赶日本的围棋水平,是为了国家的荣誉才设立了围棋专业队,当时全国搞围棋专业的人员也不过几十个,吴玉林是被认真细致地选拔出来从事这个特殊职业的人,实在是不差这几个人去收那几亩地的麦子。这个文不对题的秋收计划是干一个月的,手上磨出了茧子,棋艺要荒疏,实在是得不偿失。

这件几乎可以完全忽略的历史长河中连一朵浪花都算不上的小事情,扩展开来却决定了吴玉林在围棋生涯中的命运。

随着阿尔法狗及人工智能棋手的诞生,不难发现,提高围棋水平,尤其是围棋实战水平的最好办法就是有一定水平的大量对局。人工智能自己和自己下棋,三天时间就可以对弈几百万盘,一个再勤奋的职业棋手一辈子也不过是下几万盘棋,显然不可能是人工智能的对手。

当年聂卫平曾经说过,他一个人和队友的对局总数可以超过任何其他三位棋手的对局数之和。聂卫平的这个体验可能就是他成为当年中国第一高手的根本原因。

柯洁成为世界第一人以后,有媒体访问柯洁,问他怎么这么快就成为世界冠军的。令柯洁最深刻的是他在学习围棋的过程中,最高效的办法就是到电脑上无休无止地对局、对局、对局,那时一天就可以下十几、二十多盘棋。虽然还远远比不上人工智能棋手的一天对局数,但是柯洁的对局数比起其他棋手多多了。

古今中外,世界上没有任何一个军事家不是在战争中成长起来的。没有任何一个例外。可见实战对军事家和棋手来说,就是他们事业成功与否的命门,就是决定一个棋手是最后登上棋艺顶峰还是半途进退失据最重要的一环。吴玉林在棋艺进步的途中,已经是一把锻造成功了的宝剑,就差最后的淬火——需要大量实战的时候,他不得不和实战脱离。

"文化大革命"开始后,全国禁止下围棋,围棋队解散,吴玉林去游泳池当救护，不能下棋和没有机会下棋的岁月一直延续到1972年或1973年。算起来，不下棋的时间总和远远超过吴玉林学围棋的时间总和。

在不让下围棋的那个阶段，没有棋可下，吴玉林不得不以业余棋手的身份去钻研围棋，不能实战他就从书本上去充实自己的各种围棋知识，手头上有限的围棋书研究完了，每个星期天就到国家图书馆去借围棋书抄和读。就是这段时间里，吴玉林对围棋定式进行了几乎穷尽的研究，可以这样说，全国围棋界纯理论研究围棋，吴玉林首屈一指，他是围棋定式方面的百科全书，所有实战中出现过的定式及定式中新的演变和过程几乎没有他不知道的。他在国家少年围棋队当教练，国少队的那些少年棋手在学定式方面由于吴玉林的存在节约了大量的时间和精力，遇到问题根本不用去翻书，问他们的教练吴玉林就可以彻底地把问题都解决了。

后来，吴玉林把自己对围棋定式的心得体会写成专著，出版了数本，是国内深受欢迎的、少有的定式专著的作者。

围棋被禁止的那段岁月里，吴玉林对围棋的学习和追求没有丝毫的放松。

1973年，围棋恢复，在河南郑州举行了"文化大革命"以后的第一届围棋邀请赛。中国所有的棋手都荒废了数年，吴玉林在这个几乎囊括了国内所有好手的比赛中，获得了友谊组第一名。这个比赛成绩远远超过了他在1966年全国比赛中的成绩。

但随后，他实战不足的弱点开始暴露。1974年，全国围棋比赛分为初赛和决赛两个阶段。在初赛的分组赛里，他面临着不但要赢棋还要比对手用时少的挑战，即得分一样的情况下比谁用的时间少，对手的实力明明不如他，却采用了和他下模仿棋的战术，以保证用时比他少。后果可想而知，吴玉林没有能进入决赛阶段前三十名的第一组。

围棋比赛，讲的是用各种阴谋诡计；讲的是既要比棋艺水平还要比心理素质；讲的是凭丰富的实战经验去抓住稍纵即逝的战机；讲的是对棋局胜负的敏锐感觉，形势有利了则持重一些，局势不利了则要破釜沉舟，敢于拼命……

古人说，功夫在诗外。大意是学习写诗，除了文学的基本功，还要有许多文学以外的各类学问知识。

围棋也如此，除了围棋里的技艺性的本事，还要有上述只有通过实战才能锻炼提高的极好的心理素质、准确的胜负感、各种冷招邪招的实战经验。缺乏实战的棋手，即使再用功，这棋外的功夫却是一大短板，肯定会影响比赛时的水平发挥。

到了1975年，吴玉林已近三十岁，作为一个围棋职业棋手，最好的黄金岁月已经无可奈何地流逝了。在此后的几次重要比赛里，初始阶段，吴玉林凭着自己所掌握的棋艺都发挥得不错，但是一到关键场次的比赛，临门一脚的时候，总有掉链子，把一盘盘几乎必胜的棋断送掉，也失去了自己一次次的优异比赛成绩。

但是，吴玉林的真实水平是以陈祖德为首的国家集训队非常认可的，他们总认为吴玉林一定可以在围棋上作出贡献和出成绩，所以国家围棋集训队一直有吴玉林的一席之地。

围棋比赛恢复了。从1975年全国围棋比赛设团体项目以来，北京围棋队一直没有出色表现，不要说获得全国团体冠军了，至到1977年，连前八名都没有进过。

一说起北京的围棋，大家马上会想到曾经多次获得过全国个人赛冠军的过惕生。就是有如此名手的北京代表队，且不说无法和基础雄厚的上海队相提并论，每次比赛都要落到河南、福建、山西、广东、江苏等省之后，北京的棋手实在有点无颜见江东父老。自从过老、金亚贤等退役后，北京队一直处于青黄不接的状态。"文化大革命"开始后，专业棋手被遣散，后备队伍下乡的下乡，去兵团的去兵团。聂卫平是北京市含辛茹苦培养出的围棋人才，他到了黑龙江建设兵团后，户口迟迟回不了北京，因此不能代表北京市参加全国围棋比赛，更是有苦说不出的憾事。凡此种种，北京的围棋一直在全国上游之外也就不难理解了。

到了1978年，北京终于可以组织起一支颇具实力的围棋队伍了。以国家集训队队员吴玉林为首，既是教练，又是运动员，再配上1977年全国个人围棋比赛的第五名程晓流、第六名谭炎午，加上这年北京的后起之秀常振明此时也已经羽翼丰满，殿后打北京队的第四台，组建成北京围棋队。此次全国围棋团体赛，共有20个队参加，积分循环，共比赛十一轮，北京队成绩最突出的是吴玉林，11战10胜，为北京队在1978年获得全国团体比赛第三名立下首功。

这次团体赛吴玉林为什么发挥得如此出色，可能是他首次挂帅出征团体赛的缘故。

个人比赛，难免在胜负名次上考虑得比较多，对于缺乏实战训练的他来说，棋艺以外的不利因素是他很难克服的一道障碍。参加团体赛，由于关系着集体荣誉，吴玉林反而有了破釜沉舟的决心和勇气，本来他的基本功和对围棋之道的修养就到达了一个很高的境界，破除了思想上的负担，放开了手脚，在这次的团体比赛里就展示了吴玉林得心应手的一面。在和福建队争夺谁是团体第三的关键之战中，吴玉林执白赢福建队第一台的赵之云四分之一子。

赵之云是1975年的全国个人比赛第四名，出道比吴玉林要早，学棋时主要在上海，名义上是福建棋手，实际是上海培养出来的出类拔萃的高手。当年北京棋队准备引进赵之云的时候，吴玉林比赵估计至少差着二子的水平，那年吴玉林刚进专业队。这盘棋，吴玉林赢了，北京队是第三名，输了就肯定和前三名无缘。以往在这种关键时刻，吴玉林往往会下出很失水准的棋而把好局送掉，这一次却精细之极仅赢半目，可见克服了心理上不利的因素。吴玉林是很厉害的角色！

吴玉林回到北京棋院当教练第一次出战就让北京队拿到了较好的成绩，就留在了北京棋院。

1988年，中国围棋队建立起了少年队。这也是中国围棋发展的必然一步。中国围棋赶上了日本，一度又受制于韩国。韩国的秘密武器就是培养和挖掘出了许多围棋新人，中国对韩国围棋比赛成绩不佳，实际上主要是输给韩国还不到20岁的新手李昌镐和李世石。

中国少年围棋队招兵买马容易，一将难求。

当时，水平最高的如聂卫平、马晓春等，或者担任国家队的教练，或者自己还要参加各种比赛。另外，教练除了有相当的围棋造诣及理论水平，还要有感召力，让这些半大小子们听话，还要有相当的口才和表达能力。

陈祖德等棋院领导，很快就认定了吴玉林最合适。只好让北京棋院做出牺牲，支援国家少年队的工作。1988年，吴玉林正式接手了国家少年队教练一职。

赞美老师常说的一句话是老师像蜡烛点燃了自己，照亮了别人。其实，这句话仅仅说出的是当教练和老师工作上的现象，怎么样点燃了自己，又怎么样照亮了别人，这之中蕴含了多少心血和汗水，只有当好了一个好老师的人才深有体会。

吴玉林一当就是18年，国家围棋队的教练换了好几个，而国家少年队的教练如铁打的一般，一直是吴玉林担任。他那温文尔雅的气质，他那"温良恭俭让"无可挑剔的人品，他那炉火纯青的围棋理论修养，都使得少年队教练非他莫属。

且不说在中国围棋水平还在奋力赶超阶段时，他每个星期只回家两晚上，其他五天白天要带着少年棋手训练，晚上要陪他们一起睡觉，这些十几岁的孩子来自全国各地，晚上不管着点，万一出去玩出点什么纰漏，责任重大，孩子都是独生子女，是不能有任何闪失的。世界上最难管的就是人，尤其正是好奇心重、逆反心理强的这些围棋天才，吴玉林多少年如一日尽心尽力，又是教练、又是父母、又是保姆——孩子病了到医院去打点滴，不可能叫孩子的父母从外地赶来照顾，只好吴玉林到医院去陪着。

吴玉林独特的研习围棋技艺之路，没有成就吴玉林成为顶尖的棋手，但是对中国的围棋事业，对中国围棋少年队的少年棋手们来说则是千载难逢的幸事，是命运在他们最需要进一步打基础的时候，最需要加强基层理论修养的时候，如常昊、罗洗河、周鹤洋、刘菁、王磊等中国的后起之秀们幸运地遇上了吴玉林这位"书院"棋手担任他们的教练。

吴玉林在定式、布局、理论方面有着深入研究，许多围棋专题的来龙去脉、演变过程等都储存在他的头脑里，这些少年棋手们随时随地可以询问、核对、探本清源，这一切都曾经耗费了他的无数心血，现在都可以转化成为少年队棋手们的棋艺营养精华。在吴玉林担任国家少年队的总教练之后，常昊、王磊、周鹤洋、罗洗河等都分别在国际大赛中有上佳的表现，这其中无不包含着吴玉林投入的心血。这些少年棋手刚进少年队时，吴玉林都要让二子以上，是他从让二子的起点上开始训练，无数次的对局、无数次的复盘讲解都变成这些后来的世界名手们成功的阶梯。

半个世纪倏忽就已经成为过去，吴玉林走过了半个多世纪的围棋道路，这一生基本以围棋为伴，把自己的一生都贡献给了中国的围棋事业。当今中国的围棋事业如大海之波激扬四海，从以前落后日本惨不忍睹，到今天傲视群雄，许多围棋人都作出了他们的贡献，其中也有北京棋艺研究社培养出的吴玉林。

历史自然而然地记下这一笔。

围棋界的园丁 刘月如

当年，吴玉林是1964年7月到北京先农坛北京棋队住地报到的，刘月如则是1964年9月初，他们俩前后脚被沈领队招进了北京棋队，成为正式的围棋运动员。刘月如和吴玉林在北京棋艺研究社是同学，是过惕生和韩念文的同门弟子。

刘月如走上围棋之路也是一个缘分。

她的父亲会下围棋。那还是20世纪60年代初的事情。那年夏季的一天，父亲带着刘月如姐弟俩到北京阜成门外的护城河边消暑散步，那时的护城河就是北京现在的西二环路，北京地铁二号线基本就是利用了当年环绕北京的护城河，这样少挖许多土方。当年的护城河两岸垂柳依依，河水清澈，水下一群群的小鱼在逆流寻食。名为护城河，其实是人工运河，但是几百年下来，人工的河已经回归自然，炎热的北京夏季，晚饭后到河边乘凉的人很多。

在河边走着走着，刘月如的父亲见河岸边有许多黑白两色、大小统一的鹅卵石，就叫姐弟俩多捡些扁平的带回家去，说这些鹅卵石可以做围棋。回到家，便叫已经上大学的哥哥画个围棋盘，他们兄弟姐妹谁也没有见过真正的围棋是什么样的，父亲很耐心地把棋盘的规格样式告诉这几兄妹。于是，刘月如家有了第一副围棋，虽然是极其简陋不成样的围棋，但是可以分成黑白两色，有二百多颗石子，下完一盘围棋足够了。就是用这鹅卵石的围棋，刘月如知道了四子吃一子，知道了两眼活棋，知道了什么是围棋。

当年北京的各大商店根本就没有卖围棋的，北京的市民十个里得有九个半不知道什么是围棋，许多人甚至从来没有听说过围棋。

当年的中国围棋世界如同沙漠和戈壁一样贫瘠，如此原生态。中国就是在这样近乎一清二白的状况下开始追赶日本。

刘月如由于在家里已经见过了围棋，当业余体校招人学下棋时，在知道围棋甚少的那个年代，女孩子学围棋就更容易引人注目。在她上高二的暑假期间还被国家围棋队招去参加了近两个月的集训。到了1964年的时候，在北京的女棋手里面刘月如显然占有比较大的优势，加之她在学校的学习成绩特别突出，在那个大家对围棋都不是很深入理解的年代，学习成绩成为了选拔围棋运动员的一个重要参考，在这点上和选拔吴玉林、程晓流是一致的。不像现在有那么多的冲段少年，他们只要能进入冲段的前几名就可以说棋艺上已经达到了职业水平，可选拔进入国家少年队的人每年都有十几个，进行选拔不用看学习成绩，看冲段成绩就可以，现在选拔围棋人才只重技术，不重文化。

经过"文化大革命"的洗礼，刘月如再回到围棋界时已经到了20世纪70年代的中期。刘月如这时已经是两个孩子的妈妈，再回职业棋手的队伍显然已经是昨日黄花。

1975年，终于迎来了围棋的早春二月，在沈领队的多方奔走下，向工厂借调了两名原围棋队队员翟燕生和刘月如，来担任少年队围棋教练。刘月如重新回到沈领队的领导之下，从事围棋的普及活动。

他们去少年宫、少年之家以及部分小学校里联系那里的老师，向他们商借一些已经围棋入门了的、好的围棋苗子来做进一步的训练培养。经过大家的共同努力，克服了种种困难，在北海体育场成立了北京少年围棋培训队。

北海体育场座落在什刹海业余体校的马路斜对面，是个能容纳几千人观看篮球比赛的小型体育场,在它的看台底下,有一圈屋顶倾斜的简易房间,这些房间不是正规的房子,所以设施不健全,冬天连暖气也没有,冻得人不停地跺脚;由于房顶没有隔热层,夏天房间热得浑身冒汗,就是在这样的条件下,刘月如和其他围棋老师一起培养了一批又一批的少年棋手。

男同学中的姚征、孙文彤,后来都成为了职业棋手。培养出的杨靖两次获得全国少年围棋比赛第三名,那时是和曹大元获得全国少年一样名次的围棋重点培养对象。邢印达经过培养后来成长为优秀的围棋教练,一直在北京市少年宫担任专职的围棋老师。

女生中的马巍、穆晓红后来都成为了北京围棋队的职业棋手。马小曼现在是中国女子围棋比赛的热心后援人物,为中国的围棋女子比赛尽了不少力。张燕琪后来成长为中国棋院围棋部的得力干部。

年龄更小一些的围棋九段张文东、获得过全国围棋女子个人赛冠军的徐莹等男女少年也都是在这一时期的围棋普及教育中受到了围棋的启蒙和熏陶,成长为围棋的职业棋手和围棋社会活动家,为中国围棋事业的发展作出了各自的贡献。

进行了一定的围棋普及教育后,许多同学都具有了一定的围棋基本知识。在此基础上,成立了中级班,由翟燕生老师教。刘月如老师教初级班。

学生越来越多,沈领队又把原来在什刹海体校看锅炉的张福田、什刹海天然游泳场的吴玉林、北京棋艺研究社的原辅导员田振林都请了来。北海体育场南边贴着墙根,有一排平房,沈领队也设法要了过来。这样,老师多了,还请来了原来的职业棋手,就又成立了高级班,由张福田老师和吴玉林老师任教。1975年,"文化大革命"还没结束,北京的中小学校还没有恢复正规,许多学校还没完全复课，这给办围棋训练班提供了极好的机遇，1975年后，一年多的时间里，正规教育半死不活，围棋教学班却办得热火朝天，尤其是刘月如老师和田振林老师教的初学班特别红火。

作为围棋界的园丁刘月如老师，生性什么事情都认真、较真，当围棋初学班的老师和当孩子王的小学老师境遇差不多，工资不多拿，责任却不小。

有这么一件事情，无论是当事人刘月如老师，还是学生孙宜国都一直难忘。

一天，一位家长牵着手领来了一位个头小小的男孩，找到沈领队，说想报名学习围棋。一问，这个小小个头的孩子才五岁半，沈领队说孩子太小了，等再大点再来学吧（那时，招收学员一般都是小学二三年级的）。

此时，家长还没有说话，那小朋友急了，说："我已经会下围棋了。"沈领队觉得很新奇，这么小的孩子就已经会下围棋了？就叫刘月如老师和他下一盘试试看，于是在教室里下了一盘测试棋，让九子下。这个五岁的孩子虽然走出的棋还很幼稚，但小小年纪的他，已经晓得做眼，懂得在两个白子中间嵌一手，就是术语"挖"，来分断对方，给在场的老师们留下了很深的印象，于是这个不够年龄的小朋友就被破格留了下来。

这个小朋友就是后来在中国业余围棋界纵横驰骋的孙宜国。

孙宜国，1969年11月出生，祖籍江西，父母是航天部一院的职员，父亲喜欢围棋，在家教孙宜国两兄弟，很快，父亲和哥哥就不是孙宜国的对手了。父亲认为孙宜国有很高的围棋天赋，就到外边找老师，于是就有了上述破格录取的一幕。

在刘月如老师的初级班里，孙宜国进步很快，他思路敏捷，落子如飞，尤其喜欢回答死活问题。他站在大棋盘前，即使爬上椅子也够不着,刘老师常常抱着他去摆棋子,他通常题题都能答对。

奈何天妒棋才。

一次,孙宜国在院子里不小心摔破了腿,伤口并不大也不深,竟然血流不止,把刘月如老师吓坏了,赶紧找来孙宜国的家长,陪着送去医院。这才了解到孙宜国患有血友病,是家族遗传的疾病。围棋培训班的重要目标是培养一些将来有可能当上职业棋手的围棋苗子,围棋培训班的领导担心他由于身体情况以后会半途而废,就劝退了孙宜国。

但是,酷爱围棋的孙宜国丝毫没有灰心,他家住北京南三环的东高地,几乎是每天,都由他的父母带着他,坐十几站公交车进城,四处求学拜艺,北海、月坛、文化宫等有人对弈的地方,甚至会下棋的老师的家,都有他的身影,常年如此。他的腿病发作时,母亲就背着他乘公共汽车去上课,其志可嘉,其行可钦。

由于孙宜国的不懈努力,他在围棋业余界取得了辉煌的成果。虽然因为身体条件不符合要求,没有能成为职业棋手,但他还是为中国的围棋事业作出了自己的贡献。

1993年孙宜国代表北京参加第六届全国业余围棋"晚报杯"比赛,终使北京业余棋手第一次获得了晚报杯冠军,并以冠军殊荣获得了参加1993年在日本东京举行的第十五届世界业余围棋锦标赛的资格。曾经代表中国参加第十三届世界业余锦标赛的李家庆仅获得了第五名;代表中国参加第十四届世界业余锦标赛的韩启宇获得了第三名。而这一次,孙宜国不负众望,获得了第十五届的冠军,孙宜国以世界业余冠军的身份成为中国第一个获得业余七段称号的业余棋手。

粉碎"四人帮"以后,喜欢下围棋的人们成几十倍增加,想当初老棋艺研究社一间四十多平方米的活动室就足够北京的业余爱好者们活动使用了,现在在北京西旧帘子胡同的北京棋院,群众活动下棋的地方比老棋社扩大了几倍,仍旧满足不了大家的需要,沈领队就带着刘月如到甘家口租了个仓库,这仓库面积有几百平方米,略加修缮后改建成了对局室,挂上了北京棋院甘家口分院的牌子,可以供数百人同时下棋对弈。

沈领队不可能盯在那里进行具体的日常管理,卖门票、收门票、组织业余棋手的段位比赛,刘月如义不容辞担任起了这些为老百姓服务的烦琐、纷杂的工作。说起来都是很平常、很普通的工作,尤其是一干数年,没有对这种最基层的工作挑肥拣瘦,而是任劳任怨,尽可能把一个简陋而群众喜欢的活动坚持办下去,也是难能可贵,也是在为围棋事业的大厦添砖加瓦。

任何文化体育事业都是以开展普及工作为基础的,围棋也不例外,没有广泛的围棋普及活动,没有吸引、鼓动更多的人民群众参加这项有益身心的围棋运动,中国围棋事业就缺乏坚实的基础。

赢日本的九段、赶超日本的围棋水平,需要有人去努力、去拼搏,这部分围棋事业的顶尖人物就像围棋园里的参天大树,就像一座大山的顶峰,他们是中国围棋事业的先锋队,没有他们就不可能有中国围棋事业的发展。

组织广大业余围棋爱好者们下棋,向广大老百姓推广围棋,吸引更多的人投身到围棋事业中去,从中启蒙中国未来的围棋人才,发现中国的围棋人才,对中国的围棋新人进行最基本的普及,是为中国围棋先锋队源源不断提供新生力量的一项重要的工作。

主要为围棋的推广普及而勤奋工作的刘月如老师,在其平凡的工作中,也是需要付出很多辛劳的。她除了教围棋初学班、管理北京棋院甘家口分院,由于她是中国较早就有国家级围棋裁判资格的人,还要组织各种业余围棋比赛,并担任比赛的裁判长。有的裁判需要手里拿着围棋裁判规则——对照轮次,刘月如却可以把整个轮次表都给默写下来。

以2015年全国少年宫围棋赛为例，时年已经七十岁的刘月如，还是被北京少年宫邀请担任这次全国少年围棋赛的裁判长。笔者有幸被邀请担任裁判工作，有机会体验这次工作的过程和意义。

比赛地点在龙潭湖新落成的北京市少年宫，赛场是提供了好几个，里面却空空荡荡，刘月如指挥所有的裁判先搬运桌椅，她身为裁判长，带头在北京8月骄阳似火的季节干起了搬运的工作。几百张桌椅安置到位后，又开始搬棋盘棋子，再摆棋盘棋子，再摆参加比赛的棋手的姓名台签、赛钟，比赛还没有开始，准备工作就先忙了一天。

三百多名来自全国各地的少年儿童集中到了一起，无事也会生非，刘月如裁判长此时就成了幼儿园的院长，事无巨细，孩子找，家长找，不熟悉裁判工作的裁判也找，什么稀奇百怪的问题都有，丢了运动员证进不了赛场啦、乘车卡丢了、带的水杯丢了、爸爸妈妈找不着了等，少年儿童的比赛远比成年人的比赛复杂得多。这些孩子和家长只认比赛具体负责的裁判长，就都排着队找刘月如解答和解决各种问题，比赛还没有开始她就要处理各类琐事。

至于比赛中出现的问题也是五花八门，有的小同学下棋时把棋子碰乱了；有的悔棋，双方起了争执；有的数棋时小朋友自己没有认真监督，数完了不认账，要求重新数，但又复不出棋，种种争执最后都要落实到裁判长那去解决。

刘月如对孩子们的问题非常有耐心，她从来不简单粗暴地训斥这些祖国的花朵。她作为孩子的母亲，深深知道每个孩子在社会上可能就是一滴不起眼的水，但是在每个家庭里都是掌上明珠，可以管教这些出现了问题的孩子，但是一定要尊重他们。这是她多少年来当少年儿童围棋比赛裁判长的一个重要原则。

第九章 北京棋社培养出的四位职业棋手

她耐心地让碰乱了棋子的小朋友双方尽可能回忆当初的棋形是什么样的,对于明显不合理的地方就反复让孩子们去确定,直至双方都认可了再接着比下去。

对于那些输了棋不承认裁判数棋结果的小朋友,多数情况下,她都会指出来在行棋过程中输了棋的小同学什么时候形势已经开始变得不好了,已经吃了亏,所以最后输棋是比较合理的结果。刘月如能做到这点,就在于她对年龄比较小的组的比赛关注更多些,经常往返巡视,看他们的对局,所以就能提出非常有道理的判断,因此孩子们都比较服气刘月如老师的判决。

笔者曾经问道:"你作为裁判长完全有权力告诉孩子,我说的就是最后判决了,这是裁判长应有的权力。"

刘月如老师说:"这些孩子和家长们不远千里到北京就下那么几盘棋,不管输赢,这些孩子们都很看重比赛的结果,如果让他们口服心不服的话,是很对不起他们的,会挫伤他们学习围棋的兴趣和信心,我能说服的事情尽量不使用裁判长的权力。我听古人讲,七步之内必有芳草。这些参加比赛的孩子们,谁知道他们之中有没有第二个聂卫平、第二个李昌镐呢,我当裁判长,对他们的围棋水平提高起不到太大的作用,但是,我争取做到让他们感受到围棋的快乐,感受到比赛的快乐,这就会对他们今后学习围棋有一定的促进作用。"

对围棋百花园里的幼苗,刘月如老师以耐心和认真细致著称。在她接了沈尺卿沈领队的班,担任了北京老同志围棋会的副会长兼秘书长后,她仍旧以耐心细致的态度为老年业余棋手们服务,让老年同志更好地享受围棋的快乐,让他们尽可能通过围棋有一个愉快而有益身心健康的晚年。

北京围棋界的老同志有许多都曾经为中国的围棋事业不遗余力地作出过自己的贡献。像北京老同志围棋会里的方毅、金明、唐克、宋如芬等，当年都为中国围棋项目的恢复，为能保住中国围棋队、围棋集训队的存在而尽过心、出过力。宋如芬同志对北京棋院的成立直接作出过贡献。

他们一辈子的爱好就是围棋，他们从位高权重的岗位上退了下来，有了时间就下下围棋，而没有退休的时候，虽然也喜欢围棋，但是只能偶尔随便下下，根本不可能去参加什么比赛。现在他们终于有了大把的时间下棋参加比赛了。

刘月如接手老同志围棋会秘书长之职以后，多次和外省的老干部局等单位联系、筹划、组织老同志围棋比赛，至今老同志参加的"劲松杯"比赛已经举办了近二十届。

刘月如每次都要为老同志联系落实交通、食宿问题。到了外地宾馆，要安排抽烟的住一个房间，谁打呼噜、谁不打呼噜也要分开安排，这些小事情刘月如都会考虑得很细致周到，让这些七老八十的老同志都能遂心如意。

在北京市组织老干部"陈毅杯"比赛时，糊信封、写地址、打印通知，事无巨细，只有她这个秘书长一个人从始至终，一条龙服务到家。上述服务工作没有一分钱的报酬，甚至自己实在忙不过来的时候，还要请家里的人义务劳动，免得来不及。做这些既无名又无利的工作，刘月如全凭的是对围棋的喜欢、对围棋事业的奉献精神。这些近似于家政的工作，在北京是很有市场和高报酬的，出于对围棋的奉献，再忙再累再麻烦，刘月如老师也全当是乐趣。

刘月如和许多曾经迈进职业棋手大门的人一样，虽然没有能成为一个奋斗在一线的著名棋手，却能那么心甘情愿地做好一个认真负责的围棋园丁，任劳任怨、心甘情愿地为围棋事业做出力所能及的努力和奉献，也不枉北京棋艺研究社的培养，不枉那些围棋前辈的悉心提携、栽培。

才华横溢 程晓流

程晓流和围棋大师吴清源同是福建闽侯老乡，也同样是很具有围棋天赋的人。他生于20世纪40年代末，长于北京。

和一般身材瘦小的福建人不一样的是，他有着近一米八的身高，修长飘逸，面容俊秀。据笔者观察，程晓流是有君子之风、文人气质的人，一般来说肯定是才华横溢智商比较高，可以很快洞悉事物的本质。

程晓流是20世纪60年代初开始学围棋的，启蒙是在北京市少年宫，后来到北京棋艺研究社师从韩念文老师。笔者认识程晓流时他也就十五六岁，才是个初中二年级的学生。但在笔者的印象里，程晓流显然比一般的初中生有主见得多，有一股不达目的誓不罢休的劲头。那时棋社里没有什么中文的围棋书，除了崔云趾老先生的《围棋角上死活》，其他的死活题的书都没有，和现在的围棋学习资料相比，九牛一毛都不如。棋社有日本棋院每个月赠阅的《棋道》和附录的《次的一手》，库存的《次的一手》早就被程晓流看完了，于是每个月只要一来新的《次的一手》，程晓流总是第一个抢到手里。那时笔者和其他几个学员，每天放了学就去棋社泡着，有棋下就下棋，或看别人下棋，程晓流晚上什么都不干，专心致志研究《次的一手》，手不释卷，一口气把上面的所有死活题都给做完了。十分可惜的是，那时一个月才有一本《次的一手》，如果是一天一本，他肯定就一天看完一本，他看的时候精神特别专注，研究室里下棋的、说话的人都有，他全神贯注，直到看完为止。

开始时，程晓流并不是棋社学员里水平最好的，很快，也就半年时间他就成了最好的之一。在棋社学棋时，主要是靠自己主动学习，没有老师按固定时间讲课，老先生们下棋，在旁边认真看是主要的学习方法之一，这就看每个人的悟性如何了。

1964年夏，程晓流没有能如他所愿进入北京棋队，实在是人生机遇中的重大错失。

聂卫平成名以后，许多人问他：要想成为一名出色的棋手，需要怎样努力？

聂卫平说："除了天分、刻苦用功，还要看机遇和运气。"

聂卫平绝不是卖关子，说的其实是棋界的实情，许多很有才华的棋手由于机会、运气不好，一辈子也没有登上围棋竞赛的顶峰。其中是不是也包括程晓流和吴玉林？

1964年吴玉林进北京棋队时，程晓流还在上中学，学棋还是属于业余的。但是在1966年的全国围棋比赛里，吴玉林战平了沈果荪，而程晓流赢了当时有三段称号的竺沅芷。

当年的竺沅芷老先生虽然在"南刘北过"之下，但在全国也是数得上的著名棋手。1960年浙江省举行首次围棋选拔赛，业余棋手身份的竺沅芷名列浙江榜首，10月便代表浙江到北京参加全国围棋锦标赛。这一年，全国棋坛的好手在北京云集，"南刘北过"、金亚贤、崔云趾等老国手雄威犹在，中年棋手安徽黄永吉等也在向顶峰冲击，青年棋手陈祖德、吴淞笙、赵之华等已经初露锋芒。比赛开始后，以前名气不大的竺沅芷一鸣惊人，三连胜后，第四轮竟然击败了棋坛闻名遐迩的老国手刘棣怀，第五轮战胜了新锐陈祖德，成为大家谁也没有料到的黑马，最后虽然输了四盘棋，却也成绩斐然，名列全国第八名，为浙江的围棋争了光。竺沅芷的出色战绩和在大学当老师的身份，被中国围棋队看重，1965年他被调到国家围棋队任教练。

程晓流从入门学棋到1966年不过不到五年的时间，就赢了国家围棋队的教练，这个成绩说明了程晓流的围棋天赋，也是对他一直孜孜以求学习围棋的回报。

程晓流经过上山下乡的艰苦磨砺，他那孤傲清高的性格毫无变化。1975年他和聂卫平与另外的一个北京知识青年一起组队代表黑龙江省参加了全国运动会的围棋比赛，并为黑龙江省争取到了前所未有的历史最好围棋比赛成绩。

与1966年参加全国围棋比赛中间相隔了十年，程晓流这些年基本上没有怎么下棋，可想而知，再回到棋坛，他首先要适应和习惯围棋高强度的对抗，他对此已经陌生多年了，然后才能说到对围棋的学习和提高。这个过程对许多棋手来说要走好几年，但是，程晓流毕竟是有围棋天赋的人，等到1977年，仅仅过了两年他就在全国围棋个人赛里获得了第五名的好成绩。

这一年他已经年近三十，也已经成家，按现在职业棋手的状况而言，他已经到了退出一线竞争的年龄了。当下，对大多数棋手来说，二十岁之前如果拿不到世界围棋冠军的话，往往就不会被看好。

而近三十的年龄，对程晓流而言才刚刚在围棋的激烈竞争中起步。

1979年以前，我国的所有体育项目国内的比赛均由国家体委有关部门统一计划、统一执行。各单项每年一次全国比赛，再就是四年一次的全运会，除此以外就什么比赛都没有了。

1978年以后，在改革开放"解放思想"的大背景下，第一届"新体育杯"于1979年7月中旬在北京拉开了战幕。和全国围棋比赛最大的不同之处在于，"新体育杯"对参加比赛的棋手的资格有了比较高的要求。以前的全国围棋比赛，是以省、市、自治区为单位派队参加，每个队都有一定的名额限制。上海专业棋手虽然多，但最多只能出七八个棋手，其他棋手即使再高也没有资格参加全国围棋比赛了。而像广西、天津、宁夏等连专业围棋队都没有的地方，派出的棋手显然比上海等队差很多，以致全国比赛的激烈程度、对抗的强度有时很不均衡，对一流棋手而言通过比赛锻炼提高的意义并不是很大。而"新体育杯"则不同，它是棋艺水平非常接近的棋手的比赛，比赛的激烈程度、强度都要高很多，参加比赛的棋手因此斗志也更昂扬。

第一届"新体育杯"采用双败淘汰，保持不败的陈祖德在胜者组取得了决赛权，聂卫平虽然被陈祖德打到了败者组，但最后也取得了决赛权。冠亚军之战是三盘二胜制。第二场决赛在北京西单体育场公开表演，赛中忽然下起了大雨，但观众没有一个退场，都淋着大雨观战。陈祖德、聂卫平二人则是冒着大雨争胜，足见首届"新体育杯"比赛是如何受到大家的重视。最后的结果是聂卫平冠军，陈祖德亚军。

"新体育杯"从第二届起，首届的冠军不再参加"本赛"（先由其他人经过积分循环，赛出一个第一名，取得向上届冠军挑战的权利，这个过程叫本赛），而是在冠军位子上等别人前来挑战。

从第二届起，对参加本赛的棋手人选资格有了如下规定：本年度全国围棋比赛的前六名、上届"新体育杯"比赛的前六名、六段以上的棋手、邀请的一些国内强手，共三十二名。这三十二名经过八轮积分循环比赛选出挑战者。

第二届、第三届的"新体育杯"冠军都为聂卫平获得。

程晓流经过了刻苦磨砺，到了1983年的第四届，过五关斩六将，获得了向冠军聂卫平挑战的资格。

本赛里，他遇到的第一个难关是马晓春。

1982年就已经是马晓春年了。马晓春先是获得了1982年的全国冠军，随后又获得了"国手战"冠军，接着又获得了"避暑山庄杯"冠军。当年只剩"新体育杯"冠军还在聂卫平手里，其他冠军都成了马晓春的囊中之物。第四届的"新体育杯"本赛未开赛之前，吴淞笙、王汝南等围棋界的新元老们一致看好马晓春，认为这一次"新体育杯"的挑战者非马晓春莫属。再下来被看好的是刘小光、曹大元，老将里看好的是华以刚和王汝南。许多预测中均未涉及程晓流。

程晓流在1982年全年的比赛中，一直到10月底都表现平平，并出现了难得一见的九连败。

1982年11月7日"新体育杯"本赛在福州开幕后，程晓流却一马当先，成了谁也没有料到的黑马，第三轮，遇到马晓春，程晓流走出了高中国流，开局不久就占据了优势。

马晓春利用自己执白筑起的厚势，频频向黑棋发动猛攻，程晓流沉着应战，马晓春久攻不下，一时急躁，反被程晓流抓住机会一举歼灭了中腹的白棋大龙，爆出了一个大冷门。

第五轮，遇上了也是四战四胜的曹大元，曹大元是上届"新体育杯"本赛冠军，即挑战者。程晓流也是在序盘就占据了优势，后面再接再厉，一鼓作气，中盘就战胜了曹大元。第七轮又遇一员悍将刘小光，在以往的正式比赛里，程晓流几次都败在刘小光手下，但这一次，程晓流犹如神助，顺风顺水，没有费什么周折就获胜，取得了众人瞩目的"新体育杯"挑战权。

挑战决赛接着进行，要在福州比赛两盘。赛前，已经蝉联三届冠军的聂卫平在谈到卫冕战的想法时说："程晓流和我在正式比赛中大约下过十盘棋，我都赢了，……但是，这次我要全力以赴。"

第一盘，序盘时聂卫平已经占据了优势，但中盘时一招不慎，竟把一块白棋送入程晓流的黑棋口中，只得认输。

程晓流在九连败之后，又屡胜强手创下了九连胜的罕见纪录。赛后，程晓流深有感触地说："九连败的不光彩的纪录，激发了我奋起直追的斗志，九连胜虽然要靠技术，但主要靠的是毅力，尤其是战胜聂卫平的第一盘更是如此！"

第二盘棋，聂卫平执黑异常小心谨慎，中盘获胜，把比分扳成了1比1。

1983年1月7日，"新体育杯"决赛在北京重新开战。第三盘程晓流执黑，在本已经占据优势的情况下，程晓流求胜心切，反而让大赛经验丰富的聂卫平反败为胜。

第四盘，布局时聂卫平领先，程晓流第72着是大缓手，聂卫平只要在大模样补上一手，把大空的门关上就成了胜势，谁知道聂卫平下出的77手是比程晓流72手更坏的棋，让程晓流乘机破了黑空，虽然黑棋的局势还没有到不可收拾的程度，但聂卫平的心情因此大坏，比分成了2比2，再次下成了平局。

1983年1月19日下午1点，决赛的第五盘开始。一年后，聂卫平在文章中曾经这样追述令他难忘的这次决赛的第五盘棋："众所周知，执黑棋先行是占主动的，相比之下白棋要难下一些。本来我是'每逢猜先，必拿黑棋'，都已经有了名了，和程晓流的比赛这一次却不灵了。五盘三胜制的长距离比赛，意外地变成了一盘定胜负，精神压力本来就很大，现在就更觉得紧张。难道猜先不灵是不吉之兆？我不由地暗自嘀咕，点烟时手都微微颤抖了。"

这盘棋走到106手时，聂卫平把中空如愿以偿地围上了，但执黑的程晓流则寸步不让，于127、129手突入白空。北京体育馆内座无虚席，观众全神贯注地注视着棋局的进展。黑145手断下了两个白子，进行现场大盘讲解的王汝南嗓子都哑了，对大家说出了自己的判断："执白棋的聂卫平现在面临困境，现在局势变成了胜负不明。"这时观众哗然，议论声、叹息声、惊叹声沸沸扬扬。群众激昂中，聂卫平反而平静下来，冷静判断形势后，感觉局势也没有很坏。最终程晓流没有走到胜利的彼岸,但他在聂卫平如日中天的时候,能给聂卫平以重大的威胁,这种敢于拼搏的精神给大家留下了深刻的印象。

程晓流在近三十岁的时候,半路回归围棋,先后获得过全国第五名、第三名,又夺得"新体育杯"本赛冠军,已经很说得过去了。

在后来的岁月里,随着年龄不饶人,程晓流逐渐退出了竞争越来越激烈的围棋大赛。转而到《围棋天地》当了记者兼编辑。于是他以围棋评论家的身姿继续活跃在棋坛上。

80年代后,社会越来越重视文凭和学历。重新考大学在当时早已经过了年龄,程晓流只得走自学高考成才的路。这个简称"高自考"的路也并不好走。学制是三年,但是,程晓流用了一年多的时间就通过了二十几门课程的全部考试科目,有了文科的大学毕业证书。他以围棋上争胜负的精神上学,要么不上,上就是最出色的,这也是程晓流一生的一贯做法。

学历其实说明不了每个人的真正的实力,程晓流本着一贯追求做得最好的精神,写了几十本围棋专著证明了自己在文科和围棋的结合上所具有的非凡实力。他写书并不仅仅满足于可以正式出版,而是要写出围棋真正的经典之作。

程晓流盯上了在围棋界非常有名的《围棋发阳论》,这本书是举世公认围棋死活方面的最高经典。该书成书于公元1713年,原作者是日本幕府时期有名的围棋四大家之一——"井上家"的第四代传人桑原道节(四世井上因硕,名人)。为了"井上家"的围棋事业接班有人,桑原道节精心创作这部围棋武林秘籍,这样的秘谱自然是深藏不露的,不要说外人,就是"井上家"中的一般弟子也没有机会见到全部的内容。只有少数几个年轻的有围棋天分的传人,才能得到掌门人的亲自面授。这种密不示人的情况到了近代才改变。

围棋死活题训练是学习围棋的必修课，高精尖的死活训练则是职业棋手的必修课。日本《围棋发阳论》的围棋死活题难度、复杂性、实战性兼备。然而里面的问题也不少，许多所谓的正解都不准确，几百年前的棋手所著之书，难免有计算上的问题，但是，要能纠正其问题，有相当的围棋专业水平的人才有可能有新的见解和更为准确的解答。

程晓流注意到了这本书，他要写最有价值的围棋书。二十年前，他完成了《围棋发阳论新解》，二十年后，他对已经是国家围棋队棋手非常重视喜欢的书，自己却不满意起来，推倒了原著，又重新写出了《围棋发阳论研究》。前者就曾让他付出了巨大心血，他在书中遇到了难解的题，就专程跑到国家围棋队，找中国的小龙、小虎们一起研究这些题目，一是程晓流也是当年的著名国手，那些龙啊、虎啊都买他的账，二是这些死活题确实相当有难度，对这些国家的围棋未来之星们米说也是一个考验。由此可见这本书里汇集了多少高手们的智慧，具有多重的含金量。

关于《围棋发阳论研究》，程晓流写了非常诚恳的前言，他在前言里讲了为什么重新再写的道理。他说：

"《围棋发阳论》是围棋死活题方面举世公认的最高经典著作。彻底破解《围棋发阳论》中隐藏的奥秘并使其日臻完美，是我毕生一大心愿。二十年前，我曾出版了《围棋发阳论新解》一书，对前人在解说这部名著时出现的错失与疏漏进行了自认为全面的修订与改正。然而，随着时光推移，我又发现了许多全新的解题变化。于是，我决心推翻《围棋发阳论新解》一书成果而重新踏上艰难的学术征程。这就是本书之所以会问世的由来。"

本书与《围棋发阳论新解》相比，有两大差异。

第一，是全面的攻防技术修改。本书尽力改正了《围棋发阳论新解》一书中存在的疏漏与错误之处，对其中将近半数题目的正解过程进行了重大技术修改。

第二，本书提出了连《围棋发阳论新解》也不曾涉足的新正解方案。除此之外，书中小规模技术增删之处不计其数。

这就是笔者所了解和认识的程晓流。

至于程晓流在中央电视台长年为爱好者们讲解围棋，给无可计数的围棋爱好者们当老师，教了多少学生，更是一件功德无量的好事情。到中央电视台讲过棋的围棋高手至少二三十位，但是，能长年在中央电视台讲围棋的大约只有程晓流一人，这也是他对围棋事业的又一重要贡献。

程晓流之所以能如此受欢迎，和他不仅围棋好，而且学问也好有关系。他讲围棋，出口成章，逻辑严密，观点突出，不拾人牙慧，既不故作高深，也不模糊含混，等等，都是他讲围棋的优点和特色。

冯唐易老，李广难封，对程晓流而言，最遗憾的可能是没有拿过全国冠军，甚至世界冠军。

俱往矣，这些都无损于程晓流成为一个出色的为围棋的发展和传承作出重要贡献的人。

二十八年磨一剑 谭炎午

谭炎午是这四位棋手里年龄最小的，1951年7月生于湖北。南方人，但无论外貌还是性格却是地道的北方人，身材在当年也属于比较高大些的。他小时候就比一般孩子长得高，浓眉大眼，一看就很聪慧，很重的络腮胡子，就更表现出了一种豪迈、大度、直爽、见义勇为的性情。

他在当年棋社学棋的学员里，没有吴玉林、程晓流那么突出，但就后来的围棋职业生涯而言，他是四人中职位最高的。2002年8月北京棋院调整领导班子，谭炎午被任命为北京棋院副院长。

北京围棋名手里，聂卫平一直在国家队；吴玉林先是在国家集训队，20世纪80年代中期曾经回到了北京队，不久又回国家队担任少年队总教练；程晓流主要是在国家围棋队，一度代表北京围棋队参加全国围棋团体比赛，后来去了《围棋天地》。谭炎午20世纪80年代进入国家集训队，呆了数年后回到北京队，就一直坚守在北京的围棋阵地上。先是担任北京围棋队主教练，后来成长为北京棋院的副院长。

北京的职业围棋一直起起伏伏，其中一个主要原因是守着国家围棋队这棵梧桐大树，不但没有沾着近水楼台先得月的光，反而是有了凤凰也留不住。自20世纪90年代中国围棋设立了职业甲级联赛后，北京围棋队就一直为保级而奋斗，当年的北京围棋队正处于青黄不接的状态，聂卫平、张文东是北京的大将，却因为国家围棋队有任务，常常不能代表北京出战，而北京的后起之秀孔杰、陈耀烨还没有培养出来，谭炎午在外缺经费、内无大将的情况下带领着北京队奋斗在甲级联赛中。虽然至今已经近三十个年头，但他始终没有放弃，始终在磨着北京围棋队这把还未出鞘的利剑。

谭炎午当了北京围棋队的主教练，在选拔棋手上，除了看棋艺和是不是具有围棋天分，更主要的一条是看这个少年棋手是不是对围棋十分喜欢。如果对围棋不是那么迷恋，谭炎午也是不看好的。

这种选棋手的条件除了谭炎午还没有见到其他教练公开说过。

谭炎午之所以很看重是不是痴迷围棋，有他自身的经历和体验。

第九章　北京棋社培养出的四位职业棋手

谭炎午小学五年级的时候开始学棋，启蒙以后去了少年宫，到少年宫刚学棋没一个月就参加了东城区的一个比赛，只有三四个人参赛，拿了第一。由于家住的地方离北京棋艺研究社不远，他每天从早上到晚上都能在那儿下棋，天天去都行，不像少年宫每天有固定的学棋时间，北京棋艺研究社比少年宫更能满足他的棋瘾，他就到那儿去学棋了，在那儿和吴玉林、程晓流等一起由韩念文老师带着学棋。

"文化大革命"来了，下围棋活动一度中断，等中国和日本一建交，围棋也成了中日交流的一个内容，谭炎午在围棋的诱惑下又开始和原来的那些学棋的伙伴们下起了棋。

在70年代中期，聂卫平、吴玉林去了国家队集训队，程晓流在黑龙江还没有回来，和他们棋艺比肩的谭炎午是当时北京市最厉害的棋手，那一时期整天和他在北海体育场下棋的还有北京市的后起之秀常振明。谭炎午豪爽大度，那时职业棋界有个习俗，就是高手一般不和水平比自己低的人下，而这一惯例到了谭炎午那就变了，谭炎午经常放下身架和比自己水平低的下指导棋。当年，笔者亲眼看到他不厌其烦地和常振明下棋并复盘，那一时期常振明的棋艺提高得非常快，这和谭炎午不在意是否会把自己的棋下得手滑了（手滑的意思是随手棋）有很大关系。

以后，谭炎午和常振明一直是莫逆之交，常振明到中国中信集团当了领导后，对北京围棋队鼎力相助，更成为围棋界佳话。

那一时期，谭炎午虽然没有进国家集训队，但国家集训队常邀请他去北京工人体育场的集训队驻地参加内部比赛。有一次，谭炎午在集训队的内部比赛中赢了集训队的主力队员——"文化大革命"以前就已经成名的前国家队主力棋手黄德勋。

记得那是冬天的一个傍晚，已经到了晚上七八点钟，这些爱好围棋的业余棋手们还都呆在北海体育场不走，等着谭炎午从集训队比赛回来。

谭炎午回到北海体育场喜形于色地说:"哥们今天赢了黄德勋……。"那时黄德勋已经是集训队成员,算是职业棋手了,而谭炎午虽然每天都拿下棋当职业,但身份还是业余的,所以能赢职业高手,溢于言表也是可想而知的。

谭炎午开始对笔者等人进行自战解说,他说:

"关键是收最后小官子的时候,黄德勋开劫,企图用这个胜负手来扭转败局。我开始拿不定主意,如果退让一下能确保胜利就退让一下,否则就接受打劫。这就需要极其精确地点空了。"

谭炎午的得意之笔是,怕点空万一计算不精确那就功亏一篑了,为了确保点空准确无误,他说:"我干脆就一个个数子,我数清楚了退让之后的结果,这比按老师教的点空更精了,就这样凭着谭炎午自己发明的点空方法做了精准形势判断,终于赢了名手黄德勋。

谭炎午在"文化大革命"中一直坚持对围棋的追求,1977年还没有成为正式的职业棋手就在全国比赛里赢了许多国家集训队的棋手而获得了第六名的出色成绩。

1980年北京棋院成立,北京围棋专业队正式组建。谭炎午由于分别在1974年和1978年,在北京市名将吴玉林、程晓流等都参加比赛的情况下,连续获得了两届北京市全运会围棋比赛冠军,所以北京一建立围棋队他就被调过去成了职业棋手。

谭炎午,1982年定为五段,1986年升为七段。1981年"国手战"第四名;1982年"国手战"第六名;1984年"新体育杯"第四名;1991年全国个人赛第四名。1993年全运会,双喜临门,同时获得了"最佳运动员"和"最佳教练"两块金牌。

在20世纪90年代初的1990年,谭炎午开始担任北京围棋队主教练。谭炎午接此重任,除了棋艺水平比较服众,还有一个重要原因就是他为人厚道忠诚，棋界内外结交的朋友多、人脉广、口碑佳，获得了一致的好评。

谭炎午对人对事情都很大度，他是职业棋手中架子最小的人之一，这是一种难能可贵的厚道。当年他不仅仅对常振明循循善诱，悉心下指导棋，为常振明在当职业棋手的道路上做了毫无私心的铺垫。就是对一般的业余爱好者，只要找上门来他也都会热情下指导棋。包括宁夏围棋队让四个子的业余棋手，以前并不熟识，慕名找到了他，他也欣然同意下指导棋。北京有个后来很出名的专业棋手，小时候家里困难，拿不出学费，谭炎午照样教他下棋，从让子棋开始教起。

谭炎午担任了北京围棋队教练后，最困难的是经费不足，在20世纪90年代，整个国家经济都不富裕，围棋队想去外省比赛和交流最困难时竟然连路费都没有着落。

这时北京一家化妆品企业领导站了出来，是北京市三露厂厂长杜斌，他痴迷围棋，曾经和谭炎午挑灯夜战，谭炎午对朋友求下棋，来者不拒，两人曾经不舍昼夜，挑灯夜战、通宵达旦，遂成了莫逆之交。

杜厂长感谢谭炎午的教棋之恩，拿出2000元赞助北京围棋队。2000元以今天的物价水平来看不值一提，但是，当年北京到广州的飞机票才90元一张，到上海的硬卧火车票才30多元，2000元对北京队来说参加全国任何地方比赛的路费都是很充裕的，这2000元不啻雪中送炭，帮助北京围棋队解决了大问题。

杜厂长拱手送上了2000元解决了谭教练的燃眉之急后，趁热打铁，和北京棋院签定共建北京大宝围棋队协议，同意长期赞助，以后每年都给谭教练提供经费。

对于杜厂长和谭炎午的合作佳话，有网络文章进行了报道，文章写道：

"随着北京三露厂扭亏为盈,经济效益逐年提高,围棋投入也逐年增加,1997年达到10万元。1998年,因聂卫平、张文东两员大将缺阵,北京大宝队在全国围棋团体赛中连告失利,降至乙级。杜斌急火攻心,在原定10万元的基础上又追加10万元,成立了大宝少儿围棋队,聘请职业棋手任教。1999年,北京大宝队冲甲成功,获得参加2000年'江铃杯'全国围甲联赛的资格,但围甲联赛采用主客场制,往返交通和送往迎来开支不菲,大宝队教练谭炎午和北京棋院办公室副主任王友信愁眉不展,杜斌闻讯后请谭、王两人吃饭,席间,击案作豪语曰:'比赛在纽约还是在伦敦?要乘飞机还是坐火箭?甭管在哪儿比,我们三露厂担着。'王友信后来算帐:出场费、奖金、交通费、接待费、宣传费等,统共100余万元。杜厂长都一口答应下来。"

从1991年到2008年,这近二十年的时间里,北京围棋队一直都是以北京三露厂和后来三露派生出的"大宝化妆品公司"冠名。后来"大宝"公司重组,被强生接管,北京围棋队失去了经济上的支撑。

这时谭炎午的又一个朋友,中国中信集团的董事长常振明出面了,他说:"大宝不弄,中信弄。"从2009年开始,北京队开始跟中信合作。

常振明在20世纪70年代中后期是北京市重点培养的围棋棋手,1976年春天曾经代表北京到安徽合肥参加全国围棋比赛。

中信公司除了以雄厚的财力作为北京围棋队的后援,常振明还以中信公司董事长部长级的身份担任了北京围棋队领队,这恐怕也是国内任何一支运动队难以望其项背的,自然对中信北京围棋队队员们的士气鼓舞极大。

常振明自然是聘请谭炎午担任总教练。他们俩相识已久,知之甚深,又都是围棋高手。

谭炎午带领下的北京围棋队，比赛成绩分为两个阶段。

第一阶段是从第二届开始参加全国甲级联赛至第十届，北京队这几年冠名为"北京大宝队"。北京大宝队在这九届全国围甲联赛中最大的特点是成绩极端稳定，稳定得超乎想象："2000年、2001年、2006年、2007年、2008年获得了共5次排名第六；2002年至2005年则连续4届排名第五。"

这一阶段，北京围棋队人员参差不齐，老将聂卫平经常不能代表北京出战，新棋手还没有培养出来，无法扩大战果，未获取更出色的成绩。

第二阶段，2009年北京围棋队冠名为中信，2009年的围甲赛季有了新冠名的"中信北京围棋队"士气大涨，谭炎午悉心培养出的世界冠军北京本土的孔杰也正当年，最后一轮比赛以4比0的绝对胜利横扫了当时的"七冠王"重庆队，一举夺得亚军，是北京围棋团体比赛的历史性突破。

接下来，2010年全国围棋甲级联赛的最后一轮时，排名第一的山东队积38分，北京队与贵州队积分都是37分，但中信北京队的局分大幅领先山东队和贵州队。此时一个夺冠的机会降临，最后一轮北京队正好碰上排名第一的山东队，只要北京队战胜了山东队，中信北京围棋队就可首次登上联赛的冠军宝座。

"不料，最后一战北京队发挥失常，孔杰、柁嘉熹（主将）、陈耀烨（快棋）、钟文靖分别不敌江维杰、周睿羊、陶忻、周鹤洋，被山东队打了个0比4，将冠军拱手让出。不仅如此，由于贵州队2比2主将胜上海队，北京队反而落到了第三名。"

错过了大好的夺冠机会，遭此挫折，中信北京队一时信心大受影响，2011年中信北京队排名第五，2012年排名第四，2013年排名第六，2014年排名第七，2015年简直惨不忍睹，排名跌落到历史上最差成绩——排名第八。2016年，中信北京队状态触底回升，再次获得了排名第三的好成绩。

谭炎午当中信北京队总教练的辉煌时刻终于在2017年来临，他在中国围棋甲级联赛中，十九年磨一剑，"2017金立杯中国围棋甲级联赛大幕落下，以陈耀烨、柁嘉熹、钟文靖、韩一洲和韩国外援申旻埈组成的中信北京队终于第一次夺得这一国内顶级赛事的冠军，成为冠军之师。夺冠之后，北京队众将的欣喜自不待言说，北京队老教练谭炎午在接受央视记者采访时心情激动，差点落泪。"

谭炎午十二岁学棋，在围棋的道路上整整走了55个难忘的春秋。自中国围棋1974年重新恢复以后，北京围棋队虽然在全国的围棋水平里始终属于第一方阵，但是，截至2016年以前的41年间，从来没有得过全国团体冠军。这和北京队在全国围棋界的地位和影响来说是极不相称的，当年北京棋艺研究社是全国成立的第一家专业围棋社团、第一个专业围棋机构，而北京围棋队在团体赛里却始终不能坐在冠军的头把交椅上，不能不说是历史的遗憾。

谭炎午无愧北京老棋社的培养，终于在他的带领下结束了北京没有全国围棋团体冠军的历史，他书写了北京围棋历史上非常辉煌的一笔。

第十章　北京见证中国围棋追赶日本的历程

在中华人民共和国成立后，经过中日双方上层领导人的共同努力，终于在1960年6月举行了中日围棋友谊比赛。

这是世界围棋历史上都值得大写特写的一笔。回头看去，如果没有当年的中日围棋交流，也就不可能形成中、日、韩围棋三国鼎立的局面，也不可能出现如今每年多项世界围棋赛此起彼伏的局面，更不可能成为人工智能研发的对象而受到世界的瞩目。当我们回顾围棋的发展历程时，中日围棋交流比赛的往事是那么弥足珍贵，值得留给后人怀念欣赏。

北京作为中华人民共和国的首都，理所当然地成了历届中日围棋友谊比赛的舞台。自第一届中日围棋交流比赛在北京拉开战幕以后，往后的历次中日友谊比赛只要是到中国来比赛，基本上第一站总要放在北京，北京见证了中日围棋的交流和发展，这是历史赋予北京的光荣使命。

中日之间第一次的正式围棋交流，让中国围棋界深刻领教了日本一流棋手坂田荣男和桥本宇太郎的厉害，中国棋手不但没有被巨大差距所击倒，反而激发起来一定要尽快赶上日本棋手的决心和勇气。围棋盘上没有刀光剑影，没有炮火硝烟，但是，和日本棋手的每一盘激战都拼得你死我活，他们可歌可泣的奋力拼搏体现在每一盘艰难的棋局上，他们奋力追赶的精神深深值得后人去了解、去回顾、去传承。

1960年，中日之间决定进行正式的围棋比赛，日本方面非常重视，对于人选作了精心的挑选。

那年濑越宪作先生已经72岁高龄，在20世纪60年代，流行的话还是"人生七十古来稀"，许多人出于对濑越宪作先生身体的担心，劝他保重身体，不要出访中国，濑越先生却说："我就是把这把老骨头留在了中国，也要亲眼到发明了围棋的中国去看看。"

这话传到中国，让陈毅元帅深受感动。也让大家感受到了围棋的魅力和一位围棋大家对围棋的赤诚之心。

濑越宪作是日本近代屈指可数的围棋大家，棋力高强，是曾经让秀哉倍感头疼的棋手之一。濑越宪作1889年生于广岛县佐伯郡能美岛。五岁时由祖父启蒙学弈，此后全凭自修成才。像他这样一直不曾拜师而成为围棋高手的例子是不多见的。

1924年，以濑越宪作为主，在日本高部道平等棋界人士的共同积极活动下，日本贵族和大财阀大仓喜七郎慷慨出资在东京修建了日本棋院，从此这个世界上出现了第一个单纯以围棋为业的机构。仅此，濑越宪作对日本的围棋事业就功不可没。因为他德高望重，所以1948年担任了日本棋院理事长，1955年获得名誉九段段位，受紫绶褒章赏。

濑越宪作先生为世界围棋作出的另一个不可磨灭的贡献，就是为中国、日本、韩国各调教出一位绝世高手，这三位高手分别是"二十世纪的棋圣"吴清源、"不死鸟"桥本宇太郎和"围棋皇帝"曹熏铉。濑越宪作门下高徒前后共12个，其中能够领一代棋艺之先，名冠全球，闻之如雷贯耳的弟子就有三个之多，可见他是一位多么伟大的围棋导师。因此濑越宪作先生当之无愧地担当了第一次访华围棋代表团团长。

第十章 北京见证中国围棋追赶日本的历程

代表团的成员也都是花费了心思精心挑选的，既要考虑到能充分代表日本的最高围棋水平，也要兼顾各方的愿望和诉求。

由于是第一次访华比赛，当然要显示出日本的围棋水平，如何显示？毫无疑问要派出超一流的围棋高手。1960年，日本的围棋第一高手仍旧是吴清源，由于吴清源是中国人，让他代表日本出战中国，显然是日本人感情上无法接受的。

于是就派出了当时日本的第二高手坂田荣男。日本读卖新闻社从1957年开始，举办了三期"日本最强决定战"。该赛从第4年开始改为"旧名人战"。第一期的前三名顺序是吴清源、木谷实、坂田荣男，第二期的前三名顺序是坂田荣男、吴清源、木谷实，第三期的前几名是吴清源、坂田荣男、桥本宇太郎。

这足见坂田荣男当年在日本围棋界的水平是数一数二的。如果说坂田荣男1960年访华时水平还未登峰造极，他访华回国后的1961年挑战高川本因坊成功，就任第16期本因坊，并且达成七连霸，获得了"名誉本因坊"的殊荣。1963年日本第二期名人战优胜，日本围棋历史上初次由坂田荣男创立了"名人"和"本因坊"头衔集他一人的纪录。1964年，坂田荣男创出了30胜2败的杰出战绩，共获得了名人、本因坊、日本棋院选手权、职业十杰、王座、日本棋院第一位、NHK杯七项冠军，成为大名鼎鼎的七冠王。

日本围棋代表团第二号主力是桥本宇太郎九段。1954年桥本宇太郎晋升九段，成为继藤泽朋斋、吴清源之后全日本第三位九段。他于1943年获得本因坊后，又获得过两次本因坊，三次王座，二次十段，专业十杰战优胜一次。他在出战中国之前，最精彩的表现是1956年第四期王座战，时年已经49岁的桥本宇太郎威风不减，势如破竹地二连胜，将坂田荣男的疯狂挑战击溃，再度蝉联王座，在为自己获得殊荣的同时也使他力主创办的关西棋院的地位有所提升。他不但可以代表日本最高水平，还是关西棋院的代表人物，入选日本代表团靠的也是货真价实的实力。另外两名棋手名气比前两位虽然差了很多，但对中国棋手而言也是了不得的职业棋手，他们是濑川良雄七段、铃木五良六段。日本虽然并未尽遣高手，但有濑越宪作、坂田、桥本三人坐镇，也堪称是一支超级豪华的队伍了。

历史性的中日围棋正式比赛在1960年6月6号在北京拉开战幕。放在现在，日本棋手6月5号，最多6月4号从日本动身，从时间上来说已经很充分了。但是，上述日本棋手5月30日就从东京羽田国际机场登上了飞机，31号抵达香港，当天住在香港休息，6月1号上午10点半抵达深圳，中国对外友协的官员在深圳迎接了他们，随后就登上了去广州的火车，四个多小时后抵达广州。对外友协和广州副市长孙乐宜举行宴会招待了日本围棋代表团，随后他们没有在广州停留就直接上了火车，往北京进发，这一路，现在的高铁最多也就9个小时，飞机当然更快，3个小时就可以到北京。但当年，中国的民航不发达，只得请他们坐所谓的特快列车，路上整整走了48个小时。

现在写到这些，恍如隔世，当年来趟中国进行比赛真不容易。中日两国跨越了几百年没有正式交流的鸿沟，第一次来访由于中日两国当时还没有正式的外交关系等种种原因，不得不出现巨大的迂回也是可以理解的。正因如此，日本围棋代表团的访华比赛远远超过了围棋比赛本身的影响和意义。

日本棋手也难得在这么辽阔的中国国土上坐长途火车，而从广州到北京横跨半个中国，火车开得慢便于观赏沿途风景。濑越宪作在他发表的《访问中国》（吴清仪翻译自日本棋院发行的《围棋俱乐部》1960年8月号，下同）一文中记载道："到北京两昼夜（48小时）的行程虽然相当远，但也不觉得十分疲乏，这大概是由于头等寝车和沿途珍奇风景使人乐而忘疫的缘故。"

濑越宪作虽然已是70岁高龄的老人,但是对这次的访华印象非常深刻,事无巨细,都记录了下来,弥足珍贵,成了当年的第一手亲历资料,摘登如下:

"6月3日上午8时到达北京,在此受到对外文化协会副会长阳翰笙、北京棋艺研究社副社长王又庸和西园寺公一的迎接,随即下榻新侨饭店。这天,我们参观了市内主要建设,并洽定次日起的活动日程,然后休息。在日本启程前,有人说北京也许还冷,嘱我注意,现在受到意外的热,使我吃惊,大概有30度,同日本盛夏一样。

翌日早晨,逛了万寿山。晚上出席阳翰笙的欢迎盛宴,有对外文化协会副秘书长林林及孙平化、北京棋艺研究社社长周士观等二十余人出席。

5日早晨,参观了农业展览馆。晚间访谒副总理兼外交部长陈毅。陈副总理降阶相迎,一一握手,非常热情,并引导我们至国务院会客室。陈副总理说:

'我代表中国人民和政府欢迎你们。'

他在百忙中和我们愉快地畅谈了40余分钟,始终带着微笑。他在言语里,还引用了《论语》中'有朋自远方来,不亦乐乎'的文句。异常亲切的款待,使我们都很感激。在座的还有廖承志、阳翰笙、林林、周士观、西园寺公一。当时我将带来的土产棋盘和御城棋谱赠呈。在呈献时,我曾说:'御城棋谱,传自中国,后由日本把它发展起来,已蒙明悉,请赐研究'等语,受到非常大的欢迎。

陈副总理谈及若干运动项目,并说,中国目前这些项目还比不上外国,但几年之后,这种情况将会改变。围棋是中国自古以来可以夸耀的文化财富,无论如何,要促其发展,要培养出更多的棋类爱好者；棋技方面，即使还不能凌驾日本之上，但要赶上日本的最高水平。

我说：'现在日本的棋，非常强盛，看到目前中国解放后的发展，在贵国领导人大力支持下，今后取得与日本相匹敌的旺盛，并非不可能的，我希望一方面普及广大群众，另一方面培养如吴清源这样的天才。'

后来，爱好围棋的陈副总理，提出关于棋的结局种种问题，经过桥本详为说明。陈副总理说：'我以往无论问谁，都不能圆满地解答。现在问了桥本先生，原来如此，完全明白了。'好像非常满足的样子。这对我们来讲，也是可喜之一。最后又谈到关于吴清源的种种事情。我说明了桥本是吴清源的师弟兄，从前又有朋友关系。承陈副总理恳托邀吴清源回来一次。陈副总理还亲切地说：'请你们各位再来，无论是棋院还是个人，都很期待。'我答以回去后详为转达，并先谢好意。

从6日起对局渐次开始，对局地点，在北海公园庆霄楼。

（这里，濑越宪作先生记忆得不详细，准确的地点应该是北海公园悦心殿庆霄楼。悦心殿是这处建筑物的总称，庆霄楼是悦心殿的组成部分。对局的具体地点确实是在庆霄楼里。之所以选择悦心殿，是出于对第一次来访的日本围棋代表团的重视，因为他们是陈毅副总理的客人。而当年北京旅游饭店还没有能够适宜接待围棋比赛的场地。况且悦心殿有山有水，又曾经是皇帝读书的地方，借此下围棋更显示围棋的高雅庄重。

悦心殿位于北海公园琼岛前山西侧，建于清顺治八年。殿前有月台，月台三面有汉白玉石栏板、望柱，前有抱厦。悦心殿内梁枋沥贴金，华丽异常，殿的北墙正中高悬"正大光明"匾额，殿的正中设置有九龙宝座和鹿端、象驮宝瓶等吉祥瑞物。

悦心殿是清朝皇帝在驻跸园内登临白塔时，临时听政和召见大臣的地方，也常陪皇太后到此休憩、用膳、观冰嬉等，因乾隆帝常来此处，因而御制悦心殿诗颇多。位于悦心殿后院的庆宵楼与悦心殿同时修建。分上下二层，面阔五开间，前后出廊，下层四面围脊，庆宵楼面出檐，灰筒瓦屋面。楼前有小月台。庆宵楼源于"明雨独河阴，庆宵薄汾阳"的诗句，意思说五色祥云照集之楼。匾为"云木含秀"，联曰"延赏亭台皆入画，向阳景物又从新"。在清代每逢旧历十二月八日，在北海太液池进行冰嬉活动，皇太后常来庆宵楼观赏冰嬉。）

对手是北京棋艺研究社的指导员。话又说回来，这次热烈欢迎我们访问中国的一行，有一人前已经举出他的姓名，即是北京棋艺研究社周社长。此人位居人民政府要职，以前就擅长书画。我说：'所谓琴棋书画，您再研究一门，就全贯通了。'他说：'不！我也能弄音乐（琴）。'大家都觉惊异，真是一个多才多艺的老绅士。

（对于这篇文章，日本棋手铃木五良有感于两位老先生的精神矍铄，特意对此加了注释：对局地点，是在公园内一个岛上的古代建筑物里，那里有许多石山的台阶，登降很觉困难，但年已67岁的周先生，在和他年龄相仿的濑越宪作先生旁，始终携手步行，这样的情景，可知心情的舒畅。）

然后，公平公正地决定了对局人员，都是精心挑选出来的。那是濑越宪作与黄永吉，桥本宇太郎九段与金亚贤，坂田荣男九段与过惕生，濑川良雄七段与崔云趾，铃木五良六段与齐曾矩。时间各为4小时，按照日本方式开始进行。

我与黄永吉的棋，本来是我赢一目的，但最后我下了扳一着，对方作出顽强抵抗，结果和棋，他非常快活。坂田九段对手过惕生，是1957年度的冠军，是相当的好手。可是他的棋很死板，形势不太好。桥本九段的对手金亚贤，曾经在1942年时，桥本让他二子，下过和棋。今年他已经69岁了，在对局中，有怀念前情的样子，不觉地微笑，还残留了这种印象。濑川七段的对手崔云趾，双方攻逼都很厉害，黑子曾占优势，后来输了6目。此人差不多用满了时间，依旧一秒一秒地进行，颜色也不变。他的风度堪与日本大竞赛的专家媲美。

这次带来日本棋院所精选的计时钟，因中国所出的更为精美，感到惭愧，所以拿不出来，只好藏在皮包之内，供日后笑谈。我因常常忘按钟的钮，受到损失，经旁人提醒，成了我的得力助手。

再说铃木六段的对手齐增距，是北京工业大学的教授，又是北京棋艺研究社的名誉顾问，他的棋形是有发展的，有布局结构的评价，但因中盘过于勉强，以致失败。

第一天，除了我下和外，其他都赢了。对局开始与结束时，都站起来，握手致敬，礼貌和谐。对局的态度也好，精神很愉快。在中国10目、20目将要输的棋，或者40目、50目输定的棋，都不算结局。下到最后为止，也许是贯彻坚持始终的运动精神。

第二天，各局对手都改变了。坂田的对手是齐增距，他很善斗，坂田也作了苦战，可是右上角形成劫，倘在这里再加一手，黑棋定可获胜。但黑方不仅无加，反而死了四五十目，坂田为之松了一口气。对方真是好手，彼此都有同感。

8日上午，举行了座谈会和讲评等。下午访问了北京棋艺研究社后就休息了。

9日上午，访问对外文化协会，与会长楚图南欢谈了一小时左右。会长系一有名望的学者。关于中国的棋，也谈了很多，收益不少。下午逛了紫禁城，晚上参加对外文化协会和棋艺社的送别会。

10日预订前去上海，听说正有台风，延迟了一天，于是在11

日出发。这次因乘飞机，仅花了两小时。在上海受到上海对外文化协会和棋类协会副会长曹末风等多人的迎接。

在上海从12日到16日，决定了隔天对局。在北京每局使用4小时的时间，这里主张5小时，延长了一小时。我与1957年和1959年曾经两次获得冠军的刘棣怀，桥本九段与青年好手赵之华，坂田九段与上海获得优胜的全国第二位的高等学校学生（16岁）陈祖德，濑川七段与老手汪振雄，铃木六段与超过60岁的王幼宸。

对局的地点，在上海市体育馆。参观席在二楼，上面与下面距离很远，上面的人不易看清楚下面，瞥见有人用望远镜来看。还有在北京按计时钟是自己按的，在这里是由专人按的，这样，我也放心了。结果，第一天我方全胜。第二天休息。第三天（14日）稍有更变，我的对手换了王幼宸，输了2目。濑川也中盘输给了曾两度获得冠军的刘棣怀。坂田如这样走下去也要输的，因而努力起来，趋于强硬，使我一惊。其中隔了一天，除了上述成员外，从前很熟识的顾水如和魏海鸿也参加了。除我与顾水如打挂外，16日这天全胜了。这也就是在上海对局的最后一天。在上海与在北京一样，无对局的日子，就参观有意义的建设，有所获益。

以后，便接近归途的计划，不打算再下了。从杭州回国，即使日程延长，也希望得此千载一遇的机会。我们这次的时间不甚充裕，上海是为提早结束而来。本来想3小时一局，对方坚持每局以5小时计，有这样的干劲，我们还以为杭州有相当的好手在等着我们，吃了一惊。是否因在上海输了两盘，增加了对方信心，这是大家以后互相的谈话。总之，就另行派往北京的罗建文（福建）、沈果荪（山西）都是16岁的学生，桥本、坂田两九段受二子或三子的指导棋，包括在内，全部计算起来，在35战中，我们代表团得到32胜2败1和的成绩。

在这里考虑到的事情，中国这次选拔的成员实力'大体似有日本专家的四五段。对方把这个力量的差别，用A、B、C来区分，不像日本以段作一个标准来看待。这样的情况，可作为我们的参考。

曾数次说及，陈副总理当我们在上海时，特从北京以电话问各位健康，接触到的人士，又都好意地、亲切地照顾我们，我们铭记在心。今后我们对于棋的更好发展，甚感到负有责任。简单地说：'我代表代表团向招待我们一行的中国人民文化协会和日中友好协会各位表示敬意和感谢。'"

应该说，濑越宪作先生的回顾文章对中国棋手的评价还是很客气的，有些细节他没有披露。

按开始日本代表团的意思，是要和中国棋手一律让二子下，这点被中国有关方面毫无余地地拒绝了。中国方面因为当时还没有确定的围棋规则正式公布，双方商定按日本的围棋规则计算胜负。这也是由于第一次比赛的缘故，以后的比赛基本上是到中国比赛就按中国的围棋规则，到日本比赛就按日本的围棋规则。在事关平等的问题上，中国方面从一开始就很坚持原则。

就比赛水平而言，即使是让先下，中国的差距也不是一星半点。"坂田和桥本这两个日本的绝顶高手在赛场上表现出了很轻松的状态，他俩几乎很少坐在棋盘前面，总是四处游走，观赏房间的陈设和花草，而中国的棋手们却自始至终处于绞尽脑汁的痛苦思考状态中，琢磨很久才敢走出一手，而他俩却能很快地应对，然后继续优哉游哉的散步。"他们的这个表现给中国在场的人都留下了难忘的印象，一个是他们棋艺水平太过强大，一个是他们态度上傲慢。

到了上海后，第一场比赛坂田的对手就是中国16岁的少年陈祖德。按濑越宪作先生讲，陈祖德是在校大学生，这是中国方面的不实之词，其实那时的陈祖德已经是上海棋队的专业运动员，但是，当年中国对外宣称中国的运动员都是业余的，所以陈祖德就成了大学生。

本来，日本棋手的日程安排是要在杭州游玩几天，但是，杭州之行依然被中国方面安排了比赛，日本棋手表现得很大度，同意了对局的要求，只是压缩了自己游玩的日程。

中方取得胜利的两盘棋，一盘是刘棣怀战胜了濑川良雄七段，是完胜之局，双方一上来没有怎么布局，刘棣怀从第13手就展开了对白棋的攻击，棋局进入了中国棋手比较擅长的乱战局面，到60多手时刘棣怀发挥得十分出色，已经掌握了全局的主动，赢得很漂亮。这盘棋谱被刊登在上海《围棋》月刊1960年第七期上。另一盘胜局是王幼宸战胜了濑越宪作，赢在收官时濑越一个老眼昏花，被王老抓住了机会，极其幸运地占了便宜赢了一子。殊为可惜的是齐曾距第一场对坂田那盘棋，一上来，坂田过于轻敌，在右上角的定式选择有问题，让黑棋获得了很大实地，执白棋的坂田局势不乐观。进入中盘以后，白棋处心积虑，把已经吃掉了白棋的黑角看似漫不经心地切断了，此时的角上黑棋虽然开局就吃住了三个白子，但是，角上黑棋已经被白棋有打劫杀的手段了。而一直笼罩在乐观情绪中的齐老师还没有发现角上黑棋已经十分危险，而去抢了一个价值十多目棋的官子，坂田终于等来了机会，白棋在几乎没有付出代价的情况下劫胜，杀掉黑角，获利当在40目以上，黑棋最后才输6目，如果黑棋及时消除隐患，那将爆出惊天的冷门。

不管怎么说，面对由一流九段棋手坂田荣男和桥本宇太郎及其他职业棋手组成的日本围棋代表团，没有全军覆没，中国棋界就应该喜出望外了。国运盛，棋运才能盛，旧时中国积贫积弱了数百年，仅靠中华人民共和国的十年时间还打不了翻身仗。中国棋手的队伍十分不整齐，最老者，年近80的顾水如，终因年龄大，又没有濑越宪作那样的功力，不得不于比赛中途退下阵来。年龄最小的陈祖德那年才16岁，斗志颇勇，但和坂田那一局还根本构不成威胁。

1961年金秋，是一年中北京最好的季节，日本第二个围棋代表团来到了北京。从9月15日起，隔天下一盘棋，直到9月29日比赛结束。八场比赛都放在了北京。

这次的接待显然不如上一次安排得那么隆重，还请日本棋手到其他城市参观游览。说到这点，有文章披露上一次日本访华比赛回国后，陈毅元帅在会见部分棋手时，对棋手们提起了这么件事：日本九段棋手有几十个，我国棋手同他们对局，被让两子还不能赢，这同我们的国际地位很不相称。我有次问一个日本九段，你看，我们的围棋什么时候能赶上你们？十年行吗？他回答，中国人多，看来可以。但他到了香港却又说，中国的围棋二十年也赶不上日本。

陈毅说这段轶事，目的是激励中国棋手们，一定要为国争光，为自己争气。日本棋手的这番话在他而言可能是随便说说的，却让中国人听者有心。在这样的心情下，日本第二个访华围棋代表团来了以后，中国自然是不放过难得向高手请教的机会。游玩的事情当然就放在一边了。

为迎接这次友谊比赛，中方在半年前就开始集中全国老中青好手进行集中训练，选出精华和有培养前途的选手应战，不像上次，各以北京、上海、杭州棋手分散对应。

参加集训的老一代棋手年龄大都已在六十以上，北京的是过惕生、金亚贤、崔云趾，上海的是刘棣怀、王幼宸、魏海鸿；中年的是安徽黄永吉、北京张福田、广西袁兆骥、湖北邵福棠、江苏郑怀德，年轻的有上海陈祖德、赵之华、吴淞笙，江苏陈锡

第十章 北京见证中国围棋追赶日本的历程

明，山西沈果孙，福建罗建文、黄良玉，辽宁黄成俊等。

为下好这一次中日围棋赛，可以说，在可能的条件下中方作了最大的努力。上次过于悬殊的比分，使第二次访华日本围棋代表团大大地削弱了自己的实力。代表团团长有光次郎曾担任过日本国教育部副部长，是现任日本棋院理事长。地位明显比濑越宪作要高，但是他带领来的五位棋手，实力则和上一次不可同日而语。专业棋手是八段曲励起、七段小山靖男、五段女子棋手伊藤友惠；业余本因坊菊池康郎、业余十杰战冠军安藤英雄。

如果说第一次迎战日本棋手，尽管有两位是日本的顶尖高手，但中国上场棋手的心里还是有些不服气想比试一下的念头。而这一次，则完全抱着学习的态度了。前五场不变更对手，每对棋手之间要下满五盘，这样有利于系统地了解对方、学习对方。前次刘棣怀是唯一完胜日本七段的大将，这次由他对曲励起；黄永吉是1960年的全国冠军，对七段小山靖男；王幼宸上次曾胜过濑越宪作，对伊藤友惠；过惕生对菊池康郎；陈祖德对年龄比自己大一岁的安藤英雄。八场比赛仍旧放在了北京自中华人民共和国成立后就没有对外开放的北海公园半山腰上的"悦心殿"。此处风景优雅，上接白塔，下临南北二海，视野开阔，全城景色尽收眼底。北京城里边恐怕再选不出比这里更幽雅的地方了。

前三台比赛格外引人注目，但是十五盘棋中除黄永吉胜过一盘外，其余十四局景观皆不见佳，刘棣怀下的第五盘，竟输了十九子之多，竟然还要数一数，恐怕是被杀晕了，这么大的差距一目了然，就是平时下着玩，一般也都不会再数子了。虽说有失风度，但无伤大雅。

让中国人感到实在下不来台的是，年已51岁的老太太伊藤友惠也和曲励起一样获得了八连胜，她除了连胜上海名将王幼宸四盘外，又接连将崔云趾、魏海鸿斩于马下。现在的比赛多了，男棋手输给女棋手已不是什么新闻，但在当年实在是挂不住脸面的事。魏老下来后，心情越来越紧张，脸憋得通红，后来还是找机会劝他中途认了输。王幼宸、崔云趾、魏海鸿也都是中华大地上曾显赫一时的棋坛高手，伊藤友惠战而胜之以后，斗志越来越勇。为了制止住她的连胜势头，第七、第八盘调上了我们的"北过南刘"，他们二位基本囊括了自1957年以来的全国冠亚军，尤其是刘棣怀，本是我国上场的第一台，此时来对付她这日本的第三台，但还是没能阻挡得住，都让伊藤友惠以中盘胜结束了战斗。

对于这次中日围棋友谊比赛，上海《围棋》做了简短的报道。这篇短文尽可能地把中国棋手在比赛中的闪光点一一报道了出来。转载如下：

"应邀来我国访问比赛的日本围棋代表团，由日本棋院理事长有光次郎率领于9月15日起在北京和我国棋手进行了四十局正式比赛。

日本围棋代表团由曲励起（八段）、小山靖男（七段）、伊藤友惠（女、五段）及业余棋手——今年日本业余围棋比赛冠军安藤英雄和曾经三次获得日本业余围棋冠军的菊池康郎等组成。其中伊藤友惠是今年日本女子围棋比赛冠军（日本称'本因坊'）。在四十局正式比赛中，我国棋手胜五局，和一局。

我国出场迎战的是：1958、1959年全国冠军刘棣怀（对曲励起），去年全国冠军黄永吉（对小山靖男），1958、1960年全国亚军王幼宸（对伊藤友惠），去年全国第四名过惕生（对菊池康郎），去年全国第三名陈祖德（对安藤英雄）。在9月15日的比赛中，我国棋手王幼宸以半子之差败给了伊藤友惠。黄永吉以二子半负于小山靖男后，在17日的比赛中扳回一局，胜小山一子半。在19日的比赛中我国选手再度失利。21日、23日的比赛，我国青年棋手陈祖德，二次中盘胜安藤英雄，过惕生也于17日在中盘胜了菊池康郎。在固定对手的比赛中，我国棋手胜了四局。

9月25、27、29日，又进行了三次非固定对手的比赛。我国棋手再胜一局，另有一局和棋。获胜的是青年棋手赵之华，他在25日的比赛中胜了安藤英雄，下和棋的是29日王幼宸和安藤英雄的一局。

日本围棋代表团中，保持不败的是八段曲励起和五段女棋手伊藤友惠。"

除了《围棋》杂志，也有其他人记载了这次比赛的情况。陈祖德在他的自传作品《超越自我》中以相当动感情的语调写下了这段话，评述中国棋手输给伊藤友惠之战：

"让伊藤五段八战八胜，无论如何也是个耻辱。这不仅仅是围棋手的耻辱，也是民族的耻辱，是国耻！我国是围棋的发源地，有着数千年的悠久历史。围棋早就被列为'琴、棋、书、画'四大艺术之一，是中华民族的国技，是炎黄子孙的国粹。但如今却敌不过东瀛女将，这是多少年来国运不盛的结果。直到今天，每当我回忆起中华人民共和国围棋发展的历史，首先就要想到1961年中日比赛的惨败，也必然要想到伊藤老太太威风凛凛地大获全胜。"

这次比赛共下了40局，中方5胜1和34负。5胜中只有一盘胜的是专业棋手。菊池康郎和过惕生是3胜1负，然后分别战胜了王幼宸、金亚贤、赵之华、黄永吉。安藤英雄的成绩是4胜1和3负。通过以上成绩大体说明，中方一流高手只和日方业余高手不相上下。这次比赛透露出的可喜信息是，中方获胜的五盘棋，中青年棋手占了绝大多数，陈祖德胜两盘，赵之华胜一盘，黄永吉胜一盘；老先生中只有过惕生胜了菊池一盘。不管怎样，肩负着中国围棋希望的年轻人正一点一点成长起来了。

礼尚往来，1962年中国组织了第一个访日友谊赛的围棋代表团，老一代北京棋手过惕生的棋艺在知天命之年还是有了较大提高，代表团其他成员则全是中青年，他们是黄永吉、陈祖德、张福田、陈锡明。这次访日共赛了七场35局，中国是12胜27负。值得称道的是，7月25日在东京进行的第六场比赛，日方上场的5名最强业余好手安藤英雄、菊池康郎、竹原金太郎、原田稔、恩田喜三郎全部败北，充分说明不到一年时间我国棋手就有了相当大的进步。一家日本报纸更发出了惊呼：中国棋手访日不到一周时间棋力就提高了一个子。文章之所以这么说，在于第一场、第二场比赛，中方连着10个大鸭蛋，全部被日本不太厉害的专业棋手和业余棋手联队杀得溃不成军，无一人取胜。黄永吉分别输给了八段前田陈尔和五段茅野直彦；陈祖德分别输给了五段茅野直彦和七段梶原武雄；过惕生则负于七段梶原武雄和八段前田陈尔；张福田则分别输给了日本业余棋手平田博则和村上文祥；陈锡明则分别输给了村上文祥和平田博则。

访日比赛还进行了两场指导棋比赛，全部被让二子，对阵情况是这样的：黄永吉被让二子负于九段桥本宇太郎四个半子、九段木谷实两个半子；陈祖德被让二子中盘战胜了九段桥本昌二、八段前田陈尔；过惕生被让二子中盘负于窪内秀知，五人半子负于九段藤泽朋斋；张福田被让二子胜八段鲷中新，一子胜七段桑原宗久；陈锡明被让二子以一子之差分别负于锅岛一郎六段和曲励起八段。

访日归来不久又迎来了1962年十七单位围棋赛，冠亚军之争在过惕生和陈祖德之间展开，陈在布局阶段一着随手导致了以后屡屡受累的不幸，尽管这局棋多次给过老以相当大的威胁，最终陈还是以败局屈居亚军。在这届比赛中，第三名吴淞笙、第四名董文渊、第五名沈果苏都是中青年棋手。新秀陈祖德、吴淞笙棋艺进步神速，在这届全国赛中已露端倪，不久就有了惊人的表现，寄托希望已久的年轻棋手终于喷薄而出，陈祖德、吴淞笙为代表的"陈吴时代"即将取代长达十几年之久的"南刘北过"时代。

1963年金秋又到。日本围棋代表团如约前来,友谊比赛再一次开幕。9月13日到9月27日进行了六场30局比赛。这次是杉内雅男九段兼任团长,再没有多余人员,围棋交流越来越集中到棋上,其他色彩则尽可能淡化。他带来宫本直毅八段和桑原宗久七段,以及业余好手村上文祥和田岗敬一。

需要特别指出的是,到了1963年,中国已经颁布了自己的围棋规则,所以这次友谊比赛在中国方面的坚持下,按照中国围棋规则计算胜负,对局棋份和日本职业高段棋手为授先或者授二子。和日本业余棋手自然是分先,执黑贴2又1/2半。

这次比赛从南往北打,先杭州、上海再到北京。在北京终于迎来了中国围棋的重大突破,见证了中国围棋阶段性的进步。

到底是中日之间的比赛进行得多了,中方积累了不少经验。第一场比赛中方一号主力陈祖德没有上场,先让他观战,以了解对手特点,其次也让他那过于旺盛的斗志退退火,去掉些脆性,增加些韧性。从第二场起,先让陈祖德和日方实力相对最弱的业余棋手田岗敬一下,陈祖德执白胜六子,第三场执黑和日本业余棋手村上文祥下又胜三子,一周之后,养精蓄锐,才和日本专业棋手交锋。陈祖德由于连胜了两场,士气大振,信心大增,让先半子险胜了桑原宗久七段。

1963年9月27日,这是个在中国围棋史上将会被记载的日子,陈祖德在北京迎战日本九段杉内雅男。

杉内雅男1933年到东京投入井上一郎五段门下,1937年入段,1959年升为九段。1954年就成了日本第9期本因坊战挑战者,也就是获得了本因坊的亚军和向高川格本因坊挑的资格,高川格以4胜2负击败杉内雅男。1956年成为日本棋院选手权战的挑战者；1957年继续成为日本棋院选手权战挑战者。1958年成为日本第13期本因坊战挑战者，继续向高川格本因坊挑战，虽然仍旧以2比4输给了高川格九段，那也是一人之下万人之上的出色战绩。杉内雅男1959年获得了他人生中的第一个棋赛冠军——第4期早棋（快棋比赛）名人。这次他当团长兼棋手来中国，正是在他棋艺水平顶峰阶段的时候，锐气正盛。

在北京的比赛，赛场地点仍旧还是北海悦心殿。物在人非，和两年前不同的是中国棋手的实力大增，年轻一代终于可以替代老将们为国争光了。坐在悦心殿第一台的，是日方主帅杉内雅男，他将对阵中方的年轻新秀陈祖德。

对局是陈祖德被让一先。

在和陈祖德下之前，杉内已经连续击败中方的黄永吉、王幼宸、吴淞笙，授二子战胜了沈果荪、罗建文，已经取得了五连胜。

在北海公园悦心殿附近的空场上，挂起了公开讲解的大棋盘，在当时北京的围棋爱好者还不是很多，但是，仍聚集了不少知道围棋的人，他们更多的是看热闹，当然，其中也有不少喜欢下围棋的人，他们想先睹为快，亲眼看看陈祖德是不是能赢日本的九段。他们要和北京一起见证中国围棋的进步。

陈祖德执黑先行，走对角星开局。当年陈祖德打过许多的中国古谱，对对角星的各种下法显然是比较熟悉。杉内以对角小目应对。

陈祖德的功夫底子是当湖十局，范西屏、施襄夏擅长攻击的下法，陈祖德吸收了不少，很快，战火就从右下角燃起，然后蔓延到了左方和上方，黑白两条巨龙腾空而起，缠绕在了一起，谨慎的杉内很想对黑龙痛下杀手，但是他很快就发现，这黑龙很难杀死。

对杀的结果是形成了转换，局面意外地变得很细，杉内发现自己的白棋已经稍稍有些不足了，而此时他早已进入了读秒。

在匆忙的读秒声里，杉内依然做着最后的努力，连施强硬手段，却被陈祖德——化解，慢慢地，收官也进入了尾声。悦心殿内光线已经逐渐暗了下来，北京的九月天黑得早了许多，读秒的声音在略显空旷而安静的大殿里格外清晰，杉内雅男在紧张的读秒声里不动声色地计算着最后的输赢，虽然日本棋手的官子功夫都很深厚，但杉内却已经无力回天了，尽管差距很细微：半个子！

杉内沉默有顷，喃喃地小声用日语叨唠着："我输了。"

场外悬挂的大棋盘陆续地将两个人最后的几步棋摆了出来，围棋爱好者们各自埋头计算着黑白的子数。

经过十小时激战，陈祖德在被让先的情况下终以半子之优势拿下了这梦寐以求的一盘棋。

吴淞笙被让先中盘战胜了日本职业八段棋手宫本直毅，双双告捷。以陈、吴的胜利为标志，中国的围棋终于走出了漫漫长夜，迎来了曙光，随着中华人民共和国的崛起也崛起了。

自从有了中日之间的围棋交流，中国棋坛上就弥漫着言必称吴清源的风气，吴清源车祸以后逐渐退出日本棋坛，就开始言必称"坂田"。曾经有过这样一个真实的"笑话"，一棋手特别喜欢打桥本宇太郎的棋谱，一边打一边念叨"妙，实在妙"。一天，他打谱时整个看错了一行，别人在旁边看着都奇怪，说："能这么走吗？这不跟不会下差不多吗？"他反讥："你懂什么？这是桥本的棋。"好事者想不明白拿过棋谱来一对照，发现整盘棋偏了一行，他自己才不好意思了。还有些棋手只要是日本名家的谱，你刚摆上几十步，他从旁边一过就能看出是谁和谁下的棋，这功夫不可谓不深，说明中国的棋手为了提高自己的棋艺水平，确实下了很深的功夫。但是，这种知其然不去深入了解其所以然的功夫，效果并不显著，对实战的指导意义并不大。

与此同时，棋手固然也打日本名家的棋谱，却已经认识到应该有自己的独立见解，发扬自己的风格。

陈祖德自从战胜了杉内雅男，自信心更强了。在当年，许多棋手都学着日本人开局走小目时，陈祖德却总结出了结合自己棋风的新开局方法——执黑一律对角星。1963年他和桑原宗久七段走对角星，以及杉内雅男、宫本直毅；1964年和大竹英雄、绸中新也都是走对角星，上述用对角星的下法还都赢了棋。这更坚定了他要走出自己棋艺风格的信念。他从研究中，总结出自从吴清源、木谷实提倡"新布局"以来围棋的发展方向就是加快布局速度。"坂田流"布局，一个小目，一个三三，三三一着棋就可以守住一个角，目的也是加快布局速度。如果没有独立思考，而是亦步亦趋的话，是不会敏锐发现近当代围棋的这个发展规律。

从1964年起，陈祖德开始尝试走"中国流"。中国流是一个占星、一个占小目、一个占星和小目之间的边。这时只要对方进入这个范围，就可以马上对其展开攻击。陈祖德认为有星、有小目既注意了"势"也兼顾了"实地"，拆边是不让对手有舒服开拆的余地，不忙守角是为了加快布局的速度。

1964年全国围棋比赛，老一代的棋手全部退出了征战的第一线，那一年的前六名中只有第四名黄永吉是年过30的，其余均在22岁以下，冠军陈祖德、亚军吴淞笙分别才19岁、18岁。中华人民共和国的第二代棋手已经成长起来了。

以"中国流"的诞生为标志，这一代年轻棋手在棋理的修养方面已经比"南刘北过"时代有了质的不同。

所以从1964年起，中日围棋友谊交流比赛，中国出战的人选已经全部换成了年轻人。1964年访日比赛的棋手是陈祖德、吴淞笙、罗建文、沈果荪、王汝南、陈锡明。

第十章 北京见证中国围棋追赶日本的历程

1965年4月，日本围棋代表团访华，这次访华只来了三位日本职业棋手，他们是八段梶原武雄、六段工藤纪夫、五段安倍吉辉。

这次比赛主要赛场在北京，共赛了四场，然后南京两场、上海两场、杭州一场。在这次比赛中陈祖德先是和工藤纪夫使出了变招"中国流"，赢了一子。1965年4月20日，陈祖德在家乡上海迎战八段梶原武雄，使用"中国流"，是一场干净利落的歼灭战，完胜。自此"中国流"开始引起大家的注意。这个完全以专业棋手为代表团的访华比赛，遭遇了中国棋手的顽强抗击。团长八段梶原武雄访华的比赛成绩远不是他当初想象的那样可以大胜。和陈祖德下成了2负1和3胜。其中梶原武雄胜的一盘棋，多少有些不够光明正大，梶原已经进入读秒，裁判在最后一分钟已经读出了"10"的时候，梶原应该认输，裁判也应该判梶原超时负，结果，梶原没有认输，中国的裁判由于没有国际比赛的经验，也不敢吭声，梶原索性长考起来。陈祖德当时也很老实，没有去找裁判长反映这个问题，过了好长一段时间，梶原可能考虑成熟了就接着下了起来，陈祖德的情绪大受影响，本来已经结束的棋，接着下，梶原的读秒不利因素反而让他无所顾忌，结果，梶原反而反败为胜。如果不是如此的话，那么就是梶原2比3输给了陈祖德。

梶原率领的日本围棋代表团来中国前，中国方面曾经有这样一项重要决定：由于陈祖德在受先的情况下不仅赢了日本的七段、八段，连杉内雅男九段都赢了，再和日本高段棋手下棋，应该由受先改成分先了。1964年，中国围棋代表团访日，到了人家那儿，只好听人家安排，七段以上的日本棋手和中国棋手下还是让先。这次梶原代表团来中国，日本方面不提分先，那意思是日本高段棋手和中国棋手比赛还是让先下。这问题被汇报到陈毅元帅那儿，陈老总坚决地说："这次不能让先下了，要分先下。"接着，陈毅元帅又说："我们要争一口气，分先下即使赢不了，也不要紧，我们下回争取赢，下回还赢不了，再下回赢。棋可输，气不能输。"

"中国流"大放异彩是在1965年7月18日中国围棋代表团访日比赛，双方的对阵情况如下：陈祖德对原田捻、吴淞笙对今村正道、王汝南对大泽敏行、姜国震对平田兴、黄进先对野中泰延。日本上场的全部是业余高手。这次对阵，中国棋手无论执白棋还是执黑棋，都走"中国流"，结果取得了4胜1负的好成绩，仅黄进先执白输了一个半子。第二天日本大报《朝日新闻》以"中国人的新武器"为题，报道了这一自有围棋比赛以来，五盘同时开赛的棋都走同样布局的这一不同寻常的现象。

此后，"中国流"引起了日本棋手的高度重视，日本的名手坂田荣男、加藤正夫、藤泽修行等都是中国流的钟情者。加藤正夫在他的专著《中国流布局》前言中写道："前几年，中国流布局正式在日本流行，而且日益盛行。我也因采用这种布局赢了不少棋。"日本的名誉棋圣藤泽秀行经过深入研究，还对"中国流"做出了创造性更新，实战中下出了"高中国流"。

中国棋手当时的水平距离日本九段棋手还有一段比较大的距离，但是，陈祖德逐步展示的"中国流"，说明了中国棋手对围棋的理解在逐步深入，虽然当时还是向日本学习提高的阶段，但已经不是完全照搬、全盘无条件接受了，而是已经开始有了自己的思想和理念，已经在向日本棋手学习的同时开始了独创性的探索。

显然，中国围棋的进步速度引起了日本棋手的兴趣，尽管日本国内的围棋比赛进行得如火如荼，但是，老是自己人争来争去，总不如和其他国家的棋手比赛更具有新闻性。

第十章　北京见证中国围棋追赶日本的历程

1965年5月中旬，北京迎来了一个特殊的日本围棋代表团，全部由日本的业余女棋手组成。上场比赛的棋手就有12人之多，显示出日本女子围棋也开展得有声有色。

她们来中国共进行了三场36局的比赛，5月15日和5月17日在北京赛了两场，5月19日在上海比赛了一场。总成绩是中国队胜28局，负7局，和1局。可以说完胜日本女队。这在中国围棋队从1960年接连败给日本代表团的情况下，总算是多少挽回些面子的大胜。当时，中国没有宣布自己有职业棋手，所以日本一直也没有派出全部由职业女棋手组成的代表团。当年，如果日本来一个职业女棋手代表团，就当时的水平来说，中国女子围棋肯定还不是对手。

这个代表团刚到北京时，中国围棋界有关方面也不摸底，也不知道她们到底有多厉害。在北京的第一场，可以说调集了全国的女子好手，分别由北京、上海、安徽、广东、四川的优秀女棋手组成了中国队迎战。这12名中国女棋手中，已经在国家围棋集训队的有魏昕、吴传穗，北京的是领队沈尺卿、队员刘月如，上海的是业余体校的朱耶兰、王玲玲、许婉云等，广东的是黄妙玲、陈婉瑜等，四川的是吴澄华等。

第一场，中国棋手全部执黑，除了魏昕胜平田丽子（业余三段）九子外，剩下的棋，中国巾帼英雄们全部是中盘战胜日本女棋手。吴传穗胜吉村李花（业余二段）、朱耶兰胜安藤房子（业余二段）、王玲玲胜须贺幸子（业余二段）、沈尺卿胜西松胜子（业余二段）、许婉云胜福岛明子（业余初段）、黄妙玲胜岩波三枝子（业余初段）、刘月如胜笠木八重（业余初段）、赵翰梅胜西松津根（业余初段）、陈婉瑜胜近藤靖子（二级）、陈雅华胜平山末（三级）、吴澄华胜伊集院乡子（八级）。

5月17日的比赛，中国换上了实力稍弱的几位女棋手，中方输了3局，和了1局，日本的第一台平田丽子赢了中国第一台王玲玲，也算是中国给日本女棋手留些面子。

5月19日在上海，全部由上海本地棋手出战，北京围棋队曾经看好的女棋手叶菁赢了平田丽子。其他上海上场的还有许多是少年儿童，许多是戴着红领巾上场下棋比赛，其中像刘培振、金小雨、王茵还都成为比较出名的业余女棋手了。

这次比赛当时还是有一定的影响的，毕竟中国围棋界十分重视，尤其是第一场比赛可以说是全力以赴。1965年第七期上海《围棋》月刊在这一期登的棋局可太丰富了，一共登了11盘女子对局，成为一时之佳话。这次的比赛虽然不是职业棋手之间的比赛，这个日本女围棋代表团也代表不了日本当时职业女棋手的水平，但仿佛是个预示，很快，十年后，中国的女棋手不但横扫了日本的职业女棋手，就是日本的职业男棋手也经常败给中国的职业女棋手。

1965年4月、7月的中日友谊赛结束后，1965年10月日本又组织了一个围棋代表团于10月13日到11月2日前来中国进行比赛。此次比赛在北京安排了四场，在上海安排了六场，总对局数是60局，创下了最多对局数的纪录。

岩田达明九段是团长兼第一台棋手，其余棋手为佚谷启八段、谷宫悌二五段、木谷礼子（女）四段、业余棋手原田捻和西村修。这次比赛除了第九场的后四台中国上了些新手是让先下之外，其余的对局全部分先下。

这次比赛从中方的意图来讲，主要目的之一是重点培养陈祖德和吴淞笙。岩田达明九段共下了十局，其中七盘是和陈祖德下，两盘是和吴淞笙下。另外一个主要目的，就是争取在分先的情况下能战胜日本的九段棋手，如想达到此项重大突破，那自然就是多下几盘，下的局数越多，获胜的概率自然就越高。

第十章 北京见证中国围棋追赶日本的历程

最后，中国围棋界经过陈祖德的艰苦努力，终于在分先下的情况下，赢了岩田达明一局。

中国棋院二楼比赛大厅东面墙上挂着一件毛织的工艺品挂毯，基调是深蓝色，有近一丈见方，正中镶嵌着一块围棋盘，棋盘上固定着一盘棋，正是陈祖德1965年10月25日在上海分先，执黑战胜日本九段岩田达明之局。这是当代中国棋手在对等的情况下第一次战胜日本九段，其意义当永垂中国围棋历史的史册。

这盘棋开局，陈祖德走出了自己研究已久的"中国流"，因而也赋予了这盘棋另外一个意义——"中国流"的取胜之局。这盘棋由于岩田达明对陈祖德貌似平淡的一步棋的攻击严厉性估计不足，以致从第17步棋开始就陷于被动，黑棋的优势毫不动摇地一直保持到终局。

1965年10月岩田达明九段来中国和陈祖德共下了七盘，这是第五盘，从棋的进程上来说，执黑的陈祖德一直主动，以至于贴了5目之后还赢10目之多，说明棋局的胜负早就分明了，岩田达明之所以一直坚持到底，足见他是想完成自己一盘不输的计划的。

岩田达明是日本棋院名古屋分院的第一主力，这次来中国访问比赛，是名古屋派出的第一个围棋代表团团长，凡此种种都促使他要认真下好每一盘棋。岩田的棋风被日本围棋界评论为"绵里藏针"，看起来柔软，真的砍杀起来，也很犀利。他曾经连续四期保住在本因坊战的循环圈中的位子，足见其不凡的实力。

这盘棋曾刊于1966年第6期《围棋》杂志，但不是陈祖德的自战解说，在陈祖德的名著《超越自我》中曾描绘了许多盘他难以忘怀的棋局，其中以输棋居多，然而这盘具有历史意义的赢棋却寻不到一点陈祖德本人的局后感受。也许在陈祖德看来，赢了，更不宜多说什么，或者，赢了岩田达明之后，在他眼中又盯着其他诸如坂田荣男等一流九段，人总是一山望着一山高，陈祖德也概莫能外，所以就没有把这盘棋很当回事了。

岩田达明，1926年1月2日出生。日本名古屋人，1941年入木谷实门下学棋，1943年入段，1964年升为九段。1961年日本第一届名人战中曾经以优异成绩进入循环赛，是在日本很有影响的九段棋手。

1966年中国围棋界的盛事是4月10日至5月12日在河南郑州举行的全国围棋比赛。成年组前六名依次为陈祖德、吴淞笙、罗建文、王汝南、黄良玉、张福田。聂卫平那年14岁，为了充分加强训练难度，破例参加了成年组的比赛，得了第三组的第一名，总成绩是第41名，排在许多成年棋手的前面。

1966年6月18日至24日中国围棋代表团如约去日本进行访问比赛，这次比赛约好了是和日本的业余棋手进行。为什么如此安排？大约是受到了"文化大革命"的影响，中国棋手和日本的职业棋手比赛的话肯定会输得比较难看。领导考虑，即使陈祖德带头去比赛，总成绩也不一定就能赢了日本，索性，陈祖德这次就不出战了。参赛的棋手为吴淞笙、王汝南、沈果荪、黄良玉、黄进先。

当时比赛场次也被压缩，连来带去才6天，诚可谓去也匆匆，回也匆匆，棋手们的心思不可能完全放在了围棋上。比赛五场25局，中国队只赢了6局，负19局，大败而归。吴淞笙是2胜3负，王汝南3胜2负，沈果荪5负，黄良玉1胜4负，黄进先5负。

到了1966年11月11日，日本围棋代表团竟然准时来中国访问，简直是件匪夷所思的事情。受当时形势的影响，日本的围棋代表团只好全老老实实在北京呆着，外地的城市哪儿也没有去。

日本围棋代表团团长是九段棋手岛村俊宏，当年他的棋力可以说仅次于来过中国的坂田荣男和桥本宇太郎，比岩田达明和杉内雅男的国内比赛成绩出色不少。团员中还有八段宫本义久、五段家田隆二，再就是几位段位不高，但是实力非凡的年轻棋手——18岁的四段石田芳夫、19岁的四段加藤正夫、15岁的二段武宫正树。日本之所以派上述三位年轻棋手来访，一方面是因为中国上阵的主力棋手陈祖德、吴淞笙、罗建文也才20岁出头，日本如果老派些高段位的年长棋手来中国比赛，输了面子上不好看；另一方面也想看看中日两国的年轻棋手谁更厉害，中日的年轻棋手年龄差不多，比起赛来较具可比性。

如果没有"文化大革命"，这次日本全部来的是专业棋手，对中国棋手而言是次十分难得的学习提高的机会。结果，日本棋手兴冲冲而来，而中方棋手明显不在状态，棋艺生疏。

最终陈祖德对岛村俊宏九段2负1和，对日本的八段棋手宫本义久2战2胜就已经是相当不错的成绩了。中国队的总成绩是9胜3和24败。日本后三台的年轻棋手实力本已经和日本的九段棋手不相上下，只是段位还没有升上去，但是，他们战绩出色。石田芳夫是5胜1和，加藤正夫是5胜1负，武宫正树是4胜3负，成了日本的主要得分手。

1969年，随着国家围棋队解散，北京围棋队与全国其他各省市的棋队也纷纷解散。

1972年底到1973年初，在周总理的关怀下国家体委围棋集训队恢复了。以当初留下的七名种子为骨干，又加上后起之秀聂卫平、孔祥明、陈惠芳等人，队伍随着形势的发展还有所发展壮大。

1973年4月15日中日友好代表团访日，其中特意安排了围棋界的代表人物陈祖德参加。他到了日本以后，以棋会友分别与吴清源、藤泽秀行等棋手进行了比赛，将中日之间的围棋交流又牵上了线。

1973年7月24日至8月8日，中断了六年之后，日本围棋代表团又来中国访问比赛了。这次，这个围棋代表团的规模超过了以往的任何一个代表团。有团长光次郎、副团长坂田荣男十段、秘书长坂田昭辉，团员有本田邦久九段、石井邦生八段、加藤正夫七段、太田耕造六段、小川诚子（女）二段，以及业余棋手菊池康郎、西村修。

由于中断了六年多的交流，日本的围棋水平怎么样一时感觉很陌生了。但是，从名单上看，这个代表团职业棋手的实力远在1966年岛村俊宏的那个代表团之上，同时又兼顾了女子棋手和业余棋手。从棋手构成上来说，1966年日本派出的已经全部是职业棋手，而这次却又退回了职业和业余混编。

1973年7月24日在北京的第一场比赛，只有黄德勋和了菊池康郎，其余全部败北。陈祖德输给了坂田荣男十段，吴淞笙输给了本田邦久九段，王汝南输给了石井邦生八段，华以刚负于加藤正夫七段，罗建文不敌太田耕造六段，孔祥明输给了小川诚子（女）二段，聂卫平意外输给了业余棋手西村修。

7月26日的北京第二场，陈惠芳赢了日本女棋手小川诚子一子，陈安齐中盘胜西村修，总算比第一天的比赛稍好一些。北京赛了三场后，移师郑州两场，上海两场，但比赛并无大的起色，总共比赛七场56局，中方赢的14局中，9局赢的是业余棋手，其中包括赢日本女棋手的3局。令人略感欣慰的是陈祖德胜加藤正夫七段和石井邦生八段，黄德勋赢了本田邦久九段。最轰动的是沈果荪胜坂田荣男十段那盘。

中日历史上第一次正式围棋交流就来中国的坂田荣男，在中日之间断绝交流六年多以后，又以副团长兼第一台主力身份来到中国。日月沧桑，他已经由壮年进入知天命之年，二十多年中，他创下了日本围棋舞台上的丰功伟绩，也有不可避免的挫折：先后于1965年和1968年败给了林海峰，失去了"名人"和"本因坊"头衔，到了1973年仅保持着"十段"的头衔。和1961年相比，他已经进入英雄迟暮的岁月了，头上也已经生出华发，然而在他身上一直保持不变的，就是千万个日日夜夜也没有能消磨他一丝一毫对围棋的执着和对中国棋手的傲气。

1960年中日交流，因为有七八十岁的老棋手参加比赛，赛场上放了一些躺椅，坂田和中国棋手对局时经常拍下一子后就到躺椅上休息，因此差点输给齐曾距。23年后，1973年7月24日中日围棋比赛又重在北京拉开战幕，坂田在赢了陈祖德、王汝南、吴淞笙后，他的傲气每赢一盘就增长一分，等经郑州到上海的第六场之前，他又赢了罗建文、黄德勋，更加目中无人。

第六场，沈果荪主动请战坂田，别看这年坂田已经52岁，但其刀法犀利，功夫娴熟，即使比他年轻许多的棋手也难在年龄上占他的便宜。沈果荪和坂田这盘棋，开始，坂田一路领先，沈果荪执白显然难有机会，虽处处反击，百般顽强，终难撼动坂田。但自古骄兵必败，堡垒最容易从内部崩塌，坂田的傲气这一次终于给他带来了终身难忘的尴尬，对于他几乎是怎么下都可以赢的棋，大意之下丢了条大龙尾巴，输了四个子。堂堂日本的"十段"执黑输给了中国对外宣称的业余棋手，这口气实在是堵得慌。赛完，他拍着沈果荪的肩膀说："这将是你毕生的杰作。"

即便侥幸赢了当年的巨星坂田荣男，但是，中国14胜2和40败的总成绩说明中国的围棋水平在这六年多里进步不大，几乎可以说是原地踏步。

但这六年的经历对中国棋手的思想、人生观都产生了很大的影响，使他们在韧性、毅力、顽强等诸方面都比以前有了明显提高。这六年犹如一道闸门，闸住了中国围棋发展的势头，但这势头不是消散了，而是在积蓄能量，在寻求着新的爆发。

1973年10月，在半自发的情况下，举办了自1966年停止全国围棋比赛后的第一次围棋比赛。比赛得到了当时河南省委书记刘建勋的大力支持。此前陈祖德、吴淞笙曾给刘建勋写过信，请求他为围棋说说话。1972年他给陈祖德回了信，希望推荐一些棋手到河南开展围棋活动。这以后，罗建文、陈锡明、邵福棠、黄进先等告别家人，只身前往郑州，客居异地，搞起了围棋。此后，上述几人也都被集中到了北京国家围棋集训队。

有了这一层关系，郑州一时成了中国围棋活动的中心。1973年的非国家体委组织的全国围棋比赛在郑州举行就成了顺理成章的事情了。由于这次比赛的非正规性，加之当年对围棋还不便于大张旗鼓地宣传，社会上知道这次比赛情况的人并不多。

郑州比赛共分四个组：成年组、青年组、友谊组、少年组。少年组是20名选手，其余各组为14名选手。

最后的比赛成绩为：

成年组第一名罗建文（23分），第二名陈志刚（18分），第三名谢裕国（15分），第四名姜国震（12分），第五名黄进先（10分），第六名陈惠芳（10分）。国家集训队的吴淞笙（21分）、曹志林（17分）、邱鑫（22分），不计名次。

青年组第一名杨以伦（22分），第二名三人并列，分别是杨晋华（16分）、谭炎午（16分）、陈嘉锐（16分），第五名董银奎（10分），第六名丁世久（10分）。国家集训队聂卫平（25分）、黄德勋（21分）、华以刚（20分）3人不计名次。

友谊组第一名吴玉林、第二名陈安齐、第三名孔祥明、第四名朱宝训、第五名容坚行、第六名金国苓。

少年组第一名王群、第二名江鸣久、第三名邵震中、第四名张书泰、第五名彭致力、第六名孙国梁。

这次各组的前六名基本是那一时期中国棋手围棋水平的排序，国家集训队和后起之秀聂卫平、孔祥明明显占据上风。

友谊组的水平参差不齐，其中许多人是听说有这么个比赛以后不远数千里，自己花钱找上门来要求参加比赛的。这之中最突出的是新疆女业余棋手马玲，虽然她只是倒数第二名的成绩，但她的精神感人，得到了棋界好评。

围棋这枝中国几千年流传下来的奇葩，当社会环境稍稍变得有利于它成长的时候，虽然当时"文化大革命"的寒风苦雨还未过去，大家头顶上仍旧阴云密布，它却成为报春第一枝花在严冬末尾迎风开放了。

20世纪70年代初期，对中国来说，发生了最重要和影响深远的两件外交领域的大事情，一个是中国和美国准备建立外交关系，美国总统尼克松到中国访问。在中国和美国外交关系改善的前提下，早就看好中国这个大市场的日本更是按捺不住，反而比美国更快一步，直接和中国建立了正式的外交关系。

1972年9月25日，让世界都感到很吃惊的是日本国内阁总理大臣田中角荣正式对中国进行访问。

中日之间建立了正式的外交关系，对中国围棋而言是很大的喜讯，至少，从日本再来北京的时候，可以减少许多过境审查环节，相比20世纪60年代日本围棋代表团来北京要绕道香港那真是方便了不少。中国和日本的文化交流自然也会形成规模和潮流。

1974年春天，在中日建立了正式外交关系的铺垫下，在1973年举办了全国围棋邀请赛的浪潮的推动下，中国第五次围棋代表团访问日本。从4月6日到4月23日，分别在东京、大阪、福岗进行了七场56局的比赛。

中国队出场的棋手是陈祖德、吴淞笙、王汝南、黄德勋、邱鑫、华以刚、孔祥明（女）、陈惠芳（女）。1973年围棋比赛成绩很突出的聂卫平居然被黑龙江山河农场的生产连队阻挠下来，中国队只好割爱，换上了别人。

这年，围棋虽然已经恢复了集训队，但陈祖德作为中国围棋集训队的负责人，其主要精力根本放不到下棋训练上，相反，而是在处心积虑设法保住围棋集训队的生存。他人在日本，但心思却全在应对北京方面各种对围棋不利的信息和可能发生的不利手段，以致陈祖德的比赛成绩出乎预料的不理想，总成绩5败2胜，对日本九段棋手藤泽朋斋、桥本谊、岩本熏都输了，甚至对手下败将日本的业余棋手村上文祥都输了三子，只赢了七段棋手青柳英雄和业余棋手西村修。

成绩突出的是吴淞笙，6胜1负，分别赢了十段桥本昌二，八段工藤纪夫、羽根泰正，四段野口仁，业余棋手平田博则和岩城公顺。只是输给了日本的老本因坊高川格。

成绩第二突出的是华以刚，总成绩5胜2败。赢了日本的九段加田克司、六段春山勇；还遇到了三位日本的业余棋手，全部战而胜之。

其余棋手就都没有什么突出表现了。黄德勋2胜5败，邱鑫3胜3败1和，基本战平。孔祥明也是3胜3败1和，赢的是日本的三位男业余棋手。陈惠芳是1胜6败，仅赢了一位日本的业余女棋手。

中国队的总成绩是25胜29败2和，胜率是46.4%，从胜率看还说得过去，但其中赢的主要集中在日本的业余棋手上。从整体水平来说，和"文化大革命"前相比，并没有进步。

从1966年算起，过了八年，直到1974年7月5日至8月5日才在中国接着举行了全国围棋比赛。这次比赛是自中华人民共和国成立以来规模超过前几届的一次，共有156名成年、少年、儿童运动员参加，工作人员和裁判就有50名，真是兵强马壮、战将如云啊！是承前启后，继往开来的一次围棋盛会。这次比赛对推动中国的围棋发展有重要意义，通过这次比赛，中国围棋的棋手梯次结构得以巩固，围棋人才犹如长江一浪高过一浪，全国的围棋热潮都被掀动起来。

以聂卫平为代表的第三代棋手已经跨进我国一流棋手行列。以马晓春、刘小光、曹大元、钱宇平、廖桂永、邵震中、江铸久、方天丰等为代表的第四代棋手如雨后春笋一般茁壮成长。他们之中年龄大的十二三岁，小的才七八岁，但已经可以看出他们的围棋才华，再不像第二代国手陈祖德、吴淞笙，第三代国手聂卫平小时候形单影只，如凤毛麟角，而是以一个方阵的规模向中国一流水平进军。

这次比赛，陈祖德力战群雄，积分遥遥领先成为冠军。第二名到第六名分别为曹志林、聂卫平、王汝南、罗建文、黄德勋（这一届比赛由于女棋手数量太少，成年组和男棋手混合编组，没有单列女子成年组比赛）。

少年比赛只设团体赛，以江鸣久、江铸久、方天丰为主力的山西少年队获冠军。以曹大元、钱宇平、华学明为主力的上海儿童队获儿童组冠军。

1974年11月，日本围棋代表团再次如约访华，日本队这次的主帅是宫本直毅。宫本直毅是中国选手的老朋友了，早在1963年，他就跟随杉内雅男九段访问过中国，那时，他还是八段，而这次，早已升为九段的他，作为领队的主帅，再次来到中国。宫本是日本关西棋院的台柱子，是关西的长老，此时正值壮年，也是棋艺最成熟的时候。他率领的又是一支混合军团，七段仓桥正藏，七段苑田勇一，女子四段柳内惠美子，二段久保胜昭，业余棋手村上文祥、三浦浩、中园清三。和上一届相比，这次明显降低了不止一个档次，上一届主帅是坂田荣男，队伍里九段两个：本田邦久、石井邦生，七段是加藤正夫，其他还有太田耕造六段等。但是，由于1973年中国访日比赛中方棋手惨败于日本职业棋手，这让还处于风雨飘摇之中的中国围棋步履更加艰难。日本棋界也真诚希望中国的围棋之脉千万不要断送，所以这次来华访问的日本围棋代表团自动降低了档次和整体水平。

来访的日本围棋代表团除了主将宫本直毅有一流水平，其余棋手和中国棋手的水平就非常接近了，日方的几个低段棋手和业余棋手则稍差于中国的一流棋手，中国棋手在比赛中充分显示出了实力，总体胜负与日本的比分非常接近，这在那些不懂围棋和对围棋状况不甚了解的有些领导看来，中国围棋在面子上很过得去，多少为挽救中国的围棋起到了一点积极作用。这次中日围棋友谊比赛的一个耀眼亮点是聂卫平在最后一场比赛中以农民工的身份战胜了保持不败、六连胜的日本主将宫本直毅，是继"文化大革命"前陈祖德在分先情况下战胜了日本棋手岩田达明之后的又一个突出成绩。

就聂卫平个人而言，他在分先的情况下战胜了宫本直毅后，如同习武多年的人打通了任督二脉，武功一下子得到了天翻地覆的升华，从此进入了一个更高的境界，真正迈进了日本职业九段高手的行列。从这个意义上说，中国围棋在这一年有了明显的进步，进一步缩短了和日本围棋水平的距离。

1975年，在中断了十多年后，举办了全国第三届运动会，围棋成为其中一个正式的比赛项目，进一步巩固了来之不易的社会地位。各地纷纷成立了围棋集训队，上一届全运会没有参加围棋比赛的省/自治区，如宁夏、新疆、青海、广西等也都组队参加，这真是让人始料未及，经过了"文化大革命"，围棋反而出现了在全国各地全面开花的现象。此次围棋比赛，分为个人和团体两个项目。预赛在上海进行，决赛在北京进行。1975年9月24日在北京市少年宫的围棋决赛，聂卫平中盘战胜陈祖德，这是一盘不是冠亚军之争的冠亚军之战，因为在1975年，聂卫平、陈祖德水平明显高于中国的其他棋手，正常情况下，冠亚军只可能在他们俩人之间产生。但由于是抽签决定谁碰谁，聂卫平和陈祖德在半决赛中相遇了。

1975月9月26日，最后的冠亚军决赛在聂卫平和王汝南之间进行。这盘全运会的王者之战，由于意义重大，聂卫平下得缩手缩脚，王汝南始终保持着微弱的优势，进入最后的收单官阶段，王汝南眼看冠军就要到手了，他反而激动起来，心旌摇动，恍惚之下，犯了一个不可理喻的错误，找了一个假劫，对于王汝南的这步废棋聂卫平几秒之内就完全判断清楚了，根本不予理睬。聂卫平飞快地粘上了那个最后的单官劫，输半目的棋变成了赢半目！

聂卫平获得了他人生中第一个全国冠军，这是聂卫平本人多年心血的结晶，也是中国围棋在潜行了多少年以后，终于培养出的继陈祖德之后新的围棋接班人、新的围棋国手，聂卫平时代就此展开，接下去，中国和日本的围棋较量中，以聂卫平为代表的新生力量开始登上历史的舞台。

从1973年恢复国家围棋集训队以来这三年，也是中国围棋水平普遍提高的一个阶段，当时能参加围棋集训队的人无不非常刻苦用功，"文化大革命"前为了促进运动员们刻苦训练，国家队提出了"三从一大"（从难、从严、从实战出发，大运动量训练）的口号，还要由各级领导进行思想教育等，以督促运动员。而此时的围棋集训队员们每个人都明白：围棋的命运还未定性，未来还笼罩着层层乌云，路，只有一条——围棋要下出成绩来。

1975年全运会的围棋决赛阶段，陈祖德虽然人在比赛场上，心思却在比赛场外，他不得不分出很多的精力为围棋的生存而紧张活动。他串联了几位围棋好手，联名上书给当时主持国务院工作的邓小平同志，为保留围棋的一席之地据理力争。这也是他未能如愿以偿再得冠军的一个重要原因。

当年国家围棋集训队的所有棋手都肩负着发展中国围棋的使

命，既要为了围棋的兴盛而奋斗，也要为改变自己个人的境遇而奋斗。那时国家围棋集训队还没有现在中国棋院这么好的训练、比赛、生活起居场所，而是临时租住在北京工人体育场看台底下的房子里，房子虽然也很宽大，墙也刷得雪白，但听上去总不是那么回事，堂堂的中国围棋最高集训队就住在体育场的看台下，明显还不是正规军。就是在这样的环境和条件下，每个周末，聂卫平和孔祥明在一东一西的男女运动员宿舍里打谱到深夜，没有白天黑夜的差别，也没有休息日不休息日的差别，他们二人只要睁开眼睛，看的就是围棋，想的也是围棋，下的是围棋，说的还是围棋，许多年以后，聂卫平回忆起那段时间的生活时说："我敢肯定，那一时期我下过的棋局数之多，超过任何其他三名集训队员的对局数量之和。"

为了增加集训队棋手的对局难度，陈祖德等在那一时期想出了下"加压棋"的对局办法，即陈祖德或聂卫平这两位比其他棋手水平明显要高的二人，对局时对手可以是三名棋手的集体，其余条件和正式比赛一样，那三人集体不仅不限制时间，还可以到别的房子里反复对棋局进行分析演示，试验出各种应法后再在棋盘上正式落子，这种"加压棋"至少在棋局的算路上可以达到比较高的高度，给陈祖德和聂卫平制造了比赛时的难度。

经过长时间的刻苦磨砺，经过多次和日本棋手的交流，以聂卫平为代表的中国棋手除了在计算深度、中盘作战方面有了明显的提高，还在布局、形势判断、官子等以前中国棋手的短板方面也有了质的提高。布局、形势判断这些比较"虚"的问题不光要以技术为出发点，还涉及棋手的自信心等非技术因素。怎么布局好，怎么布局不好，一般在特别简明的局势，十分十分接近的局面下，有了较为客观准确的形势判断以后，在此基础上确定的下一步行动方案才会正确。如果形势已经领先了就不应该再将局势搞得进一步复杂化；如果形势不利了，则要使用胜负手，这种重要的战略决策不光是局部计算准确就可以选择正确的，除了提高棋的理论修养，还需要不崇日、不迷日、不恐日。在以往的中日交流中，不少的中国棋手的好局，主要是因为缺乏自信心而走得过分，反而自取败局。

聂卫平战胜宫本直毅后，1975年又获得了全国冠军，他对自己棋艺水平的自信大为增强，在此基础上在布局及形势判断、官子、后半盘的斗志上都有了明显提高和改变。而围棋的这些所谓"虚"的方面一旦"通了"，就会自然而然地形成良性发展，越提高比赛时的胜率就越高，胜率越高，这方面的棋艺水平就越发长进。聂卫平本人的性格，还有各种经历的磨炼，以及1970年以后向陈祖德等人学棋的过程，这种种因素在聂卫平身上整合到了一起，对于棋艺水平的提高产生了极大的正作用力。当然这一切有利的发展与变化都是在潜移默化的过程中得以实现的，没有什么仪器和办法能够精确地检验出来，而只有通过比赛，尤其是和日本棋手的比赛才能明显地表现出来。

在1975年全运会围棋比赛结束不到一个月时，在北京又迎来了日本第九次访华围棋代表团。鉴于1974年那一次中日围棋友谊比赛的总比分输给了中国，日方这次明显加强了实力，派了两位九段——名誉本因坊高川格和窪内秀知，第三主力是石榑構郁郎，第四位是七段户泽昭宣。

1975年以前和日本无论什么样的九段交锋，中国棋手能胜上一盘或和上一盘都属于相当不容易的事情。而这一次聂卫平和高川格一胜一负。高川格曾经在日本本因坊比赛里九连霸，是至今在日本仍旧没有人能打破的纪录，他号称是"流水不争先的高川"，当年和坂田荣男是并驾齐驱的日本棋坛著名人物。聂卫平在战胜日本九段上有了新的突破。

聂卫平赢的另外一个九段是溘内秀知。溘内秀知九段是日本关西棋院的名手,曾经多次打入日本名人战和本因坊战的循环圈,有不凡的实力,聂卫平虽然是执白棋,但很轻松地中盘就取得了胜利。

至于聂卫平战胜户泽昭宣七段那盘棋,聂卫平仅用了50分钟就执黑中盘取胜,户泽昭宣是日本著名木谷围棋道的弟子,但他从布局就陷于被动,几无还手之力,聂卫平快速而锐利的棋风令日方大为惊叹。

总体上看,聂卫平在这次和日本包括两位九段棋手在内的高段棋手的比赛中已经开始占了上峰,五战四胜。陈祖德执白也分别战胜了日本的八段和七段,这些胜利就像是海平线上露出的桅杆头,预示着一个胜利舰队已经走出了漫漫而遥远的征程。

1976年4月2日至23日,中国围棋代表团第六次访问日本。中国代表团中第一次入选了久违的主力棋手聂卫平。其他成员为陈祖德、吴淞笙、王汝南、华以刚、曹志林、王群、孔祥明。

其实早在两年前的1974年,中国访日围棋代表团就已经确定将聂卫平作为主力队员和赶超日本围棋的重点培养对象到日本去交流比赛。但是,那时的聂卫平户口、工作关系等还在黑龙江的山河农场。在那个特定的年代,农场连队党支部负责人根本不知道下围棋要赶超日本的意义。迫于这种压力,1974年的访日比赛,只得临时把聂卫平撤了下来。

也可能正是1974年山河农场的阻拦,更激起了聂卫平1976年访日比赛的斗志,聂卫平如出笼老虎,威力反而积蓄得更多,到了日本后便在日本诸岛刮起了被《读卖新闻》大字标题称之为的"聂旋风"。

中国代表团抵达当天,棋手相会话题自然不会少。首先由日方传来的消息是,自20世纪60年代以后再未和中国棋手交过锋的大竹英雄六段已经升为九段，并获得过日本的各大棋战的冠军。这次为了迎接中国围棋代表团，日本棋院也请他上阵，他竟然提出了匪夷所思、狂妄至极，中方根本不可能接受的对局条件——大竹英雄表示："由于中国现在还没有职业棋手，让我上场下的话一律让中国棋手二子（也有的报道讲说是一律让中国棋手一先，笔者当年听当事人讲的是让二子。按当年日本的棋份规定：日本的九段和最好的业余棋手下棋至少是让二子。我国是20世纪80年代以后才宣布有职业棋手的。1979年举行的第一届世界业余围棋锦标赛，陈祖德、聂卫平等还都是以业余棋手的身份参加的该次比赛）。"

中国棋手听说大竹英雄的狂言后，无不怒形于色，嘴上虽然都没有说什么，心里却都憋着一口气。

第二个信息是日方的高段棋手对即将进行的第一次比赛的预测：日本准备第一次派在位的具有冠军头衔的棋手上场，由藤泽秀行"天元"对中国新全国冠军聂卫平。日方棋手认为，聂卫平的棋艺虽然也不错，但是和藤泽秀行天元比，相当于小相扑选手和大相扑选手比赛，言外之意，二人还不是一个等级上的棋手，胜负不言而喻。

1976年4月5日在东京开始的第一场比赛，日方以总比分6∶2大胜中国队。但输的两盘棋却是日本最不愿意输的，一盘是日本的天元藤泽秀行输给了中国的新科冠军聂卫平，另一盘是日本的女子本因坊小林千寿输给了孔祥明。

4月7日在东京举行的第二场比赛，日方上场了清一色的业余高手，中国围棋队回报了一个6∶2，中国深以为憾的是王汝南输给了中原清三，华以刚输给了菊池康郎，聊以自慰的是中国的前三台毫无悬念地赢了日本业余棋手。孔祥明也赢了日本的业余棋手，充分展示了中方巾帼英雄的风采。

第三场移师福冈，聂卫平接连获胜，执黑以三子优势胜日本九段加田克司，曹志林执黑中盘胜上村阳生五段，孔祥明执白胜柳内惠美子四段。

第四场比赛在大阪进行，日方在前七台安排的都是九段。结果聂卫平执白负于桥本昌二一子，殊为可惜。陈祖德执黑负于东野弘昭，吴淞笙执黑和了关山利夫，王汝南执白负于石井新藏，华以刚执白负于本田邦久，曹志林爆冷门执白胜宫本义久一子，王群执黑负于松浦吉祥，孔祥明执黑轻取芦田叽子。这一场对阵的棋手全部是关西棋院的。关西棋院向来不服东京棋院，两家一直有很强的竞争意识，所以这次关西棋院特意安排上了七位九段，想尽可能把比赛成绩弄得突出一些，给棋界和新闻媒体们看看，故而上场的棋手都特别拼命。也就不奇怪他们这次来了个6：2的优异成绩。

第五场、第六场聂卫平又分别战胜了濑川良雄和岩田达明，孔祥明始终保持不败的战绩，又分别战胜了两位日本职业女棋手。这时，中日双方的总比分是中国胜21盘、和5盘、负22盘。但是聂卫平的5胜1败和孔祥明的6战全胜，在日本棋界引起了轰动。

第七场比赛由于比分接近的缘故，日本方面有点要进行最后决赛的意思，比赛的意义变得重大起来，于是又返回东京。由于中国的冠军聂卫平保持了5胜1败，中国棋手前所未有的出色成绩，日方决定请出素有"电子计算机"之称的石田芳夫九段上场。这年是石田芳夫没有遇到聂卫平之前的幸运之年，他已经连续获得了五届本因坊的冠军头衔。现在，日本已经不再顾及如果石田芳夫输了会如何如何了，而是提前让日本的在位冠军和中国的冠军比一比。日方还挑选了一位在他们看来最有可能战胜孔祥明的小川诚子对阵孔祥明，力求遏制孔祥明的全胜。另外挑选的棋手也颇动了脑筋。日方让中国棋手不熟悉的大平修三九段、谷宫梯二七段、上村邦夫、淡路修三六段上场。这后面的两位六段，在日本的大赛成绩中已经超过了一些九段，可以说不是九段的九段也悉数派上了阵。日本谋划的是：最后一场比赛，日方至少要赢四盘，而且日方认为前四台以石田芳夫为首肯定可以稳稳获胜，石田芳夫胜聂卫平、谷宫梯二胜陈祖德、大平修三胜吴淞笙、淡路修三胜王汝南，如意算盘如此，从而达到总比分领先中国队的预期目标。

《读卖新闻》在头一天的第一版发表了预测文章，提出了三个能不能的问题：

一是石田芳夫本因坊能不能阻止聂选手再胜。

二是女子新秀小川诚子能不能阻止孔祥明全胜。

三是中国队总成绩能不能超过日本队。

比赛结果大大出乎日方的预料，不仅开创了石田时代的本因坊石田芳夫没能战胜聂卫平，其他日方棋手也都受挫。不知道是偶然，还是石田芳夫遇到了他的克星聂卫平，被严重挫伤了锐气。此战之后不久，武宫正树八段获得了向石田芳夫因坊挑战的资格，以4比1的较大优势从石田手中夺走了本因坊，从而结束了石田的时代。日方只有大平修三和上村邦夫获胜，其余五盘棋都输给了中国，总比分是中国27胜5和24负。中国围棋队不仅战胜了在位的日本围棋冠军，总比分也超过了日本。

1976年全国围棋比赛第一阶段在合肥举行，陈祖德、聂卫平、吴淞笙、王汝南、罗建文等12人打入决赛，但由于毛泽东主席的逝世，原定9月在山西太原举行的围棋决赛被取消了。

粉碎"四人帮"，等于扫去了笼罩在围棋事业上最厚的乌云，从此中国的围棋事业充满了阳光。自陈毅元帅逝世后，中国围棋协会名誉主席一直没有人担任。

1976年11月的一个下午，棋手们以兴奋而喜悦的心情迎来了国务院副总理方毅同志，中央同意由他来接替陈毅元帅担任中国围棋协会名誉主席一职。

在方毅同志的关照下，《围棋》月刊经过一年多的筹备，于1978年10月复刊，方毅同志为《围棋》月刊题词："发展围棋运动，加强围棋交流。"方毅同志还积极建议中国的围棋要走向世界。

遵照方毅同志的意见，1978年7月19日，中国围棋代表团陈祖德、聂卫平等一行四人前往法国巴黎参加了第22届欧洲围棋锦标赛，和来自欧美等地的业余棋手交流了一百多盘友谊比赛。大多是让三子以上，使欧美各国人士大开眼界，知道了除日本以外还有中国也是围棋大国，并正本清源，让世界各国知道了中国才是围棋的发源地，而不是日本，扩大了中国棋界在世界上的影响，加强了欧美国家民间的往来联系。

以往的传统围棋比赛继续进行，1977年、1978年、1979年，聂卫平占有绝对优势连获了三届冠军。全国少年比赛却始终是高手混战，你追我赶，这些少年棋手的棋艺水平日新月异，可喜可贺。1977年全国少年男子比赛的名次如下：冠军江铸久，二到六名分别是刘小光、杨靖、曹大元、金渭斌、王民学。这六人中，除了杨靖和王民学，其他四人都成为聂卫平的接班人。这些少年棋手的茁壮成长为超越日本积蓄了新生力量。1978年又涌现出一批非常有潜力的少年棋手，全国少年围棋比赛，在上一届一些名手不参加的情况下，新的前八名棋手为宋雪林、马晓春、杨靖、曹大元、翁子瑜、汪见虹、廖桂永、陈临新。他们也很快就进入了中国围棋队伍的第一方阵，尤其是马晓春，很快脱颖而出，成为聂卫平的接替棋手。

1978年，中国产生了第一届全国围棋女子比赛。以往我国的女子围棋是和男子围棋比赛混在一起编组比赛的，中国的女棋手要和中国男棋手在同样条件下进行竞争,这样既不合理也不合常规,原因是女棋手太少,组织不起来比赛。这年中国围棋的人口普及发展极大,终于有了相当数量的并具有一定水平的女棋手被培养了出来,于是,水到渠成,进行了中国历史上的第一次女子围棋比赛。冠军是和日本女棋手比赛保持不败的孔祥明,第二到六名分别是陈惠芳、马亚兰、李扬、魏昕、黄妙玲。

1979年3月12日,经中国围棋界和日本围棋界商议,准备举行第一届世界业余围棋锦标赛,此次比赛经过充分的准备于该日举行了开幕式。参加第一届世界业余围棋锦标赛的棋手来自欧洲、北美洲、南美洲、大洋洲、日本、中国、韩国。欧洲有7个名额,日本是东道主有六个名额,其他各地区和国家各4个名额。经过四轮单淘汰赛,陈祖德、聂卫平取得了决赛权。最后聂卫平获得了这个比赛的首届冠军,陈祖德获得了亚军。

1979年8月,在中国终于诞生了自己的新闻围棋比赛——"新体育杯",是借鉴了日本的某些成熟做法,由《新体育》杂志社主办。参加比赛的运动员是来自全国各地的围棋名手。第一届比赛的冠军是聂卫平,亚军陈祖德,第三名常振明,第四名王汝南。"新体育杯"比赛从第二届开始,采用了日本"名人战"等大赛的做法,上一届的冠军不参加下一届的预选赛,再由下一届预选赛的冠军向上一届的冠军进行五盘三胜的挑战赛。这个比赛创新了国内所有比赛都是由国家拨款、各级体委主办的旧模式,极大地推动了围棋事业的发展,增加了比赛,棋手们多了实战训练的机会,对追赶日本围棋有很大的益处。

1977年到1981年,中日之间又交流了七次,中国胜141局和17局负146局。基本上打了个平手。中国基本追赶了日本,尤其是聂卫平最突出,但是,说中国整体已经追上日本的水平,比赛成绩还不充分。

1980年，又发生了许多在围棋界来说可喜可贺的事情。这年，20岁的刘小光在四川乐山获得了全国围棋比赛个人冠军，取代了聂卫平的冠军地位，是中国年轻一代成长起来的一个显著标志。获得亚军的竟然是只有16岁的少年棋手马晓春。第三名是陈祖德，第四名是22岁的邵震中，第五名是21岁的李青海，第六名是华以刚。聂卫平没有能进入前六名，有很大的偶然性，但是，中国以刘小光和马晓春为代表的第四代棋手已经登上了中国围棋历史舞台的中央位置也是不争的事实。这一成绩说明中国的围棋在追赶日本的征程上不但后继有人，而且大有"不尽长江滚滚来"之势。

这大好局面是聂卫平及其他棋手在和日本高段棋手的奋战中，用自己的实力争取来的。中日之间已经由以前主要向日本棋手学习交流演变成了如今的分庭抗礼，一试高低的交流。自然引来了广大围棋爱好者们的探究——现在中国围棋最高水平棋手跟日本九段棋手之间到底是种什么情况？

有关人士做了个统计：从聂卫平战胜日本九段宫本直毅算起到1980年夏，聂卫平对日本九段胜17局负10局和2局。以此推断，他还达不到日本一流九段的水平，但大体相当于能进日本各项比赛前十名的强九段水平。

1980年聂卫平由于在个人赛里没有能进前六名，这一结论又引起了人们的怀疑。聂卫平到底怎么样？

1981年中国举办了第一届"国手战"，这个名号在中国是很响亮的。所以，对参加比赛的棋手的资格有了规定,必须是近几年全国比赛进入男子前六名的棋手，女子必须是全国女子围棋比赛的冠亚军获得者。这样总计有32名高手参加了第一届国手战。最后，聂卫平以8胜1负的比赛成绩夺得了首届"国手战"冠军。似乎预示着聂卫平仍旧有在国内首屈一指的实力。

第十章　北京见证中国围棋追赶日本的历程

国家体委鉴于最近几年来和日本进行交流比赛的综合成绩，听取了各个方面，包括日本棋界人士的意见，评定了一批高段棋手。1982年3月17日下午，举行了中国正式围棋段位证书的颁发仪式。

首批获得高段位证书的棋手是：

九段：聂卫平、陈祖德、吴淞笙。

八段：王汝南、华以刚。

七段：黄德勋、沈果荪、罗建文。

六段：孔祥明。

五段：何晓任。

随即在1982年3月18日至4月1日在北京举行了我国首届围棋升段赛。在追赶日本围棋的道路上又多了一个助推器。除了已经是九段的三名棋手，16个省市的133名男女棋手都以高昂的斗志参加了这次比赛。经过12轮的较量，升为七段的棋手是马晓春；六段的是刘小光、陈志刚、曹大元、黄良玉、程晓流、邵震中、赵之云；五段的是陈嘉锐、陈安齐、江鸣久、杨以伦、徐荣新、江铸久、谭炎午、王群、李青海、杨晖、黄进先、雷贞倜、宋雪林。另外，还有四段棋手81人，三段棋手9人，二段棋手1人，初段棋手3人。从此中国的围棋事业走上了制度化、专业化的发展轨道。

不久，中国访日围棋代表团成立，这个代表团与以往最大的不同之处在于除了第一台聂卫平，全部都是我国的第四代棋手。这些棋手入选围棋代表团，没有一个是领导指定和挑选的，而是经过了选拔赛才取得的上场资格，因而更具斗志和战斗力。他们是马晓春、曹大元、杨晋华、江鸣久、江铸久、钱宇平、芮乃伟（后二人是四段）。

日方上场棋手，实力之强超过了任何以往的阵容，56个上场棋手中，九段42位，平均段位是6.9段，中国的平均段位是5.6段，日方超出中方的平均段位1.5段，日方断言日方必胜。

1982年6月9日，中国围棋新生力量访日代表团在东京和日本进行了第一场比赛。对阵情况如下：日本九段工藤纪夫对中国九段聂卫平，九段户泽昭宣对七段马晓春，八段安倍吉辉对六段曹大元，八段石榑郁郎对五段杨晋华，六段井上岗夫对五段江鸣久，五段桥本雄二对五段江铸久，五段园田太隆对四段钱宇平，四段白鸟澄子（女）对四段芮乃伟（女）。日方派出两个九段两个八段意图很明显，争取首战告捷，来个开门红鼓舞士气，压住中国棋手们的气势。结果日本的这一意图落空了，中方竟然以7胜1败的绝对优势击败了日方棋手，只是江鸣久以1/4子惜败。

第二场比赛日方上场棋手的平均段位上升了一段，前三台是三个九段，并让号称"天杀星"的九段加藤正夫"天元"专门来对付聂卫平。然而日方的意图仍旧失败了。中国是5胜3败，聂卫平负了加藤正夫，杨晋华负于日本八段中村秀仁，钱宇平负于六段岩田一。尤其可喜的是中国小将马晓春赢了日本的九段大平修三，曹大元赢了日本九段高木祥一。

两场过后，日本的报纸发出了评论文章，判定这次比赛如果不变更上场的棋手，日方必败无疑，并预测总比分是37∶19，负于中国。

打到第七场，中方棋手再接再厉，竟然以8∶0大胜日本围棋队。总比分是43胜13负。表现突出的是聂卫平，七位对手中五位是九段，聂卫平仍旧保持了6胜1负的优异胜绩。江铸久、芮乃伟均七战七胜。这次比赛另外几个数字也十分可喜：对日本的五段以上胜率为70%，对九段的胜率达53%，总胜率是76.8%，打破了日方对中国分先比赛以来的最高胜率记录76%（1966年日方访华的那次比赛，中国当时正处于"文化大革命"时期）。

第十章　北京见证中国围棋追赶日本的历程

这个比分悬殊的中国围棋队的胜利极大地震惊了日本列岛，不少愤怒的日本围棋爱好者纷纷打电话到日本棋院和比赛的主办单位《朝日新闻》社，批评日方出场棋手选人不当。一位日本记者对中国棋手说："当时电话之多，言辞之激烈，吓得报社领导都不敢去接电话，派了个女职员守在电话机旁，一连三天不断地在电话里说'对不起、对不起'。"

日本超一流棋手大竹英雄撰写文章题目是《中国围棋事业急速上升》，文中虽然不改狂傲之气，但仍旧实事求是地说道："以前，人们都说中国围棋与日本业余四强相比怎么样怎么样，现在他们已经完全凌驾于日本业余选手之上了……随即委婉地承认日本如果不努力将很快被中国赶上。他认为中国棋手的优点是"胜负意识强烈，韧劲很足。似乎该死心了，但还是咬住不放。这种拧劲也是一种棋风，中日棋赛，棋手肩负着国家荣誉，不取得好成绩要被人取代上场的资格，胜负的压力足以和我们匹敌，或者比我们更大。"

1983年，日方围棋比赛的主办单位《读卖新闻》社社长表示：这次组团宁肯多花钱，也要把强手请出来。这年的中日围棋比赛从一开始，日方就摆出了"以绝对优势获胜"的架势。高价请出了有过辉煌战绩的四位九段、四位八段，组成了中日围棋交流史上实力最强的围棋代表团。日方报界宣称是"雪耻军团"，并说："即使倾全日本棋手之精华，像这样的代表团，最多也就能派出三个。"

团长兼第一台是石田芳夫，他是日本围棋历史上第三个同时获得"本因坊"和"名人"的棋手，有此资格当然荣膺团长。第二主力九段石井邦生，历年来十二次和中国棋手交战，十胜二败，有"中国的克星"之说。第三台小林光一，七段时就曾经获得过"十段""天元""新人王"等头衔，是颗正在冉冉上升的未来明星，论段位不是代表团里最高的，但论实力却是团里最强的。第四台苑田勇一曾经创下升九段最快速度纪录。四位八段分别是佐藤昌靖、中村秀仁、山城宏、长谷川直，也都打入过各种大赛决赛。

未等启程，团长石田芳夫就向报界公开表示："这次访华要下成40：16，赢不到40盘，不算赢。"

《读卖新闻》为了激励斗志，还改革了以往只一次性付给出场费的办法，除了出场费增加了"多胜多得"的奖金，赢一盘棋奖2万日元，赢到四盘奖18万日元。

中方棋手及广大的棋迷们得知了日方棋手名单和各种"小道消息"后，在几年来中国围棋水平不断进步的消息鼓舞下，不仅不害怕日本的"豪华阵容"，反而以迎接真正的挑战的洗礼精神，急切地盼望比赛早日开始。

1983年6月14日，北京又一次见证了中国棋手在围棋水平上的巨大进步。

比赛在北京体育馆展开了第一场，中方对应日方八台顺序的上场棋手为九段聂卫平、七段曹大元、七段邵震中、八段马晓春、八段华以刚、七段刘小光、六段江铸久、七段黄德勋。

比赛前，中方预计第一场比赛中国能胜三盘就不错了。结果赛成了4：4，中方第一台和六、七、八台获胜。

第二场比赛，聂卫平胜石井邦生，程晓流胜中村秀仁，江铸久胜佐藤昌靖。两场下来，日方仅领先一局。第三场比赛移师南京，日方谢绝了一切参观游览，在宾馆里闭门谢客，专心致志地研究对策，决心以8：0大胜中国，以完成在日本时公布的比赛目的。但他们的计划又落空了，排在后四台的中国棋手马晓春、徐荣新、钱宇平、聂卫平全以中盘胜结束了和日本八段的战斗。

1983年6月23日，比赛地点换到了风景秀丽迷人的杭州，中

第十章　北京见证中国围棋追赶日本的历程

方主力聂卫平因为要到北京迎接另外一个日本围棋代表团，换上了五段陈临新，结果比赛成绩依然是4∶4，尤其难得的是六段程晓流战胜了日本的第一台、团长石田芳夫。其余获胜三盘是：马晓春胜苑田勇一，宋雪林胜佐藤昌靖，陈临新胜长谷川直。这时赛程已经过半数，比分是17∶15，日方只领先两盘。在杭州的第二场比赛，马晓春胜石田芳夫，孔祥明胜佐藤昌靖，陈临新胜中村秀仁，钱宇平胜长谷川直，至此，中方即使后两场比赛都以8∶0败北，也已经打破了日本只输16盘的誓言。

最后的两场比赛是在上海进行的。由于日本赢40盘的计划已经破产，日方反而放开了手脚，发挥得比较好，打了中国两个5∶3，日方最后是31胜25败。小林光一七战全胜给人们留下了深刻印象。中国刚刚开始大规模实行段位制度，初始还有人顾虑中国的段位能不能名实相符，通过和日本这次实打实的比赛，说明中国的段位水平经受住了考验，我国的五、六、七段都可以和日本的八、九段抗衡。但是和日本的九段所下的28局中，中方棋手只赢了7局，说明我们和日本的一流水平相比还是有一定差距的。

石田芳夫屡屡输给中国多位棋手，大出日本人的意料，比赛结束后，日本棋界高层人士向中国有关领导表示：以后中日之间以亲善为主的"亲善对局"已经不再适合中日之间的当前围棋形势，因此，今后的中日围棋交流应改名为"日中围棋决战"。

从20世纪60年代初日本围棋代表团第一次到北京比赛围棋初算起，到80年代初日本围棋代表团再次访问北京止，中国围棋追赶日本围棋的脚步，除了"文化大革命"期间停了几年，始终不断地前进，北京也见证了这一难忘的追赶过程。

1983年日本可以说派出了一个志在必胜的围棋代表团，但是在和人均年龄比日本低不少的中国年轻一代面前，日本并没有如预期的那样取得绝对性的胜利，由于中国棋手的年龄优势，使日本棋界前瞻到中国围棋几乎是每一天都在进步。

这次比分十分接近的比赛,终于让日本方面主动提出,以后的中日围棋比赛将由交流上升为对抗较量。中国作为一直追赶的一方,自然是不好意思表示要和日本抗衡一下,而日方提出了这个看法,也不是很容易就做出来的,而是经过了几乎四分之一个世纪,是中国棋手们用无数心血拼搏争取而来的。

1983年的结束,1984年的开始,是中国围棋完成了追赶的分水岭,1984年中日之间的友谊围棋比赛被中日围棋擂台赛取代了。中日围棋擂台赛以新的比赛形式宣告了中国和日本围棋的较量开始站在同一个起跑线上了。

第十一章　北京见证中日围棋擂台赛

中日围棋擂台赛第一届举办于1984年10月6日，距离现在已经过去了几十年。这几十年间，无论在中国历史上还是世界历史上都发生了许许多多难忘的事情。

当时，在围棋界也发生了一件对围棋爱好者来说巨大而难忘的事情，那就是中国围棋在连续三届的中日围棋擂台赛上接二连三地将日本棋手击败，以此向全世界宣告，中国围棋真正地赶上了日本。也就是说，中华人民共和国在刚刚成立三十年过一点的时间就在一个落后日本巨大的领域，反超日本，一雪数百年来的落后和被人们看不起的耻辱。

擂台赛的舞台自然而然地设在北京，引起轰动也在北京，中央电视台的擂台赛实况直播从北京播出，这一切都为北京增添了新的色彩。更主要的是，北京启蒙培养起来的棋手聂卫平成了中日围棋擂台赛中最耀眼的明星，包括日本棋手在内先后有百余名棋手轮番上阵，但是，唯有聂卫平创下了擂台赛11连胜历史上的奇迹。

北京的围棋历史上自然要写下这浓墨重彩的一笔。

自从聂卫平以比较大的优势在访日比赛里刮起了"聂旋风"，自然而然地就成了中国围棋新的领军人物。

陈祖德当年战胜日本九段是破冰之举，而聂卫平赢了日本的在位本因坊就成了越顶之举，对中国的其他年轻棋手鼓舞作用极大。围棋本身是比智力、比脑力的活动，精神方面的影响和作用就更大一些，本来一直很难消除的围棋恐日心理，被聂卫平的胜利冲击去了不少，所以在1976年以后的中日围棋友谊比赛中，总比分上，中国队也开始出现了领先日本围棋的局面。

由于中国一直没有公开说自己的棋手是职业棋手，所以每次日本代表团里都要有一两位日本的业余高手，这下中国的专业棋手对日本的业余棋手的优势更为明显，也为中国和日本友谊赛的总比分领先创造了十分有利的条件。

那么中国总比分领先是不是就说明中国已经完全赶上来了，成为1976年以后中日围棋界一个很让人感兴趣的话题。

到了1984年，中国实行改革开放已经有五六年的时间了，中国经济迅速腾飞，全球经济一体化的大趋势使得中国进口的商品越来越多。日本NEC电气公司总裁关本忠弘先生在北京王府井百货大楼卖电视机的专柜前见到人头攒动，仔细一看，原来这些簇拥的人们不是为了抢购电视机，而是争相观看展示台上电视机里直播的一场中国围棋比赛。这让富有经商经验的NEC电气公司总裁关本忠弘马上看到了其中的巨大商机。在商品销售中，广告开支是一笔必要的而且不菲的费用。文化搭台，经济唱戏，当年已经是世界上普遍采用而且卓有成效的经营模式。

于是，这位日本的经营巨头决定在中国和日本之间利用围棋搭台，为NEC的产品进入中国唱戏做好工作。中日围棋擂台赛就这样诞生了。

此后不久，在世界围棋历史上都具有划时代意义的中日围棋擂台赛被一些非围棋界的人士确定了下来。不论这些中日围棋擂台赛的策划者，还是具体实施的执行者都没有料到的是，这个形式独特、前所未有的比赛竟掀起了巨浪滔天的围棋高潮。

第十一章　北京见证中日围棋擂台赛

中日围棋擂台赛的赛制是这样的：每方确定8名参加比赛的棋手，其中一人是主将最后出战。从第一轮起，排定的棋手按先后顺序依次上阵，赢的一方不换人，继续守擂；输的一方换人，主将输了就是全队输了，整届比赛就宣告结束。

这个擂台赛形式有两大特点，一是敏感而准确地抓住了中日两国围棋爱好者一直关心的问题——到底中国的围棋厉害，还是日本的围棋厉害。

二是这个比赛从一开始就制造了巨大悬念——最后的胜利到底属于谁。

不像其他方式的比赛，有时赛程刚刚过半，谁是冠军、谁是亚军就已经可以大体判断出来，如此，最后的结局就不会特别吸引人；而擂台赛这种形式不赛到主将失利，就不知道哪一方是最后的胜利者。

这个比赛一经NEC公司推出，就深受中日两国围棋界欢迎。只是对于比赛最后的结果人们却没有丝毫悬念。中国某杂志对中国和日本谁胜谁负进行问卷调查的结果是一边倒，几乎80%的读者都认为中国输。日本某杂志的问卷调查结果和中国的答案几乎如出一辙，也认为是日本获胜。

甚至，日本方面非常乐观地认为：举办方NEC公司给出了较大数目的奖金和对局费，无非是给日本棋院麾下的棋手们找个玩玩的机会的同时又多个挣钱的机会，何乐而不为！

中国方面则不同，一方面是认为除了聂卫平尚可和日本一流棋手有一战，其他的棋手还嫌嫩一些，棋手们本着学习态度的同时，也去经经风雨见见世面，况且还有对局费，这在当年还比较贫穷的中国也是一个比较大的诱惑。至于就一定是输给日本，中国的棋手嘴上不说，心里却都憋着一口气，争强好胜本就是棋手们的天性。于是棋手们都抱着即使输棋也要输得有骨气，也要输得光彩的心态，能赢上几盘就是我们的胜利，哪怕最后的结局是输了，我们也要血拼一场。

中日围棋擂台赛一经确定下来，就引起了中日双方围棋界的高度重视。

中国方面无疑是把国内最强的棋手悉数派上阵，如何最大限度地把中国这几年进步了的围棋水平发挥出来，是首先考虑的问题。

中国队主将自然非聂卫平莫属。虽说年轻新秀马晓春近年来棋艺上升的势头已直逼聂卫平，接连从老聂手里夺走了好几项国内比赛的冠军，但是，从对日的比赛成绩来说，还是聂卫平占上峰。

由于马晓春在新一代年轻棋手里表现优异、出类拔萃，毫无争议地被大家推选为副将。

中国队第三位上谁出现了争议，聂卫平提议上稳健扎实的曹大元九段。

罗建文内举不避亲，则提议上刘小光九段，刘小光的棋风属于大杀大砍型的，一旦进入了他的步调，能超水平发挥。

中国围棋队领队华以刚是国家队老资格的队员，和陈祖德几乎同时进入国家队，在国家围棋队日久，对每个人的情况都非常熟悉，认为刘小光和曹大元棋力在伯仲之间，谁排在前一位也无关大局，于是表态："反正曹刘两人排在三、四位大家没有意见，分歧就留在最后解决吧。"

接下来的两位大家都没有什么争议，是江苏邵震中八段和上海神童钱宇平七段，两人在最近阶段的对日比赛成绩还是比较突出的。邵震中的段位高，排在第五位。但中国队的第七、第八人选，大家意见不一，因为棋力在同水平的棋手有五位之多。

因为这五位棋手优点突出，不足之处也鲜明，华以刚提出了投票选举的民主办法，集思广益。因为这第一届擂台赛事关重大，领导身上的担子自然不轻，而选举的办法肯定可以最大程度地发挥集体的智慧。

国家围棋队的投票表决十分踊跃，许多棋力较弱的年轻人一般是轮不上对重大事情发言表态的。他们第一次有了表决权，格外认真严肃。投票结果是有"拼命三郎"之称的江铸久和"围棋帅哥"之称的河南汪见虹两人入选擂台赛。

仿佛是天意，中国围棋真该感谢这次偶然的民主投票选拔，否则，如果不是江铸久当选上场，那很可能就没有开始阶段的连胜，中国围棋能不能获得第一届的胜利就很难说了。

最终确定的中方阵容名单：汪见虹、江铸久、邵震中、钱宇平、曹大元、刘小光、马晓春（副将）、聂卫平（主将）。

日本棋院家大业大，职业棋手人数是中国的好几倍。他们在研究上场人选时，为难在高手太多，大有大的难处。他们首先认为不应该为了赢得第一届的胜利，就把所有的高手派上阵，那会显得日本小家子气——中国在此之前还和日本进行了带有学习性质的友谊比赛，这一正式比赛就拿出全部家底，他们感觉即使赢了也胜之不武。他们的策略是在确保赢的前提下，只上一个高手，那样赢的话会很有面子。后来怕不保险，决定上两个，所谓的双保险。其次，按NEC公司的意思，擂台赛不能上来就一边倒，如果很快就把中国一扫而光，没有任何起伏和争胜的激烈局面，会影响收视率，那最多也就是一锤子买卖，也不符合日本棋院的利益，所以在人选上就犯了兵家之大忌。

《孙子兵法》说："故善战人之势，如转圆石于千仞之山者，势也。""称胜者之战民也，若决积水于千仞之溪者，形也。"

大意是，打仗就要集中优势兵力，杀鸡用牛刀，不打无把握之仗。

日本方面在如何迎战擂台赛上，一开始排兵布阵就考虑太多，目的太多，顾虑太多，为后来的失利埋下了伏笔。

经过反复权衡，日本方面最后选定的双保险是小林光一和加藤正夫。小林光一1983年访华比赛七连胜，其中包括赢了聂卫平。加藤正夫在1984年与聂卫平特别三番棋战争中以2∶0的绝对优势获胜。这两位当年在日本的战绩也十分突出，分别把持着好几个日本棋赛的冠军。他们确定的主将是藤泽秀行，在他们看来，有了小林光一和加藤正夫，挡在前面就足矣，日本方面肯定轮不到主将上场，就已经拿下了胜利。

日方推出的阵容：依田纪基、小林觉、淡路修三、片冈聪、石田章、小林光一、加藤正夫（副将）、藤泽秀行（主将）。

1984年9月16日，中日围棋界同一时间宣布将举办中日围棋擂台赛的消息，还同时公布了双方上场棋手的名单。

聂卫平一看日本队派出的压轴棋手是藤泽秀行九段、加藤正夫九段、小林光一九段，还真的有些吃惊，想不到日本派出了非同一般的强势阵容，志在必得地想取胜中国围棋队。

1984年10月15日晚，日本NEC公司在日本东京王子大饭店举行了中日围棋擂台赛盛大的开幕仪式，就此史无前例的擂台赛拉开了序幕。

这个史无前例的中日围棋比赛，开赛不久，就发生了许多令所有关注此次比赛的人们瞠目结舌的现象。

第一场，中国棋手汪见虹和日本棋手依田纪基交手时，中途汪见虹流鼻血不止，鲜红的血把手帕都染红了，这个以前只是传说中的围棋血泪篇，当今有了现实版，仿佛冥冥之中预示这次比赛将风起云涌、高潮迭起、严酷无情。

在许多人的预料中，汪见虹输给了依田纪基。

下一个中国攻擂的棋手是江铸久。说到江铸久自然就会引出后来担任北京棋院办公室主任的王品璋。他们都和北京有深远的关系，把他们写进北京围棋的历史也是天然合理的。

王品璋原是山东荣城人，在上海读书，毕业后分配到北京工作。后来，大约是需要支援山西的发展建设，从北京的各中央机关和北京市所属机构抽调了一批人去山西。王品璋就离开了北京到了太原。王先生在上海上学时参加过全国象棋比赛，到了太原，这点肯定是他的优势，1955年，上级就把他任命为太原体育场场长，从此就一直在体育系统发展。在他和沈果苏到太原之前，山西没有什么围棋高手。此后，沈果苏作为山西棋手进了国家围棋队，王品璋作为培养棋类人才的管理者闻名于世。

在江铸久还是八九岁孩子的时候，王品璋就带着他和杨晋华等到北京来学围棋了。这方面，不得不佩服王品璋的眼光和魄力。沈果苏到了北京以后，山西没有围棋高手，只有走出去这唯一的路，王品璋不顾经费无着落，不顾当年围棋还没有走上正轨，省吃俭用，以"走读"的形式到北京学习棋艺，条件之艰苦可以想象。

在他的带领下江铸久等小棋手曾经辗转北京、河南、江苏等地学棋，到了1973年冬天，被打成了"四旧"的围棋迎来了转机，中断好几年的棋赛恢复了。在河南郑州举办十一省市的少年、儿童围棋邀请赛，王品璋的心血没有白费，江铸久一鸣惊人，名列该比赛儿童组第一。从此，围棋江湖上就出现了一个重磅级的棋手。1980年，江铸久经过选拔参加了中国围棋代表团访问日本，战绩6胜1负，只输给日本的一位七段一盘。当时江铸久还没有专业段位，1982年才被授予五段。1982年他再次入选访日围棋代表团。这一次的访问比赛中国队以43∶13大胜，江铸久在这次比赛中一盘未失。他的对手虽然不算很强，但创造了我国男棋手访日比赛全胜的纪录。最后一场比赛，大家都觉得他大势已去，极难获胜了。一位日本记者已经把江铸久输棋的新闻稿都写好了，以便比赛一宣布结束就迅速发稿。谁知道，江铸久死不认输，一点点地缩小差距等待机会，终于机会来临，扭转了局势，彻底翻盘。中国围棋队的段子说："铸久能够死棋吃活棋。"

江铸久就像上次在日本比赛一样，终于等来了自己辉煌的机会。第一届中日围棋擂台赛，他一鼓作气，接连击败依田纪基五段、小林觉八段、淡路修三九段、片冈聪九段以及战胜过聂卫平的石田章九段五位日本棋手。片冈聪九段在日本"天元"大赛中曾两摘桂冠，不少超一流棋手败于他手下。以日本人原来的预计，第一届擂台赛最多打到片岗聪上场就会结束。没想到江铸久居然把日本人心目中的终结者很轻松就赶下了台，这位被日本人寄予厚望的九段"天元"，没有听见什么响声，就默默地沉入输棋的深渊。

江铸久的五连胜，"于无声处听惊雷"。赛前，好事的新闻记者们曾经对比赛进程做过许许多多的预测，谁也没有想到万众瞩目的擂台赛会爆出这样的大冷门。这让日本围棋界好没有面子，日本棋院收到了许多日本爱好者的来信，千篇一律，一片责问声。

中国则正好相反，鼓舞了极大的士气，在开幕式上聂卫平代表中国棋手发言时貌似低调，只表示："我们每个棋手都赢上一盘就是圆满完成了任务。"许多日本记者还没有听明白，想的是中国棋手怎么如此的没有"雄心壮志"，其实聂卫平是说是每个棋手赢一盘就是八盘，就可以赢得最后的胜利。现在，江铸久一个人就赢了五盘，不但替汪见虹赢回来一局，还超额完成了三盘棋。这下子，本来还残存的一些恐日症，可以说一扫而光，想赢怕输的心理负担一下子减少了很多，如果一上来就被日本棋手8∶0或7∶1、6∶2获胜的话，那简直是没有办法向中国老百姓交代。现在，有了江铸久的五连胜垫底，往后再怎么输也都没有什么压力了。

现在中国棋手已经直逼日本双保险城下。

下一个日本攻擂的棋手是大名鼎鼎的小林光一，此前中国棋手还没有人能赢过他。小林光一的棋艺特点用"木桶理论"来形容最为恰当，他的棋没有什么明显的长项，也没有明显的弱点，就像一个木桶，既没有特别长的板，也没有特别短的板，所以盛的水反而比较多，也就是说下起棋来稳健，较少有破绽，反而胜率比较高。他参加擂台赛时正是棋锋最盛、风头最健，在日本棋赛成绩最辉煌的时候。

到底不是徒有虚名，而是货真价实的超一流，否则也不会是双保险的人选。他在赢了江铸久，遏制住了江的连胜势头之后，发挥得更加出色，连胜六盘，比江铸久的五连胜还多了一盘。

随后小林光一分别战胜了中国邵震中、钱宇平、刘小光、曹大元、马晓春等六名棋手后，打到了中国主将城下，只要再赢了主将聂卫平，那么中日围棋擂台赛就会戛然而止。

此时，中方只剩聂卫平一人，日方却有三位超一流选手：小林光一、副帅加藤正夫九段及主帅藤泽秀行九段。

面对来势汹汹的小林光一，聂卫平深深地萌生了一种前所未有的英雄气和责任感，他觉得自己这两年在国内的比赛成绩虽然差强人意，但当此之时"我不顶住再无人顶住，我不赢了小林光一，后面再无人可赢小林光一……"

1984年全国个人赛第一名是马晓春，第二名才是聂卫平。1984年的第六届"新体育杯"，马晓春是挑战者，终于把连获了五届"新体育杯"冠军的聂卫平击败。1985年第五届国手战的冠军是马晓春，聂卫平未进前六名。就在国内比赛明显不占上风的情况下，要面对小林光一的攻擂了。面对如此局势，聂卫平曾对记者讲：

"1984年，当我失去最后一个冠军后，我常有一种自己不行了的感觉。而这次对小林光一的备战中，我感觉着青春又回来了，浑身充满了活力。"

聂卫平为了迎接即将到来的激战，戒烟戒酒戒桥牌。他的战友帮助他找来最近几年小林光一的所有对局棋谱。每天嘴里念叨的是小林，头脑里想的是小林，甚至睡到深夜忽然想起了如何应对的新招法，就赶忙爬起来，坐到棋盘前拆起棋来。

1985年8月末，聂卫平一行来到了日本。

聂卫平在时隔多少年后，回忆起了当年的一段轶事：

"我和华以刚住一个房间，夜里我突然对他说，我感觉明天要赢了，而且赢二目半。假如真赢二目半，我还可以赢加藤。平时我是不会这么说的，当时完全是不由自主，无法控制，拿一般人的话说就是'鬼使神差'。"

聂卫平当时魂牵梦绕的就是和小林光一的擂台赛，他神情专注，逐渐有了越来越强的胜利信念。

在聂卫平与小林光一对垒前，小林还从未输给过中国棋手，当年小林光一在北京体育馆赢了马晓春后，非常狂妄而不客气地面对着数千看大盘讲解的中国观众直截了当地说：

"我是代表日本国家来比赛，所以我不能输，一定要战斗。"

当时也在现场的聂卫平听了小林的发言后，就想这个小林光一也太狂了。聂卫平生性争强好胜，如果小林的感言比较含蓄和有分寸的话，聂卫平的斗志可能还激发不到百分之百的程度。小林光一的一番发言，比任何思想工作和中国围棋界领导的动员工作都有效，是对聂卫平赛前最好的动员和激励。

20世纪80年代初，中国刚从"文化大革命"中走出来不久，在言论和思想意识方面还比较小心谨慎，生怕什么话说得不合适了，引起别人的误解和反感，当年的一些比赛细节是多年后聂卫平才说出来的。聂卫平还透露出一些当年比赛期间为了赢棋而采取了与中国古代出征将士相类似的细节：

"我们中日围棋手比赛时，一般都穿西装，而在1985年8月27日我和小林光一的比赛，我穿了一件短袖的运动服，上面写着'中国'两个字，我当时穿的是中国乒乓球队的队服，还是向一位女队员借来穿上，至于这位女队员是谁，我必须保密。那么我为什么这么穿呢？我那时就想，我也是代表中国来比赛，你不能输，我也不能输，那就分个高低吧，我就穿了代表中国的衣服。"

就在聂卫平逐渐越来越有战胜小林光一信心的时候，中国擂台赛赴日守擂代表团团长郝克强却远不像聂卫平那么乐观。现在的局势是，中国只剩下主将聂卫平一人，而日本的最强手还毫发无损，双保险依然还如守大门的哼哈二将，严密防守着日本围棋的大门。郝克强为团长、聂卫平为棋手、华以刚为领队的代表团先乘飞机到日本东京，再转乘新干线到热海。日本接待人员在东京飞机场接机并陪同中国代表团登上新干线时，他们一行神情十分轻松。日方拿出一份详细日程表交给老郝，老郝一看8月29日的日程，在"闭幕式"字样后加注了"恳谈会"三个字，就明白了日本人已经认为第一届中日围棋擂台赛有可能就在聂卫平和小林光一对局之后结束。这也怪不得日本方面做如此准备，当郝克强看到用红笔特意勾出的"中国代表团团长郝克强先生致词"这行字的时候，无意中笑了出来，他在为自己与日本人之间的不谋而合得意。老郝非常非常期望聂卫平首先赢了小林光一，这是中国围棋队给自己下达的第一任务，其次是赢了加藤正夫，只要赢了这两个超一流，中国围棋队就是超额完成了擂台赛任务。至于赢得擂台赛最后的胜利想都没有想。因此他在国内就拟好了此次比赛的两份发言，一份是如果聂卫平输给小林光一，表示如何向日本棋手学习，如何再接再厉。另外还特意准备了一个备份，那就是聂卫平赢小林光一，但输给加藤的发言，希望擂台赛继续办下去等意思的发言。

同一个比赛，要准备两套会议模式，一个是中国输了棋就顺便开闭幕式，另外还要准备中国赢了棋，闭幕式就要改成以叙友情为主的恳谈会。无论主人还是客人都要准备不同的致辞，这也是中日围棋擂台赛上的独特一景。由于擂台赛的独特比赛方式，一方的喜剧就是另一方的悲剧，可能也正是如此，擂台赛才吸引了大量的观众。

赛前，中国围棋代表团在日方陪同下去了热海扇崎展望台，它在海边七十多米高的悬崖上，用铁柱和钢化玻璃围住。

当聂卫平听说这里曾经是日本人喜欢跳海自杀的地方，悄悄对华以刚和老郝说："我们来到这里，也是背水一战，一步退路也没有了……"

郝克强回国后在《背水苦战记》中写道："站在扇崎展望台上，聂卫平背水一战的话未给人以苍凉之感，相反传递了一种充满力量以求一搏的信息。我想起两个月前聂卫平对刘小光、马晓春说：'我们都要学江铸久，有那么一股气势。'其实小聂身上也有这样的气势，这气势就是不畏强手，不自卑，是发自内心深处的冲击能量。"

小林光一也提前到了热海，按日本棋手的习惯，赛前最好回避将面临的对手。小林光一有个后援会，那天一帮小林的粉丝组成的一个支持小林的团体，他们从日本各地追随小林也来到了热海。小林利用赛前的空闲时间会见了他的粉丝。日本棋迷们对小林表现出了超过以往更大的热情，他们视在中日围棋擂台赛中六连胜的小林为日本棋坛英雄。在粉丝们高涨激情的激励下，一向不大轻言胜负的小林冲动起来，激动地说："我一定要在暖海庄结束中日擂台赛。"

棋手在自己的内心世界里怎么想必胜都无所谓，但是，一旦公开说出口，就是没事找事给自己增加压力，一场势均力敌的对阵，持久战的可能性最大、比率最高，一旦求胜心切，对形势的判断、对局时的心理状态都会产生微妙而致命的起伏变化。

聂卫平在备战小林光一时统计过小林各种布局的胜率，小林光一平行型（布局时一方下在棋盘同一边的两个角上的布局类型）布局胜率最高，竟可以达到79%，而对角型布局胜率最低，只有52%。聂卫平赛前有了这些大数据，作战的方针既实用，又有很强的针对性。

聂卫平执黑先行。

当聂卫平落下右上角第一着星位时，这局将载入世界围棋史册的棋局开战了。

如果小林光一也对自己所下过的棋进行过统计总结，也像聂卫平那样呕心沥血地备战的话，很容易下成平行型布局。小林的第二步棋随手应在了非对角的位置上，正中聂卫平下怀，聂卫平的第三步棋下了对角的小目，如愿以偿走成了对角型的布局。

小林如果想走成平行型布局很容易，第二步下在和聂卫平的棋对角的位置上就可以了，非常简单。确切地说，小林下平行型的胜率高很可能是聂卫平偶然总结出来的，所以要反其道而行之。至于平行型和对角型孰优孰劣，向来没有定论。而聂卫平第三步棋走得非常顺心，因为是按自己的计划落实的，如此心态会更好更平和些。

接下去的下法，更是按聂卫平的预案执行的。小林光一特别喜欢实空，而这盘棋一上来聂卫平就和小林的棋风针锋相对，拼命抢实空，以致让为此次对局作大盘解说的武宫正树十分不解。

中国著名棋手曹志林曾经报道说："武宫正树向华以刚问

道,'怎么聂卫平的棋着着都抢实地,而小林却占了外势,不知道的还以为黑棋是小林光一,白棋是聂卫平呢。'华以刚暗暗好笑,原来聂卫平研究小林几百盘棋谱后,发觉小林光一酷爱实地的棋风已到无以复加的地步,因此老聂制定的策略就是'以毒攻毒',借黑棋先行之利抢实地在先,让小林走在他不擅长的外势上。布局二十几手后,大致走向已定,黑棋步调快,实地领先,白棋厚实,寄希望于模样。难怪是小林同门师弟的武宫有些看不懂。"

对局到了下午,形成了聂卫平实地领先于执白的小林光一,但小林在聂卫平的逼迫下,在左方形成了一片很大模样的局势。接下去,小林走白138时,聂卫平的黑139感到左方黑棋确实有危险,但如不守住右边的空,黑棋肯定是输了。

聂卫平的黑棋141手铤而走险,孤注一掷,打入小林光一的阵势中。这步棋聂卫平长考了一小时,创下了和所有日本棋手比赛中最慢一步棋的纪录。聂卫平对此招之后的变化没有用多少时间就算清楚了,他长考的是目前局势下,出现什么样的可能性最大,在反复权衡这个问题。终于,他采取了一个看上去不是办法的办法,他深知小林光一的弱点是怕出现不熟悉的情况,所以聂卫平就挑了一个变化比较复杂些的下法。对高手来讲,在比赛中是不打无把握之仗的,对此,小林也深知聂卫平这样的中国高手一般情况下不会走有明显漏洞的棋。但是,就连"一生惟谨慎"的诸葛亮也有百密一疏的时候,不得不摆下了"空城计",此时此刻,聂卫平就是摆下了迷惑人的"空城计",在已经没有办法主导局势发展的情况下,聂卫平设计的是如何让小林光一犯错的计策。

聂卫平落下了黑147手后,按小林光一开始的设计是白棋148切断黑棋,一举获胜。但是,彻底切断黑棋然后进入互相比气,可能有一丝风险，小林已经算出了自己将快一气的结果，但是又担心自己是不是有算计不周的地方，也担心杀力比较强悍的聂卫平会不会还潜伏着自己没有算计到的妙手。小林光一此时冒出了另外一个想法，我何必冒什么风险，我拉长战线，不和黑棋进行殊死一决，穷寇不追，争取官子取胜。在当时的舆论中普遍认为中国棋手的官子水平和日本超一流棋手相比还有一定差距。

于是小林光一没有把148手下在致命的一击上，而是放弃了杀死黑棋大龙的机会。

军事上的"狭路相逢勇者胜""破釜沉舟，决一死战""置之死地而后生"等等都是千百年来打过无数次仗以后，用无数的鲜血总结出的实战经典，这些不属于兵法和计谋，道理浅显易懂，更多的是战略指挥家的临场心态运用到实战中的反映，哪个指挥者运用得恰到好处就获胜，运用得不好就失败。围棋中的规律和战争中的规律最接近，几乎到了天衣无缝的程度。

小林光一在和自己的粉丝会见时曾经表态一定会战胜聂卫平，那时的豪言壮语现在变成了一种无形的压力，如果抱定胜负无所谓的平常心态，小林光一肯定会采取破釜沉舟彻底切断黑棋的下法。而此时的小林在精神压力下，想赢怕输，先是想大吃黑棋，后来又不敢吃，如此犹豫不决、前后矛盾，犯了兵家之大忌，如同当年遇到了诸葛亮摆"空城计"的司马懿，小林挥兵自退三十里，放了聂卫平黑棋一条生路。

观战的日本超一流棋手武宫正树看到小林光一长考数十分钟后，竟然采取的是退让的下法，不由得说道：

"小林君太想赢这局棋，竟连这种风险只有一成的杀气都不敢下。这种心态延续下去，恐怕反而离胜利会越来越远。"

这以后的对局进程，小林光一和聂卫平两人的状态发生了翻天覆地的变化。聂卫平眼看就要认输的棋忽然死里逃生，顿觉欢欣鼓舞,士气大振,加之又刚到休息室吸过氧气,神清气爽的聂卫平此时就像换了一个人,虎虎生威,心明眼亮,棋盘上每一处的官子都斗志昂扬地与小林光一作锱铢必较的争夺。

小林光一正好相反,随后就对自己的捉放曹后悔不已,后悔、痛苦的心情像吞进肚子里的毒药,一点一点不停地侵蚀、破坏着小林光一的斗志,破坏着他的情绪。

这样的心态下,可以想象,小林光一走出的棋会是什么质量,大幅下滑,大失超一流的水平。在小林光一原本拿手的小官子阶段,他接二连三地犯下对于这盘棋的胜负来讲致命的错误。局后复盘时,经过研讨,发现小林光一在官子上损失了非同小可的四目棋,这在细棋局面中简直是天文数字。

最后,聂卫平也损了一目棋后,最终以执黑二目半获胜。

裁判刚刚宣布比赛结束,聂卫平胜,话音未落,老资格的日本棋院理事长坂田荣男九段迅速走了进来。

他是日本围棋泰斗级人物,当年吴清源打遍日本再无敌手时,坂田荣男苦苦修炼了十几年,经过卧薪尝胆般的刻苦之后,才在比赛成绩上超越了吴清源。

他将几颗棋子摆在桌子上,向小林光一问道:"为什么不这么下?"

他冷峻的目光直射小林光一,说:"对于黑141这一手,你为什么选择回避?"

然后,坂田摆出正确的下法,接着说道:"这里并没有复杂难解的变化,你为什么一错、再错、三错?十步之内,连错三着,生生放走聂卫平?"

小林无言以对,只是双手抱头,痛苦地蜷缩在那里。

热海宾馆的舞台上,"闭幕式"字样的横幅悄悄取下,换上了"恳谈会"的字样。

第十一章 北京见证中日围棋擂台赛

聂卫平赢了这盘棋以后,翻开了中日围棋比赛历史上的新篇章。此前小林光一是中国从未战胜过的超一流强手。一度小林光一就像是一座难以逾越的高山,挡在了中国棋手面前。其实,在聂卫平之前,中国攻擂的钱宇平和刘小光都在已经出现胜机的情况下,被小林光一逆转胜,所以更让中国棋手产生了怎么下也是赢不了小林光一的想法,而这想法就成了中国棋手的魔咒,这个魔咒一天不消除,中国棋手就一天翻不了身。没有其他任何办法,唯有赢棋,唯有在棋盘上打败小林,才能破解中国棋手心里的魔咒,才能让中国棋手今后茁壮成长。

聂卫平在极其困难的局势下,顶住了压力,抗击住了小林的种种打击,以无比坚韧的意志坚持着将局势一点点地扭转过来。他在棋盘上的胜利打破了魔咒,也用自己的胜利为中国棋手创立了无比宝贵的精神支柱。从这个意义上说,无论怎么赞誉聂卫平的这盘棋都不为过。

战胜小林光一,等于翻越了一座围棋征途上的高山,中国围棋又向前迈进了坚实的一步。

很长的一段时间里,日本围棋界的大多数人一直认为,中国围棋要赶上日本,至少要有五十年的时间。当和中国围棋界来往比较多、了解也比较多的藤泽秀行九段与安永一业余高手等人,公开在报刊上宣称中国围棋的马蹄声正逼近日本时,绝大多数的日本围棋爱好者还认为是两位老先生杞人忧天,是为了引人注目而夸大其词。他们确实没有想到中国人聪明,在围棋水平上追赶得很迅速。

聂卫平战胜小林光一以后,日本人虽然反应强烈,感觉震惊,但对此次小林的失利也仅是停留在偶然失误和大意失荆州的层面,大多数人还乐观地认为,我们日本不是有双保险吗?不是还有一位前不久刚刚赢过聂卫平的"天煞星"加藤正夫吗?

加藤正夫比聂卫平大五岁，在擂台赛开始之前的两年里还占据着日本"五冠王"的地位。之前在和聂卫平的三盘两胜的对决中，以2：0直落两局的绝对优势战胜了聂卫平。这也是让加藤正夫担任日方副将的原因。在接下来聂卫平守擂加藤正夫攻擂的比赛中，日本围棋界认为加藤必能挡住聂卫平的愿望还是比较合情合理的。

由于绝大多数日本舆论都认为中日围棋擂台赛日本必胜，当小林光一在六连胜的时候，日本报界想当然地一致认为：擂台赛到小林光一就可以结束了。

由于这些"日本必胜"一面倒的态度，让加藤正夫十分盲目乐观。即将上场的加藤正夫九段，直到擂台赛的前一天还在进行本因坊的循环圈比赛。在日本像加藤正夫这样的超一流棋手，普通情况下一星期只安排下一局棋。所以日本棋院曾经提前建议加藤正夫暂时停止参加日本的本因坊战，留出时间，好好地准备和聂卫平的擂台赛。但当时加藤却非常自信地说："小林输给聂卫平的可能性极小，我们何必为了这种万一的可能而庸人自扰呢？"日本棋院方面总还有些不放心，加藤正夫说："没有问题，万一小林君失利，我保证不辞劳累再战聂卫平。"

由于有前面的序曲，当擂台赛举办人员通知加藤正夫准备在东京和聂卫平比赛时，加藤正夫自然就产生了"突如其来"的感觉，忙要来小林与聂卫平比赛时的棋谱，加藤一看棋谱顿觉有点傻眼，他原来也以为是小林光一过于大意了才输的棋，棋谱清清楚楚地告诉他，聂卫平的官子下得非常精彩，甚至把加藤一向很佩服的小林光一的官子给比了下去。原本很轻松的加藤正夫顿时觉得原来擂台赛这么不好下。心里开始沉甸甸的了——小林都没有挡住，我就一定能赢吗？

1985年8月29日上午10时，在日本东京NEC本部的会馆，

NEC中日擂台赛第十四场比赛——中国聂卫平与日本加藤正夫的对局拉开了帷幕。

加藤正夫执黑先行布下了他在国内最擅长的"星小目"布局。

聂卫平深知素有"天煞星"之称的加藤勇猛好杀，于是他用"相小目"的方式引诱加藤正夫来挂角，破坏了加藤下"中国流"的意图。这盘棋上来从第四步棋开始就充满了勾心斗角。

日本方面还是老一套想法，按他们的想法，聂卫平能一不可能在加藤这儿能二，所以，当天晚上在NEC会馆举行中日擂台赛还是把"闭幕式"字样的横幅挂了出来。这天日本棋界资格和名气最旺的棋士们如坂田荣男九段、藤泽秀行九段主帅、小林光一九段、武宫正树九段、大竹英雄九段、石田芳夫九段等都来现场观看比赛。

这盘棋的最大看点是聂卫平下出了一步从棋形上讲非常难看的"愚型"，由于太愚了，所以加藤正夫根本没有想到，而日本有"围棋美学"之称的大竹英雄则认为，围棋怎么可以这么下，但就是这步看上去不可理喻的棋让加藤正夫如鲠在喉，吞不下去，吐不出来，十分难受，棋局也就此打破了平衡，变得对执白棋的聂卫平有利，这步棋诚可谓"出其不意，攻其不备"。

和小林光一那盘危机四伏、起伏跌宕、胜负难测、有惊无险的棋相比，聂卫平战胜加藤正夫的过程相对舒缓了很多，也顺利很多。

因此，中日围棋擂台赛第十四场的"闭幕会"横幅再次匆匆忙忙换上了"恳谈会"字样。

"恳谈会"一上来，日本NEC公司的人就急忙表示道歉：这个会举办得有点匆忙，因为对中国聂卫平的水平预测出了比较大的偏差，所以会议不得不来回换横幅，耽误了大家的时间，也让NEC公司增加了预算外的开支。我们希望日本棋院今后要争取对胜负的预测准确一些，以减少大家的不愉快。来宾听了"道歉"不禁都大笑起来。

"恳谈会"主要致辞的人士是日本棋院理事长坂田荣男和中国代表团团长郝克强。

坂田表示，这次擂台赛聂卫平发挥得非常出色，说明中国棋手进步得很快，连赢两个日本超一流棋手，不能说是偶然的。他还特别强调，中日围棋擂台赛在NEC公司的支持下，还将继续进行下去。

郝克强则表示了应有的谦虚，他说："聂卫平经过奋力苦战，连胜两局，终于将比分扳成7：7，使得中国终于和日本的比分拉平了，我国围棋界非常期待藤泽秀行先生主将到中国来比赛。同时，也表示希望擂台赛继续举办下去。

在中日两国围棋爱好者苦苦等待了三个月后的1985年11月20日，NEC中日围棋擂台赛的最后一战在北京体育馆揭开战幕。之所以选在北京体育馆，在于这里的贵宾室可以进行比赛，外面的体育馆里可以对中国的爱好者进行大盘现场解说。

中国方面对此次比赛的高度重视从高等级的裁判阵容就可以看出来，中国围棋协会副主席和体委棋类司司长陈祖德担任聂卫平藤泽秀行之决战的裁判长，中国优秀女棋手芮乃伟、杨晖担任记录员和计时员。平时这类比赛的记录和计时人员都是国少队的少年棋手担任的。

经过近十个小时的争斗，聂卫平和藤泽秀行先生的对局终于结束了，第一届中日围棋擂台赛落下了帷幕。

围棋的对弈是文静的，但是，围棋的比赛结果却是非常残酷的，由于规则取消了和棋，所以，赢了的人有多高兴，输的一方就会有多痛苦。

围棋通常又会令棋手深感遗憾和后悔不已，只要是势均力敌的比赛,双方就都会有胜利的机会,这场史无前例的围棋擂台赛也不例外,藤泽秀行先生直到最后收小官子的时候也有翻盘的机会。

围棋比赛的规则是公平的,但是,在对局双方的年龄上这最后的决赛又确实不够公平,藤泽先生比聂卫平年长二十余岁,无论精力、体力都不在同一个水平上。这就是日本方面的问题了,他们对于自己的围棋实力太过于自信,让已经迈入老年的藤泽秀行先生担任最后决战的主力,这安排就是最要害的失策。

对局结束,当裁判长陈祖德来数子时,藤泽忍不住对陈祖德说:"黑棋的空里是有棋的!"陈祖德用眼光询问聂卫平,聂卫平心有余悸的情绪还未消失,表情略带紧张后怕地回答:"我当时也没有想到黑棋空里还有棋,后来才发现,藤泽先生放过了这个机会。"

听罢,陈祖德开始数棋,黑棋185子,他激动地向包括众多新闻记者在内的人们郑重宣布:"中日围棋擂台赛第十五场比赛,中方擂主聂卫平以一又四分之三子战胜对手。"

命运这次特别地厚待中国,让聂卫平以三连胜定格了中国围棋的胜利。

高规格的中日围棋擂台赛闭幕式破例在人民大会堂举行。日本NEC公司做梦也想不到带有NEC字样的条幅会挂在人民大会堂里。这是花多少钱也不可能做到的事情,借助围棋擂台赛闭幕式实现了比任何广告都要好的效应,让日本各个方面的人士都好高兴。

中国不但棋手们觉得特别有面子,就连老百姓们也觉得只有在人民大会堂举行庆祝中国围棋胜利的闭幕式才能表达出对中国围棋胜利的表彰。中国围棋在正式的比赛里第一次战胜了日本,这是个盼望了好久的胜利,这是个突然降临的胜利,这是个将记入中国围棋史册的胜利。

方毅副总理作为中国围棋协会名誉主席出席了闭幕式，日本NEC公司总裁关本忠弘特地从日本东京赶来参加闭幕式。

第一届NEC中日围棋擂台赛圆满结束了。举办第二届中日围棋擂台赛的事情自然提到了日程上。让许多爱好者始料不及的是，擂台赛是不是接着办，日本有关方面的态度却是一波三折，先是江铸久的五连胜，一下子激发起了日本棋院上上下下的斗志，那时的态度当然是唯恐不办了。随即，小林光一的六连胜让日本棋院又觉得中国如此不堪一击，这个一边倒的比赛再举办下去的话意思不大，如果小林一人就把中国打败了，擂台赛不搞也罢。

结果却出乎所有中日围棋界人士的预料。当初搞这比赛时，NEC公司曾经怕日本万一输给了中国，自己公司不落好，大家会埋怨NEC公司——你看，你们安排的比赛结果中国打败了日本！NEC总裁曾经特意征求日本棋院理事会理事长坂田荣男九段："擂台赛最后的胜负会怎么样？"

坂田荣男九段当时非常有把握地回答说："日本队获胜是一点都没有问题的，如果说有什么意外的话，那也就是日本队是三个人就取得最后胜利呢还是五人取胜。"

坂田荣男九段是日本围棋的绝对权威，他的话几乎代表了所有日本棋界人士的观点。现在，日本围棋输了，尤其是日本确定的双保险没有发挥作用，顿时，日本棋院掀起了一定要把中日围棋擂台赛进行到底的热潮。

至于日本NEC公司，当然乐得掏钱把这个跌宕起伏、充满悬念又掀起了一波中日围棋数亿爱好者关注的比赛进行到底了。

日本NEC公司总裁关本忠弘曾经公开说："我坐车到人民大会堂参加闭幕式，已经看见长安街上有人为擂台赛中国队的胜利游行了。当然，NEC公司也沾了中国队的光，我听部下说，现在无论到哪里，只要一提NEC，对方马上会问是举办中日围棋擂台赛的NEC吗？然后就受到非常热情的礼遇……中日围棋擂台赛NEC公司至少要举办五届。"

第二届NEC中日围棋擂台赛很快就进入实施阶段。

中国方面自不用说，上下同心，群策群力，在充分发扬民主的基础上，领导做最后决策。很快就拟定了参赛人选新名单。

日本方面却有自己的难处，具有九段头衔的棋手数量是中国的好几倍，怎么选人比较难以平衡，他们把人员选配的决定权交给了大竹英雄九段。

大竹英雄和小林光一、加藤正夫、赵治勋等日本棋界当红超一流棋手都曾经是木谷实门下的学生，当年大竹英雄已经是职业六段棋手的时候，这几位日后取代坂田荣男、藤泽秀行等明星的日本围棋中坚人物都是大竹英雄的小师弟。由大竹来号令他们他们不会不服气。日本有很强烈的家族传统，父亲在自然听父亲的，父亲不在了就听大哥的。大竹现在有了这地位和传承优势。另外，日本人一般都非常含蓄，轻易不会说过头的话，而大竹在升为九段以后，就再也不出席中日围棋友谊比赛，日本棋院理事请他参加中日围棋友谊赛时，他曾经非常不客气地说："要我出场和中国棋手下棋可以，但是，一律要让二子（有的版本说，大竹讲的是让先）。"中国方面当然不肯接受这个条件。大竹在六段之后就再也没有和中国棋手交过锋。

现在要举办第二届中日围棋擂台赛了，日本方面又非常希望赢，想起了大竹曾经说过让二子之类的话，他既然敢那么口吐狂言，按日本人的逻辑，那就说不定真的有那个金钢钻。大竹英雄九段在日本曾和旅日华裔棋手林海峰共同创造了日本围棋的"竹林时代"，因此大竹在日本棋坛享有很高的威望。

另外，日本最期待的是扬名天下之后再未和中国棋手交过锋、有"宇宙流"之称的武宫正树九段。这次把他们二人选定为新的双保险。武宫还是十几岁的二段少年棋手时和中国国家队的人交过手，自从喜欢下"宇宙流"以后，就再没有和中国棋手下过棋。大模样作战和没有交过手的人下，还是很有杀伤力，中国话叫"很唬人的"，他们寄希望于用茫茫宇宙把聂卫平给罩住，手到擒来。

日本人一向古板保守，看问题想问题缺少灵活性，能照搬多少年前大竹英雄的一句话当作选人的依据。其实，此际还是小林光一对中国队最有杀伤力。据说，小林输给了聂卫平以后受到很大的压力，也接到许多爱好者指责的信件，于是小林心灰意冷，觉得赢了中国棋手都是应该的，而哪怕只输了一盘棋就被千夫所指，觉得自己太傻，决心再也不参加中日围棋擂台赛。后来的情况也确实如此，其他棋手都多次出现在擂台赛的战场上，唯独小林光一再也没有在擂台赛上露面。

日本方面对第二届中日围棋擂台赛显然比对第一届慎重了许多，由于历史的惯性，大多数日本棋界人士还是认为，几乎就在昨天还落后日本很多的中国围棋，怎么着也不可能一夜之间就赶上日本吧。

在日本已经确定了上场人员名单后，大竹英雄在日本的战前会上做了总结讲话。他的讲话总的精神是第一届擂台赛日本输给中国很偶然，小林光一在已经绝对领先的情况下输给了聂卫平，如果小林把聂卫平赢了的话，日本队就已经胜定，就没有后来的那些事了。现在，日本队选拔出的棋手个顶个都是好样的，日本围棋现在还绝对领先中国，我只是个执鞭子的角色，鼓励督促你们好好发挥水平，有你们在前面赢棋根本就不用等我上场。

事后，日本的报刊就以"执鞭子的人"为题给日本的棋手鼓劲。从这些方面看，日本围棋队还是没有能全面接受第一届擂台赛失利的教训，还是保持一定的盲目乐观情绪。

1986年2月20日，中日双方再次同时公布了第二届NEC中日围棋擂台赛参加比赛人员名单。

第二天一早，《朝日新闻》就刊出了整整一版有关围棋擂台赛的报道，在第一时间刊登了第二届中日围棋擂台赛双方的名单。

中国队：女先锋芮乃伟七段、少年张璇六段、钱宇平七段、邵震中七段、曹大元八段、江铸久八段、刘小光八段、马晓春九段、聂卫平九段。

日本队：女先锋楠光子七段、少年森田道博三段、今村俊也七段、小林觉八段、片冈聪九段、山城宏九段、酒井猛九段、武宫正树九段、大竹英雄九段。

1986年3月21日，第二届中日围棋擂台赛第一局，芮乃伟执黑中盘胜日本楠光子。随后，1986年3月23日芮乃伟执白胜日本森田道博。中国队来了个非常漂亮的开门红。

接下去，轮到已经充分体验过擂台赛甘辛的小林觉八段。他本来就有不俗的实力，1966年入木谷实九段门下，1984年升为八段，1979年获日本第四期棋圣战五段组冠军，1984年第九期棋圣战七段组冠军，全段争霸战冠军，1980年、1981年第四、五届留园杯冠军，1982年第13期新锐战冠军。到了1986年，虽然在日本属于年轻棋手里的佼佼者，但还没有跻身超一流，所以也就没有什么思想负担。他从小就在日本木谷实围棋道场接受专业围棋训练，基本功相当扎实。他抱定上场就搏的态度，结果超水平发挥，分别将中国队的钱宇平、邵震中、曹大元、江铸久、刘小光击败。他的五连胜直到1986年8月29日碰上了中国的九段马晓春才止步。

一个多月后，中国十分看好的马晓春却被日本的九段片冈聪击败。

现在的局面是谁也没有料想到的。

第一届中日围棋擂台赛是在中日双方与各阶层人士都认为日本必胜的情况下，中国反而赢了。日本围棋界脸面上有些下不来，第二届擂台赛他们请出了当时成为九段以后再未和中国棋手交过锋的超一流棋手武宫正树、大竹英雄作为日本队的双保险，以必胜的决心和中国队再赛一次。

第一届擂台赛胜利之后，第二届擂台赛赛前《新体育》杂志向读者进行了问卷调查，对胜负进行预测，在9955封中国读者的回信中，占55%的5460人认为日本队获胜。第一届擂台赛聂卫平一对三，已经是万分悬乎的事情。当年，中国棋手赢日本的超一流棋手一盘棋就几乎和登天一样难，聂卫平创造了奇迹才连赢了日本超一流棋手三盘，除了棋艺所起的作用，聂卫平的运气也好得没有办法再好。没有想到这第二届擂台赛，日本方面才被打下去四个棋手，就到了中国主将帐前。虽然说历史上以少胜多的光辉战例也很多，但是，像中日围棋擂台赛这种相差着五倍人数的情况还是很罕见的。当中国队赛得只剩下聂卫平一人的时候，还根本没有轮到日本队主力阵容上场。聂卫平将迎战刚刚战胜了马晓春的日本青年八段新秀片冈聪。对他来说每一盘都是决赛，而日本棋手却有五次夺取最后胜利的机会。压力之大对聂卫平来说不堪设想。

第一届中日围棋擂台赛的胜利，极大地激发了中国人的围棋热情，老百姓聊天时几乎都会涉及围棋擂台赛。到了第二届，关注的热情远远超过第一届。在聂卫平要一对五地和日本棋手决战前夕，大家既对聂卫平不抱太大希望，但也还是怀着丝丝侥幸心理，希望他能继续创造奇迹。

甚至，一向国务繁忙的国家领导人们也都高度关注中日围棋擂台赛。

赛后，聂卫平回忆起这段往事，仍记忆犹新。邓小平等国家最高领导人也关注围棋的往事，更是聂卫平难以忘怀的话题，他深情地说：

"确实难以想象，我怎么可能五连胜。真的好像有如神助一般……"

邓小平关心第二届围棋擂台赛事情的过程是这样的。

最后决赛之前的一个休息日，邓小平邀请几位国家体委的人打桥牌。吃饭的时候，邓小平举起酒杯要和聂卫平干一杯。聂卫平因为迎接即将到来的比赛临时戒了酒，就没有举杯，并马上解释说："我戒酒了。"小平脸上出现了疑问。以前聂卫平和小平同志碰过几次杯，都是一饮而尽，他的酒量少说有七八两。说完缘故，聂卫平就请围棋队的另外一个同志代他饮了这杯酒。

小平关心地问起了比赛的形势，聂卫平详细地作了汇报。当汇报到中国围棋队只剩了他一个人，而日本队还有五位八九段高手时，小平沉思了片刻，用那浓重的四川口音只说了两个字："哀兵。"

谈话就此便结束了。聂卫平原想小平同志可能要鼓励几句或者指示些什么，但是小平什么都不再讲，只有"哀兵"两字在他耳边回响。

当年刘邓大军运筹帷幄、决胜千里，取得了淮海战役的伟大胜利。现在邓小平带领全国人民改革开放成为全世界都敬仰的伟人，却在大多数人都认为聂卫平不可能赢的情况下，高屋建瓴地指出：在擂台赛这个事物发展变化的过程中，中国队不但可能赢而且"哀兵必胜"。"必胜"是紧随着"哀兵"的，但是小平却没有讲出来，他后来揣摩小平的深意，可能是将这两个字留下让他用事实来讲，想到这里，他胸中马上涌起了一股热流，全世界公认的伟人都认为他能赢，他还不大获全胜？！于是，浑身充满了信心和勇气，这是他取得第二轮中日围棋擂台赛五连胜的非常重要的精神因素。围棋是一项长时间的竞智对抗比赛，在一定条件下，精神因素将起决定性的作用。

在聂卫平的围棋生涯中，陈毅元帅让他这个不懂世事的毛孩子一下子站得很高，定下了远大的志向，迈出了为国争光的第一步。

而在中日围棋擂台赛的关键时刻，邓小平同志对他的关怀和激励则像一座雄伟的高山矗立在他背后，顿时使他产生无穷的力量和勇气，还有任谁也摧毁不了的顽强与自信。

后来的比赛结果恰如小平的预料，尽管这五盘棋盘盘有风险，时时有危机，但是最终他取得了胜利——"哀兵"必胜嘛！

1986年12月4日，第二届中日擂台赛第十三局聂卫平中盘胜片冈聪。

1987年1月8日，第二届中日擂台赛第十四局聂卫平胜山城宏。

1987年1月10日，第二届中日擂台赛第十五局聂卫平胜酒井猛。

1987年3月31日，第二届中日擂台赛第十六局聂卫平胜武宫正树。

以前聂卫平以为，身居高位的邓小平头脑中装满了国家大事，一般市民所关心的中日围棋擂台赛，他可能无暇顾及。后来在北戴河，他曾见到小平指点孙儿们下围棋，才知道小平在围棋方面颇有造诣。邓小平曾观看了所有中央电视台擂台赛的实况转播。第二届擂台赛时，聂卫平和日本队的副帅武宫正树那盘棋，小平就是从转播中得知获胜消息的，马上让秘书打电话向他表示祝贺，遗憾的是他赛完以后忙着和武宫进行局后研究，没能直接接到这电话。但是这件事他一直记在心里，常常感慨小平的伟大之处——不仅在于有雄才大略，而且在很微小的事情上也始终和人民同呼吸共命运，百姓们喜闻乐见的事他也同样关注。

第二届中日围棋擂台赛，聂卫平已连胜了四个对手，只要再胜日本的九段大竹英雄，中国队就又一次创下了奇迹。大竹英雄在赛前曾公开讲："我什么棋都可以输，就是中日擂台赛不能输。"日本的新闻机构也大肆渲染这盘棋的意义。因为大竹英雄本人1976年曾非常自信地说："让我和中国人在对等条件情况下比赛不行，要下的话，我至少让他们二子（也有说是让一先）。"作为棋手的聂卫平等人除了要为国家赢得荣誉外，也早就憋着一口气，想在正式比赛中让大竹英雄知道中国棋手的厉害，知道他说的狂言有多可笑。参加过围棋比赛的人都知道，任何一个棋手如果求胜的欲望过于强烈，结果往往是欲速则不达，心理负担过重导致棋艺发挥不正常的事情屡见不鲜。

正处在激战前夜关键时刻的聂卫平，他自己也没有想到，全国人大彭真委员长百忙之中把他找了去，和他谈起了马克思主义的哲学思想。聂卫平的哲学功底自然没有和彭真对话的能力。但是经过一个多小时的哲学启蒙，聂卫平还是基本明白了"量变和质变""否定之否定"的科学规律及毛主席《论持久战》里的"积小胜为大胜"的军事思想。彭真着重给他讲了"胜与负"的辩证关系，让他不要计较眼前的输赢得失，放下包袱，轻装上阵。因为有了这次谈话作为思想准备，聂卫平得以以平静的心态迎接和大竹英雄的比赛。

1987年4月30日，第二届中日擂台赛主将决战在日本东京举行。

这届擂台赛日本方面的擂主是大竹英雄。他一生中共获得过28个冠军，仅次于坂田荣男所获得的冠军数量。在日本大竹素有"快棋之神""美的大竹"等赞誉，确实是个很不好对付的角色。

这盘棋在中盘阶段，聂卫平临场时的心态非常好，他已经有了七连胜的本钱在那里，即使输给大竹也是载誉而归。所以在面对困难时，他石破天惊毅然弃掉了六个子，如果没有十足的自信，没有非常好的心态，这么大胆的下法是很难走出来的。弃子作战，说说很容易，但在实战中能够走出来的棋手还真的不多。聂卫平弃子以后，一举把被动的局面扭转过来了。后半盘，大竹的快棋优势显示出来了，聂卫平比大竹竟然早半个多小时进入读秒，大竹借此追回来不少，就在胜负的天平开始向大竹倾斜时，大竹也进入读秒，犯了一个相当于自杀级水平的错误，此后，聂卫平再也没有给对手任何机会。这盘棋一共下了320手，聂卫平胜。

聂卫平再一次创造了奇迹，五连胜，为中国赢得了第二届NEC中日围棋擂台赛的最后胜利。消息迅速传遍全中国，当消息传到中央电视台时，中央电视台的值班领导一听到聂卫平胜的消息，马上指示说，这么重要而又振奋人心的消息无论如何也要在第一时间播出。于是中央电视台罕见地从已经录制好的节目中抽出一条新闻，把聂卫平五连胜取得第二届擂台赛胜利的消息插了进去。这样，在七点档的《新闻联播》里，数以千万计看电视的人都知道了这一中国围棋史上最辉煌的事件。

与前两届比赛相比，第三届中日围棋擂台赛平淡了许多。从1984年拉开擂台赛的战幕，到第三届中日围棋擂台赛已经延续了近四年，四年间，中国棋手经过磨砺，围棋水平都有不同程度的提高。在刚开始擂台赛的时候，中国自己也承认围棋水平与日本相比还有相当的差距。但是，聂卫平的八连胜，彻底地帮助中国棋手消除了"恐日症"，从而排除了影响中国棋手水平正常发挥的最重要的障碍。这时候可以说中日围棋水平已经在同一起点上了。

1987年5月2日，第三届中日围棋擂台赛由中国女棋手杨晖对日本女棋手小川诚子拉开了序幕。实力明显占上峰的杨晖毫无悬念地轻松战胜了日本的女棋手，来了个开门红。杨晖和日本宫泽吾郎那一盘虽然也有胜机，最后还是败下阵来。

刘小光在中国成都迎候宫泽吾郎和石井邦生攻擂。这一年刘小光27岁，而宫泽38岁，石井46岁，年龄上日本棋手已经不占优势，他们碰上蓄勇已久的刘小光，二人连遭败绩。1987年7月19日刘小光赴日本东京向小林觉挑战，原定在东京的比赛临时又转移到广岛，至于为什么不合规矩地变更比赛地点，日方也没有作任何解释，至今还是个谜。但是，即使换了地方也没有给日本棋手换来好运气，小林觉整盘棋都没有什么机会，虽然用时比刘小光少1小时42分，但是，由于棋盘中央死了一大块棋，实空差得太多，等刘小光下了第179手后小林觉非常不情愿地表示了认输。

新华社东京分社原没有计划到广岛现场采访，架不住北京总社严令催促必须前往，等记者赶到广岛时只赶上了尾声，差点就白跑一趟。

第二届时日本小林觉一上来就五连胜，造成中国只剩主帅聂卫平一人单枪匹马地迎战日本五位棋手的险情，这一次被刘小光很轻易地就给破除了。大家非常高兴地齐声称赞刘小光圆满完成了任务。

接下来和工藤纪夫九段的那一盘，刘小光明显情绪放松了许多。也可能是由于刘小光过于放松，刚下到50多步，日本的工藤纪夫九段形势明显转好。但是，在此局面之下两人的表现却正好相反，形势不利的刘小光不动声色地苦思冥想反转的手段，形势有利的工藤却一直念念有词："怎么走啊？没法下了……"到了第135手，也许就是让工藤自己念叨的，执黑的工藤走出了致命败招，最终以四分之一子输给了刘小光。比赛开始前，工藤纪夫曾经表示："我很希望能到中国的哈尔滨去一趟，因为我6岁的时候在那里住过一年，松花江很美。"工藤的言外之意，我要赢下刘小光，这样就可以如愿以偿地到哈尔滨去继续比赛了。这是个几乎可以说是已经实现了的愿望，《朝日新闻》社的记者连"工藤纪夫击败刘小光"的稿子都写好了。这样的好局最后反而输掉，确实让所有在场的日本棋界人士很难堪，以致当天晚上的送别宴会，日本棋院专司外事活动的理事大枝雄介九段，不顾自己主人的身份，愣是没有出席。别人转述了他的一句话："我不愿看到工藤纪夫的脸！"

等到57岁的大平修三到松花江畔的哈尔滨来会刘小光时，国内普遍认为此战中国占据着种种有利条件：刘小光执黑先行，大平年龄已高，中方士气正盛等等。后果却应验了马晓春的独创理论：围棋是均衡的赢赢输输、输输赢赢。1984年中日围棋对抗赛第一轮三番棋，别的中方棋手都输了，刘小光是中方唯一的获胜者，这一回大平又老了三岁，刘小光反而输给了大平修三。

轮到王群八段向大平修三攻擂，棋下得始终如同走钢丝绳，摇摇晃晃随时都有掉下来的可能，让担任总教练的聂卫平提心吊着胆，最后总算是侥幸过了这一关。

大平后面是山城宏九段，当年实力比王群稍强。其次，排在山城宏前面败下阵来的六名棋手都是东京棋院的，而山城宏是名古屋分院的，这小小的差别使山城宏心里踏实了很多："你中央棋院的人都输得一塌糊涂，我即使输了也很正常，也是应该的。"山城宏有了这样的心理准备，上场以后，棋反而下得开，他在日本各项大战中的成绩并不比前六位棋手差，和王群的对局，没有让王群有什么机会就将王群拿下。这个胜利给山城宏带来了极大的激励，使他的棋艺忽然变得勇猛了许多，士气也高涨了很多。假如他头一个碰到的棋手不是王群，而是钱宇平或芮乃伟，很可能在他的状态没有进入佳境之前就将他击败，就没有他后面的什么事了。现在，山城宏在胜了王群之后，他接连转战日本东京、中国太原，又转回东京，一直势头不减连胜了钱宇平九段、芮乃伟八段、江铸久九段、曹大元九段。要不是中国的副帅马晓春发挥出色，在中盘阶段连走出几步超水平的棋，山城宏还说不定要创造出什么奇迹。接下去，马晓春又战胜了武宫正树——日本的副帅，清除了宇宙流的威胁，日方此时只剩下了主帅加藤正夫单枪匹马一个人。中国队这次擂台赛的局面是前所未有的好。

第三届中日围棋擂台赛一上来，中国队发挥出色曾以6∶2领先，后半程日本队奋起直追，等到马晓春赢了日本的第一保险武宫正树后，中国还保留着马晓春和聂卫平两位主将，而日本却只剩下加藤正夫主将一个人时，中国也终于有了是举办"闭幕式"还是"恳谈会"而纠结起来的机会。虽然马晓春未能结束第三届中日围棋擂台赛，但是和前两届相比，聂卫平的担子轻多了，只剩下唯一一盘对阵日方主将加藤正夫的棋。

对于这盘棋，聂卫平后来回顾说：

"刚一登场，便碰上了日方的主将，这对我来说，简直就是优厚的待遇——众所周知，前两届我出场时，日方分别还有三位、五位高手。这届的日方主将是加藤正夫，在他出任主将之后曾说道'将以棋士的荣誉和生命来搏得这届比赛的胜利'。所以他出场决战，自然是势在必得的心态。由于有前两届的胜利垫底，我作为主将的负担，比他要轻松一些。"

1988年3月14日，聂卫平中盘就战胜了日本主将加藤正夫，中国第三次蝉联中日围棋擂台赛的胜利。

中国古话：事不过三。大意是任何事情如果三次都是同样的结果，那这事情的本质就变了。中国围棋在正式较量的比赛里连赢了日本三次，就不再是偶然的事情了，而是从本质上说明中国在围棋这一中国流传下来的技艺上，完全、彻底地赶上了日本。

为了肯定这一伟大的突破，为了表彰聂卫平的殊勋，为了将已经完成了的陈毅元帅的夙愿作一个了结，中国围棋协会在第三届中日围棋擂台赛胜利后不久，授予了聂卫平"棋圣"称号，以志对此事的纪念。

以前由于日本围棋水平大大地高于中国，中日围棋擂台赛上中国的连续获胜极大地振奋了中国老百姓奋发图强的情绪，一扫百年多来日本对中国精神方面的优越感，破除了中国人多年受欺压之后产生的自卑心理。擂台赛期间，每逢比赛日，各大城市可谓万人空巷，不管会不会下棋，大家都在关注擂台赛的进程。可以说，中日围棋擂台赛不仅仅促进了中国围棋水平的提高，也改变了世界围棋发展的格局，极大地推动了围棋的发展。

中国古老的围棋，通过擂台赛这个形式，在所有中国围棋人的努力下，在广大老百姓的热情支持下，在党和国家领导人的不断关注和推动下，终于取得了前所未有的巨大胜利。

今天回顾起这个曾经引起国人高度重视的围棋擂台赛，许多细节仍旧让人那么激动和难以忘怀。

聂卫平在战胜了小林光一后，并没有终结第一届中日围棋擂台赛，即使如此，全国青年联合会、国家体委副主任袁伟民、中国围棋协会等都发来了贺电，中国围棋协会名誉主席方毅直接打来了祝贺胜利的电话。

北京大学热情地邀请战胜了小林和加藤的聂卫平到北京大学进行关于擂台赛经过的报告会，报告会的礼堂入场券竟然到了一票难求的程度。会场在报告开始前就已人满为患，为了能让更多的人聆听报告，北大围棋协会决定破天荒地将报告礼堂的窗户全部打开，报告的礼堂里全部都挤满了人，就连窗户边也让学生们围得水泄不通。

第十一章　北京见证中日围棋擂台赛

关心聂卫平擂台赛的不仅是对各种新生事物敏感的大学生们，当年在老山前线和越南军队浴血奋战的战士，在战斗的空隙时间里写信给聂卫平说："我们在前线奋战，就是为了你能在后方击败日本棋手。"

聂卫平后来深情地回忆起了擂台赛期间邓小平同志和中国围棋队一起喝酒的往事。他说："

凡是初次见小平的人，都会有一个共同的印象——这就是伟人。都会感受到一种在常人身上见不到的恢宏大度的气概，都会对他沉稳的举止、深邃的思想、敏捷的头脑留下深刻的印象。他说话不多，却自然地有一种威严。接触多了，又感到他是一位非常爽快、慈祥的前辈。

一次在北戴河，小平同志在那休假。国家体委在秦皇岛有个训练基地，那年轮到围棋队去那里训练和避暑，有天我就近去看望小平同志。聊完天，我感到小平同志这段时间可能不太忙，就悄悄和秘书商量，能不能让围棋队其他人也来看望小平同志，因为大家都非常敬仰小平同志，都十分羡慕我能有机会和小平同志在一起打打桥牌。我把这一意思刚说完，马上又有些后悔，心想这要求未免太唐突了吧！没想到秘书很快就请示回来，告诉我'可以'。不久，围棋队的人就荣幸地得到邓小平的接见。我一一把国内的围棋名手介绍给小平同志，当介绍刘小光在擂台赛中曾有四连胜的战绩时，小平同志说：'来，干一杯。'于是刘小光成了国家围棋队第三个有幸和小平碰过杯的人。本来大家都有些紧张和拘束，这一碰杯，一下子打消了普通百姓和国家领导人之间的距离感，使棋手们在原本十分敬仰的感情中又添加了亲切的成分。"

在第二届擂台赛聂卫平上场之前，由于新闻界等的误会，报纸上有了这样的报道：中日围棋擂台赛虽然中方只剩下主将聂卫平一人，而日方还有五位棋手可以上场，中国队的形势岌岌可危，但是聂卫平信心十足，预言未来的胜负结果是五五开云云……

其实，聂卫平在向记者谈话时表达的意思是："虽然我将要面临的形势是一对五，但是我和每个日本棋手的胜负可能性仍是各占50%，五五开。"

此报道出来后不久，一个偶然的机会聂卫平在人民大会堂见到了万里同志，万里严肃地对聂卫平说："小伙子，说话不要太满了，现在不是汉城亚运会，中国和韩国争奖牌数，92：92两方旗鼓相当，而你是一个人要和五个日本人对阵，怎么能说五五开呢？万里委员长的一番话说得聂卫平脸上直发烧，很快他就在报纸上公开了自己原来说法的真实意图。但是不管怎么样，第一届擂台赛聂卫平获胜后多少有些骄傲情绪，尽管是深埋在心里的，但随时有可能膨胀开来酿成不利的结局。由于万里同志的提醒，聂卫平避免了重蹈骄兵必败的覆辙。

方毅同志当时是政治局委员，主管科学技术、文教等一大摊子的事，总是特别忙，但是聂卫平在擂台赛中的重要活动他都亲自出席，多次给他以鼓励。

黄克诚、王鹤寿、金明等老一辈的无产阶级革命家也都非常关心围棋和聂卫平，都对他进行了培养和教诲。可以这么讲，如果没有这些革命前辈的关怀，就不可能有聂卫平今天的成就与成绩。

聂卫平说："通过他们对我的谆谆教导和殷切希望，我体验到这些新中国的开国元勋们为了民族的振兴和富强，几十年浴血奋战，终于迎来了中华人民共和国的成立，所以当年轻的新中国哪怕有了点滴进步，他们也会倍感欣慰。他们对我的关怀和培养并不只是个人之间的交往，而是革命前辈对有志气的革命后辈的鞭策和希望。我不过是许多晚辈中的幸运承受者。"

客观而实事求是地讲,聂卫平当年和许多国内外的围棋高手相比,他们在棋艺上的差距可以说微乎其微,但是聂卫平竟然在中日围棋擂台赛里连胜三届,的确是奇迹。每当念及于此,聂卫平都深情地表示:"如果没有陈老总、邓小平等革命前辈的关怀,我不可能为国家取得如此多的胜利和荣誉,我永远不会忘记他们。"

中日围棋擂台赛中国围棋队获胜的消息,在海外华人中间也引起了极大的震动和反响,海外华人们深为祖国围棋打败了日本而扬眉吐气。

他们视聂卫平为民族英雄,在西方发达国家的留学生,发起了募捐活动,要筹钱为聂卫平塑铜像。

擂台赛胜利的消息传到祖国宝岛台湾以后,引起了血脉相连的台湾同胞们的极大热情关注。中国台湾清华大学理学院院长、著名教授沈君山先生在聂卫平豪取九连胜、拿下三冠军的时候,曾发来贺信,说道:"聂兄这两年的努力和奇迹,不但提高了围棋在国人间的地位,也更加强了全世界中国人对中国文化的认同感。这棋盘外的成就,也许是更有长远意义的,谨在此代表海峡此岸的棋友,向聂兄致以敬意。"

中国台湾企业家应昌期先生是位资深的围棋爱好者,立志把中国发明的围棋推广到全世界,他还对围棋规则有深入研究,很早就想举办世界最高水平的围棋锦标赛,以实现自己的理想。在日本围棋独占鳌头的时候,他认为自己出巨款让日本人高高兴兴、轻轻松松地把比赛冠军40万美元的奖金拿走,心有不甘,所以迟迟没有推出自己出资的国际围棋比赛。现在聂卫平的神奇表现,连续三次在擂台赛中打败日本人,他认为时机成熟了,中国棋手中终于有人可以拿冠军了,他郑重地向各国围棋界表示,将举办"应氏杯世界围棋锦标赛"。他对聂卫平说:"我这个比赛就是为你办的。"

中国围棋在几乎全世界都不看好能赢的情况下,竟然三次连续赢了日本。这个和大家预想产生了极大反差的比赛结果自然,在日本也引起了巨大反响。

日本棋院顾问吉国一郎在第二届中日围棋擂台赛失利后就很生日本棋手的气,在一次公开讲话中说:"日本众多棋界人士都自称日本是围棋王国,日本的职业棋手有六百多人,是中国的六倍还要多,日本的九段棋手是中国九段棋手的二十倍还多,因此,就像我这样水平的围棋爱好者都认为日本围棋获得胜利问题应该不大。现在结果是中国队取得了擂台赛的两连胜。我认为固然是中国棋手很努力,进步很快,但日本棋手的懈怠和不够努力恐怕也是无法推卸的原因。"

第三届擂台赛日本主将加藤正夫在开幕式上曾经致词:"吉国顾问的话给了我们棋手最大的激励。我相信每位参赛的日本棋手都是豁出棋士的生命和荣誉来参加比赛的。作为主将,我代表全体棋手保证,我们会以全力来夺取第三届的胜利。"

日本NEC公司总裁关本忠弘在中国两连胜后说:

"当初我决定要搞这个比赛时,我曾经担心情况不要一面倒,日本围棋很轻松就获胜,从而使擂台赛得不到社会的积极反响。现在中国连胜两届,让我不得不为日本队担起心来。日本队能不能取得第三届的胜利呢?"

许多时候,尤其是在国际交往中是靠事实来说话的。日本方面在第三届擂台赛失利后,再没有见到日本人说日本围棋一定会胜利云云……他们开始明白,日本围棋领先中国的时代随着擂台赛中国连续的胜利在无形中结束了。

回顾中国围棋和日本围棋,先是心悦诚服地甘作小学生,到以擂台赛三连胜为标志可以平起平坐全面对抗,整整走过了26年的时间。

这26年里中日围棋之战,有过多少痛心疾首,有过多少悲喜交加,有过多少苦尽甜来。

1976年聂卫平在访日比赛中前六盘是五胜一负,在日本掀起了"聂旋风",日本棋界为了阻止他再次得胜,决定派日本在位的"本因坊"来镇住"聂旋风"。这盘棋无论从当时日本报界的舆论上,还是日方临战换强将的安排上,都说明了要让日本的第一名和中国的第一名实打实地来一盘,看看聂卫平前几局的胜利到底有没有水分。可以说从这盘棋开始,日本围棋界嘴上没有说,但是从心里开始真正地把中国棋手看成了对手。这样的转变——以老师自居的日本棋手教中国学生下围棋到和学生真正地赛上一场,走过了16年的时间。16年间,中国棋手地位的提升,在一向认真的日本人面前是靠一盘一盘棋的拼搏取得的。

和日本在位"本因坊"石田芳夫的比赛,聂卫平发挥得极为出色,从始至终牢牢把握着优势,没有给对手丝毫可乘之机。尽管石田"本因坊"一次次地挑起战斗,一次次地设下了不易察觉的圈套,一次次凭借自己的精确计算企图把局势搞复杂,然后引诱经验不多的聂卫平走出错着,末了,石田却不得不认输。

以这盘棋的胜利为标志,聂卫平可以说已经完成了当年陈老总交给他的战胜日本九段的任务。由于只是一盘棋的胜利,按照围棋的习惯赛法——一盘棋的偶然性太大,下就要下上十盘,这样的胜利才会被广大的爱好者们接受。况且,只聂卫平一人赢了日本的"本因坊",而其他中国棋手还没有取得这样的突破,说中国的围棋已经赶上了日本总好像腰杆不是那么硬。所以,所有新闻媒体的公开言论中,中国的表态仍旧保持着比较低的调子:"我们虽然有了很大的进步,但是我们中国在整体上和日本还是有不小的差距……。"对于中方的如此认识，日本围棋界也很认同，他们并没有因为聂卫平战胜了他们的"本因坊"就认为自己已经全面不行了。日本人坚持认为自己还保持着相当优势也的确有他们的道理，日本的围棋比赛有许多，除了"本因坊"还有"名人""棋圣""十段"等。在后来的中日围棋交流赛中，聂卫平就曾败于日本方面其他头衔的冠军。

应该说聂卫平在中日围棋擂台赛中创下了11连胜的记录，引发了日本棋手一度出现"恐聂症"。由于中国连续三次获得了擂台赛的胜利，毫无疑问，中国的围棋完全可以自豪地宣告：围棋上，我们终于赶上了日本。而这个历史任务的终结，是在聂卫平11连胜之后不言而喻地为中日围棋界的人士所接受了。

围棋和其他的许多文化都几乎是在同一时期从中国传播到日本的，如建筑、服装、茶道、剑道、书法、国画……甚至中国的方块字都成了日本文字的基础。中国文化和日本文化有着亲密关系，这之中唯有围棋是可以比高下分胜负的。所以围棋方面中国追赶青出于蓝而胜于蓝的日本，其意义就不仅仅局限于围棋了。因为中国的围棋落后日本的时候，中国文化的许多方面也落在了自己当年的学生后面，现在，原来的老师主动向学生学习，并争取超过学生，这里表现出了一种精神，一种不满足于自己先前的领先也不甘于自己后来的落后的精神。只要这种精神存在，那么一切落后都是暂时的，围棋方面的追赶说明了这一点。中国围棋在中日围棋擂台赛上的三连胜，其主要意义也在于此——中国人不会甘心落后于其他民族，也不会永远落后于其他民族。

中国在中日围棋擂台赛里连续获得了三次胜利，将擂台赛推向了最高潮。由于日本围棋队一届未胜，日本方面对于接着举办中日围棋擂台赛几乎是举国上下的一致强烈意愿，中国在这种情形下，也不可能婉言谢绝日本人接着把擂台赛搞下去的要求。

第十一章　北京见证中日围棋擂台赛

高潮既然已经过去，对于写书来说，却有必要把这个比赛的始终完整地记述下来，为这一精彩的围棋交流留下文字。

按前几届的惯例，上一届擂台赛结束的同时就开始下一届，但从第四届起，日本方面却郑重地希望就这一惯例进行更改，要求在北京另外开始新的开幕式。日方可能认为，在东京开幕了三届，结果三届都输了，第四届要换换风水，所以要换到北京去举办开幕式。日方还要求第一台由女棋手打头阵的做法也要改变，他们认为中国的女棋手明显强于日本，派女棋手上场让中国占了便宜。从这些小细节看，第四届擂台赛还没有开始，日本就已经完全放下了原本一向引以为围棋大国自豪的架子，不再像从前处处以强者自居，认为怎么下都能赢，怎么下都可以不在乎。

头三届擂台赛中，四盘以上的连胜竟有六次之多，日本方面也要从这里总结出些经验。最主要的是三次的接连失利，彻底地使日本人再也没有任何可骄傲的本钱和面子，索性以哀兵组成复仇之师向"只有高度而无厚度"的中国围棋队发起冲击。

以前日方确实总认为擂台赛日本怎么下都必然获胜，而这次却以不管赢不赢反正要好好拼一场的态度投入擂台赛中去了。仅仅是这点对局态度上的转变，使得日本围棋队所表现出来的棋艺突然有了明显的转变，不再过分求稳，也开始大胆求变，敢于冒险了。

第四届中日围棋擂台赛日方重新起用了第一届的先锋依田纪基打第一台。这年他已经由五段升为了七段，拼劲足，争强好胜，精神负担小，有冲击力。有评论说他："虽然就水平而言，他还没有超一流棋手那么成熟，有时会犯一些超一流棋手绝不会犯的错误。但也有时，他会下出甚至超一流棋手都下不出来的好着。"也正是由于依田纪基具有这些特点，一旦让他进入了比较好的状态，他给老资格的中国棋手造成的威胁反而比超一流棋手造成的威胁更大。中国棋手赢了他是理所应当的，输给了他反倒是下不来台，这样的对手最不利于中方"老"棋手发挥出水平。依田纪基之后依次是淡路修三九段、羽根泰正九段、白石裕九段、大平修三九段、山城宏九段、武宫正树九段"本因坊"。

中方在第一台用俞斌七段为先锋，也有如日本起用依田纪基的同样意图——年轻气盛，具有相当实力，在刚刚结束的中国"新体育杯"（第九届）中以3∶2的胜利挑战成功，取代曹大元九段当上了新冠军。他是第一次在擂台赛里露面，希望他初生牛犊不怕虎，来个开门红。

俞斌和依田纪基相遇之后，俞斌一直占着上峰，依田纪基几次长考，第40步用了40分钟，第42步用了22分钟，但执白棋的依田纪基局势仍旧不见好转。刚下到第88手，非常罕见的是依田纪基就进入了读秒，而俞斌则还有一个多小时的可自由支配时间。当走到第98步的时候，依田纪基突然加快了落子的速度，几乎达到了一步棋只用一秒罕见的高频率，依田纪基借快走引着俞斌也跟着快走，以便让俞斌快中出错。比依田纪基小一岁的俞斌到底还是经验不足，果真中了计，俞斌在第99步，如果稍微考虑一下，不难发现一个稍微复杂一点的一举获胜的机会。这难得的机会稍纵即逝，局势由此而变得胜负不明起来。到第286手，依田纪基下出了收官妙手，俞斌的空明显不足，只得认输。这盘棋的前一半一直是俞斌占据着明显的优势，后半盘却成了依田纪基的天下。由于依田纪基侥幸地死里逃生，致使他有如神助，锐不可当，接连战胜了中国的陈临新、王群、刘小光、江铸久、马晓春，直接进攻到了中国主帅聂卫平的门下，而依田纪基身后的六员日本虎将还完整地保存着实力，以逸待劳。日方的七名棋手，就单个水平来说都不是聂卫平的对手，而且多为聂卫平的手下败将。但是，现在聂卫平要一个人面对七个日本棋手，即使聂卫平的心理素质再好，恐怕也很难不出闪失。因为如果再出现七连胜的话，聂卫平自己都要怀疑自己到底是人还是神了。同等级和同水平之间的棋手在同一个比赛里连赢十六盘，不是天方夜谭，就是"天方日谭"。聂卫平上场以后连胜了依田纪基和淡路修三，接下来在广州终于失手败给了就日方棋手来说并不是最强的羽根泰正。日本的报纸讲："看到聂卫平输了这盘棋，我们才确信聂卫平是人而不是神。"

这盘棋是聂卫平在正式大赛中第一次出现了昏着后输的棋。自此昏着就和聂卫平结下了不解之缘。聂卫平创下的擂台赛十一连胜的奇迹后，一度使日本棋手产生了"恐聂症"的心理障碍，无形中影响了日本棋手在擂台赛里水平的正常发挥。但是，不是超一流棋手的羽根泰正也创造了历史，终于阻击成功，使聂卫平停止了擂台赛连胜的势头。

第五届中日围棋擂台赛中方以8∶4战胜了日本队，第一次不仅聂卫平主帅未曾出战，仅是钱宇平就接连赢了日本的副帅坂田荣男名誉本因坊、主帅武宫正树十段，轻松地拿下了这届比赛的胜利。钱宇平之后还有江铸久、刘小光、马晓春三员虎将。这个比赛成绩揭示了日本围棋已经是江河日下了。这一年国际上开始了两项世界职业棋手围棋比赛——"富士通杯"和"应氏杯"，人们的注意力被这两项新出现的世界围棋比赛吸引了去，擂台赛已不再像头三届那么具有轰动效应了。

第六届擂台赛，初次上阵的中国年轻新秀郑弘连胜日本的小松英树七段、小县真树七段、依田纪基八段，为中国开了很好的头。日本片冈聪上场后也是连胜，先后赢了中国的郑弘、廖桂永八段和梁伟棠七段。然后，中国的张文东赢了片冈聪，输给了淡路修三；中国陈临新上场也败给了淡路修三。轮到了中国的俞斌上场，遏制了淡路修三却失手于日本的小林觉。刘小光此届头一次担任副帅，或恐有了压力，没有能抵挡住小林觉的锐气。中国主帅聂卫平又面临着和前三届一样的局面，在战胜了小林觉、羽根泰正后，第三次迎战日本的主帅加藤正夫。聂卫平此前已经两次在擂台赛里战胜了加藤正夫，这次又是狭路相逢。加藤正夫作为日本的主帅这一次鼓起了十二分的必胜勇气，面对已经两度让自己吃苦头的聂卫平，势将绝死一战。

聂卫平的心情显然不像加藤那么急功近利，上来下得如行云流水般轻松自如，表现出了更加卓越的大局观，迫使加藤正夫不得不破釜沉舟打入聂卫平布下的阵势中去。执白的加藤是不得不冒险才打入，第83手，聂卫平只要把加藤的白棋大龙的眼一卡，任凭加藤再怎么挣扎，也难逃被全歼的命运。但是，聂卫平没有下这步狠着，赛后，聂卫平感叹："放在前两年哪会出现这种昏着……"

中日围棋擂台赛，现在的比赛结果是中国以6∶4领先于日本。

第七届、第八届都是日本获胜，而且都没有等日本的主帅出战就获得了胜利。尤其是1993年12月8日结束的第八届比赛，已经升为九段的日本棋手依田纪基口气非常狂妄，棋也是下得很嚣张，迎战中国老主帅聂卫平时，上来就是超高目，聂卫平生性好强，即使已经过了自己下棋的黄金岁月也仍旧视赢棋为天命。到了收小官子阶段，是聂卫平绝对优势的局势。奈何时运不济，聂卫平开始犯下"低级到不能再低级的技术错误"。依田纪基非常顽强而不合常理地去抢每一个单官，只有粘劫收后他才有可能转败为胜，而这种翻盘的概率几乎只有万分之一的可能性。但是，依田纪基在这场中日围棋擂台赛中竟然争取到了这个千载难逢的机遇，粘劫收后以后赢了聂卫平四分之三子，从而把中日之间的比分扳成4∶4平。

第九届中日围棋擂台赛，刘小光为了能早点教训教训狂妄至极的依田纪基，主动降格打第二台，他对小松英树和依田纪基的这两盘棋下得非常漂亮，走出了被聂卫平称为够得上"十三段"的妙手，干脆利落地将二人击败，痛快淋漓地教训了依田纪基一番。后来虽然输给了山城宏，但已经无碍大局。接着曹大元超水平发挥，连胜山城宏、片冈聪、擂主加藤正夫，在1994年12月24日结束了第九届中日围棋擂台赛。我方副帅马晓春、主帅聂卫平均作壁上观，没有上场。

说赢就赢了回来，没有相当的实力是做不到这点的。

对于加藤正夫主帅的失利，日方议论颇多。日本新秀小松英树对加藤和曹大元的那盘棋做了公开解说，刊登在了日本的有关期刊上。尽管加藤正夫是小松的前辈，但小松仍旧抑制不住自己的"哀其不幸，怒其不争"，直言道："遗憾，非常遗憾！加藤君下得如此犹豫不决，如此毫无章法，真是令人难以置信。""这一天，加藤君已经完全忘记了简明两字。"

一盘棋的胜负往往说明不了太多的问题，第九届中日围棋擂台赛日本方面输了，比分也是十分接近，5：4的比分，按围棋十番战的惯例，还是维持在平分秋色的分先水平上，谁也没有压倒谁，并不能就此认为中方已经比日方强。

使小松英树伤感的不是一届擂台赛的胜负，而是在于日本棋手曾几何时所拥有的辉煌竟成了昨日黄花。他在讲解加藤所输的这盘的最后发出了一种"无可奈何花落去"的感慨："中国的棋迷们肯定欣喜若狂了。一流棋手在其他国家被看作是英雄，马晓春、李昌镐的名字令年轻人热血沸腾。中韩棋手在自己的国家如此受欢迎，这点是日本棋手望尘莫及的。"这才是小松英树心痛不已的真实原因。

如果把已经举办了九届的中日围棋擂台赛看成一个九番胜负的番棋战的话，中国队赢了第九届从而领先一届，将前九届画上了一个十分圆满的句号。对于这一胜利，中日双方都表现得比较"平淡"，现在再也没有人问是日本围棋厉害还是中国围棋厉害这样的问题了。

双方都厉兵秣马，进行了必要的修整之后，过了近五个月，第十届中日围棋擂台赛又将拉开战幕。日本从以下几个方面进行了比较大的调整：

优胜奖的奖金增至900万日元，比第一届时增加了一倍还要多。停止了女棋手参战的规定在这一届又被解禁。日方为了争取第十届的胜利组成了多国部队，邀请了韩国血统的柳时熏日本"天元"和中国血统的"棋圣"林海峰参加并担任副帅。这次日本上场的棋手，除了一人，其余都是日本各个比赛的冠军获得者。

日本的出场顺序是：

第一台加藤朋子，女子名人赛获得者。生于日本倪玉县，26岁，首次参加擂台赛。她说："既高兴，又感到责任重大，很紧张。但是要在棋盘上见分晓。我将好好看看我所向往的中国。"

第二台三村智保，新人王获得者。生于日本九州，25岁，也是首次参加擂台赛。他说："参加这个棋赛是我的愿望，我将全力以赴。在秀行军团中似乎我对中国棋手的战绩比较好，我很有信心（秀行军团是日本棋坛名宿藤泽秀行在20世纪80年代末、90年代初率领来华访问的日本青年棋手代表团，被新闻界称为"秀行军团"）。

第三台森田道博七段，生于日本千叶县，24岁，第二次参加擂台赛。他说："九年后再次参加擂台赛，当年我仅是个三段棋手，这次我将给大家显示一下我稍有进步了的棋艺。"

第四台柳时熏，日本天元获得者。生于韩国汉城（今首尔），23岁，第一次参加擂台赛。他说："这次实现了做梦都想参加的国际比赛，心里很激动。心情上似乎想打先锋，但不知道自己的实力能发挥多大的作用……"

第五台是擂台赛的多次参加者小林觉，是日本当年的"棋圣"。生于日本长野县，36岁，是第六次出战擂台赛，总成绩是8胜5败，第二届时曾经五连胜。他说："在第十届擂台赛中，不下出对得住我们参赛队及'棋圣'称号的棋就不罢休。"

第六台，也是日本队的副帅林海峰"棋圣"，生于中国上海，53岁，第一次参加擂台赛。他说："对我来讲是个刺激！我很想为团体取胜做些贡献吧。不知会不会在柳和小林两位棋手之后还有上场的机会。"

第七台是日本围棋史上也曾创下一个时代的围棋名手大竹英雄，此年仍旧握有十段战冠军头衔。生于日本福冈县，52岁，参加擂台赛三次。他说："成员中添了新人，比赛将比较有趣吧。对于年轻选手来讲，这次比赛将是很好的机会。希望能下出各自的棋风来。"

中国队从第一台到主帅的顺序是：

华学明七段，女，生于上海，32岁。她说："初次参赛，尽全力。"

常昊六段，生于上海，18岁，第二次参加擂台赛。他说："想下出能发挥自己特长的棋。"

俞斌九段，生于浙江，27岁，第五次参加擂台赛，总成绩为4胜4败。他说："尽最大努力，争取赢。"

刘小光九段，生于河南，35岁，第八次参加擂台赛，总成绩为7胜6败。他说："能参加这次棋赛，深感兴奋。"

曹大元九段，生于上海，33岁，第五次参加擂台赛，上届三连胜，将总成绩拉平。他说："这回从零开始。"

马晓春九段，生于浙江，30岁，第九次参加擂台赛，总成绩为6胜6负。中国的五冠王。他说："同上届一样，不会出场吧。"

聂卫平九段，生于北京，42岁。仅有的一位从第一届开始参加了全部擂台赛的棋手，总成绩是14胜4败，不可动摇的主将。他说："我很喜欢NEC杯中日围棋擂台赛。"

华学明赢了加藤朋子，负于三村智保，没有出乎所有人的意料。围棋比赛，年龄小的棋手碰上比自己年龄大的，大多有如下的想法：能赢前辈一盘多好，证明自己又有了进步。如果输了，对情绪影响也不大——人家是老棋手，本来就该输。三村智保以这么个态度最后终于拼赢了华学明。就棋艺来说，还是华学明更有实力一些。

轮到常昊上场，18岁的他一下子就进入了如三村智保拼赢了华学明的那种心理优势状态了，接二连三让中日围棋界都大吃一惊。第一个冷门是在赢了三村智保和森田道博的基础上，将代表日本棋界的"天元"柳时熏斩于马下。在此之前，从1988年起中日有了两国"天元"之间的中日天元战，前四届的比赛，日本天元连胜中国天元四届。直到1993年聂卫平才在三番胜负的中日天元战中有了零的突破。而此次不是中国天元的常昊竟将日本的天元赢了，顿时引起日本围棋界大哗，日方主帅大竹英雄惊呼："常昊七段不得了！"

紧跟着，常昊于1995年9月3日又以中盘胜赢了日本的"棋圣"小林觉。自从日本1977年设定了奖金高达3200万日元（日本专业棋手比赛中奖金最高的比赛）的"棋圣"战以来，"棋圣"宝座只有藤泽秀行、赵治勋、小林光一、小林觉这四位棋手有幸荣坐。1985年小林光一向赵治勋棋圣挑战，赵治勋时逢车祸，腿被撞断，但是为了捍卫"棋圣"的荣誉，赵治勋腿上打着石膏，坐在轮椅上和小林光一殊死搏斗，真是连性命都不顾了，足见"棋圣"这桂冠是何等地被珍视。但是，小林觉"棋圣"在常昊面前竟是不堪一击，真是匪夷所思。

事隔一天，9月5日常昊执白迎候林海峰"棋圣"攻擂。林海峰比常昊大34岁，也就是说常昊刚出生（1976年）时，正是林海峰已经获得过日本的"本因坊"又兼得日本的"名人"的时候。面对这样一位常昊从小就非常崇拜的棋届老前辈，常昊却非常放得开，敢拼敢搏，一个"扑"的妙手使四座皆惊，由于林海峰年事已高，忽视了这个不易察觉的妙手，只好苦笑着认输了。

18岁的常昊在第十届擂台赛中创下五连胜的佳绩，其直逼日方擂主大竹英雄的骄人战果，完全可以和第一届时小林光一六连胜直逼中国主帅聂卫平的辉煌成绩相媲美。当年，小林光一是以"棋圣""十段""名人"的耀眼头衔战胜中国六员虎将的，而常昊仅仅是个18岁的七段年轻棋手，身份地位比小林光一差远了。对中国来讲，常昊的胜利引人注目，令人喜悦，感到方兴未艾。但是，对日本棋界来讲，让他们实实在在看到了和中国的确定差距，这差距不是差一星半点，而是中方的围棋水平如初升的太阳，而日方的围棋水平则已步入黄昏。

还是在常昊战胜了林海峰时，一位日本记者就惊呼道："日本组织了这样一支强大到了不能再强大的擂台赛队伍，竟然让在中国还没有任何头衔的年轻棋手打得人仰马翻，溃不成军，一盘未赢，实在让人觉得不可思议。"

日方只剩大竹英雄十段，一个孤帅要面对中方只下去了一位女先锋的严峻局面，舆论已经没有兴趣对这届擂台赛的胜负结果作任何预测性的报道。因为中国必然取得最后胜利，日本肯定失败的结果，已经被常昊提前宣告了。

大竹英雄虽已英雄末路，但仍以困兽犹斗的决心和魄力，连胜了四员中国棋手。

对决中国副帅马晓春那盘棋，大竹出现了胜机，但大竹英雄毕竟年近60岁，连续作战的疲劳使他没能发现马晓春出现的失误，所以，胜机稍纵即逝，输给了马晓春。大竹英雄并不沮丧，在他心中已经觉得对得起自己了，以近60岁的年纪和一帮如狼似虎的小伙子们拼搏，已拼尽了全力。

18岁乳臭未干的常昊在第十届中日擂台赛上的五连胜，终结的不仅仅是一届擂台赛，而是彻底终结了后面接下去的擂台赛。无论日本的财团NEC还是日本棋院，都觉得擂台赛再搞下去就成了中国的独角戏，那还有意思吗？

在没有任何先兆的情况下，中日围棋擂台赛戛然而止。想当初第一届时的开幕是那样的轰轰烈烈，而最后的结局，对中国来说自然是扬眉吐气，对日本棋界来说却是"凄凄惨惨戚戚"。悄无声息地黯然收场竟成了无言的结局。

中日围棋擂台赛黯然收场了，但是，这个比赛对世界围棋发展和推动的意义却是永恒的。擂台赛最初的建议和发起者是日本的财团，该财团因为发起了中日围棋擂台赛，可以说名利双收，很好地成为围棋和商业成功结合的范例。围棋则借助雄厚的财力得到了更大范围的普及和提高，双方是相得益彰，比翼齐飞。在中日围棋擂台赛的感召下，1988年4月2日日本推出了第一届"富士通"世界围棋锦标赛。随即，1988年8月20日中国台湾实业家应昌期先生个人出资推出了第一届"应氏杯"世界职业围棋锦标赛。

北京培养出的棋手聂卫平无可争议，是十届中日围棋擂台赛第一人，他在中日围棋擂台赛上的出色表现，一次次地把擂台赛推向一个又一个高潮，为国争光，为北京争光，为中国围棋乃至世界围棋的发展作出了划时代的巨大贡献。